早稻田大学日本史

第八卷 安土桃山时代

〔日〕渡边世祐 著
米彦军 译

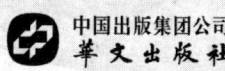

图书在版编目（CIP）数据

早稻田大学日本史. 卷八, 安土桃山时代 /（日）渡边世祐著；米彦军译. -- 北京：华文出版社，2020.7
（华文全球史）
ISBN 978-7-5075-5319-2

Ⅰ.①早… Ⅱ.①渡…②米… Ⅲ.①日本—古代史 Ⅳ.①K313.2

中国版本图书馆CIP数据核字(2020)第106280号

早稻田大学日本史（卷八）：安土桃山时代

作　　者：	[日] 渡边世祐
译　　者：	米彦军
选题策划：	
插图供应：	029—85504182
责任编辑：	戴明敏　楼淑敏
出版发行：	华文出版社
社　　址：	北京市西城区广外大街305号8区2号楼
邮政编码：	100055
网　　址：	http://www.hwcbs.com.cn
电　　话：	总编室010—58336239
	发行部010—58336212
经　　销：	新华书店
印　　刷：	三河市国英印务有限公司
开　　本：	710×1000　1/16
印　　张：	21.25
字　　数：	285千字
版　　次：	2020年7月第1版
印　　次：	2020年7月第1次印刷
标准书号：	ISBN 978-7-5075-5319-2
定　　价：	90.00元

版权所有　侵权必究

出版前言

随着中国开放的大门越开越大,关注世界各国尤其是西方国家文明的源流、发展和未来已经成为当下世界史研究的一个热点。为了成系统地推出一套强调"史源性"且在现有世界史出版物中具有拾遗补阙价值的作品,我们经过认真论证,推出了"华文全球史"系列,首次出版约为一百个品种。

"华文全球史"系列从书目选择到译者的确定,从书稿中图片的采用到人名地名的规范,都有比较严格的遴选规定、编审要求和成稿检查,目的就是要奉献给读者一套具有学术性、权威性和高质量的世界史系列图书。

书目的选择。本系列图书重视世界史学科建设,视角宽阔,层级明晰,数量均衡,有所突出。计划出版的华文全球史中,既有通史,也有专题史,还有回忆录,基本上是世界历史著作中的上乘之作,同时也是填补国内同类作品出版的空白。

人名地名规范。本系列图书中人名地名,翻译规范,重视专业性。同时,在人名翻译方面,我们坚持"姓名皆全"的原则,加大考据力度,从而实现了有姓必有名,有名必有姓,方便了读者的使用。另外,在注释方面,书中既有原书注,即完整地保留了原著中的注释;也有译者注,又体现了译者的研究性成果。

书中的插图。本系列图书的一个重要特点是书中都有功能性插图,这些插图全方位、多层次、宽视角地反映了当时的重大历史事件,或与事件的场景密切相关,涉及政治、军事、经济、社会、外交、人物、地理、民俗、生活等方面的绘画作品与摄影作品。功能性插图与文字结合，赋予文字视觉的艺术，增加了文字的内涵。

译者的确定。本系列图书的翻译主要凭借的是一个以大学教师为主的翻译团队，团队中不乏知名教授和相关领域的资深人士。他们治学严谨，译笔优美，为确保质量奉献良多。

"华文全球史"系列作为一套具有较高学术价值的优秀的世界历史丛书，对增加读者的知识、开阔读者的视野具有积极的意义。同时要看到，一方面很多西方历史学家的观点符合事实，另一方面不少西方历史学家的观点是错误的。对于这些，我们希望读者不要不加分析地全盘接受或全盘否定，而是要批判地吸收外国文化中有益的东西。

华文出版社

2019年8月

序 言

　　在两千五百余年的日本国史中，最耐人寻味的时代就是安土、桃山这两个时代。安土桃山时代仅持续了几十年，和日本王朝时期及德川时代相比，安土桃山时代比较短。然而，安土桃山时代最富于变化，耐人寻味，这一点是日本其他的历史时期难以见到的。拿破仑·波拿巴建立了丰功伟业，令整个欧洲大陆震撼；克莱门斯·梅特涅以镇压革命而自豪；"铁血宰相"奥托·冯·俾斯麦因自己的对法政策而得意。这些人物都在欧洲近代史上大放异彩。同样，安土桃山时代也有可圈可点的地方。作为活动的舞台，欧洲和日本有大小之不同。然而，丰臣秀吉①统一日本，甲斐、越后、相模三国对立，织田信长镇压一向宗僧徒等，即便在欧洲近代史上也很难找到与之类似的例子。

　　室町时代总共有十五代征夷大将军②，历经二百余年。然而，真正掌握室町幕府实权的征夷大将军只有足利义满、足利义持、足利义教这三人而已。自从应仁之乱③爆发以后，无论京都还是地方，战乱频仍，政权的重心下移。管

---

① 丰臣秀吉，原名木下秀吉，后改为羽柴秀吉，最后改为丰臣秀吉。（本书除原注外，均为译者注）
② 征夷大将军，日本飞鸟、奈良时代为征讨虾夷地区而设置的临时官职。镰仓、室町、江户幕府时期，征夷大将军成为日本实际上的最高权力者，掌管军政大权。明治维新以后，这一职位被废除。
③ 应仁之乱，应仁元年（1467年）至文明九年（1478年）发生于日本室町幕府第八代征夷大将军足利义政在任时的一次内乱，主要是幕府三管领中的细川胜元与山名宗全等守护大名的争斗。这次内乱波及的范围除九州等部分地方以外，遍及其他日本国土，使日本进入将近一个世纪之长的战国时代。

领①取代征夷大将军，掌握了幕府的实权，管领的权力落在了家宰②手中，家宰的权力又落在了部下手中，这就是典型的"下克上"，也就是以下犯上现象。以下犯上的现象给社会带来了重大变化。在民间不得志的人、门第低的人开始崭露头角，有为的人不可能永远在社会下层安分守己，都抓住这一良机一举成名。乱世出英雄，天下豪杰揭竿而起，获得一块地盘之后，他们不断扩张势力，于是出现了群雄割据的局面。天下一旦大乱，便很难平静下来。而能够力压群雄统一天下者，就是世间少有的英杰，是能够快刀斩乱麻的大人物。织田信长、丰臣秀吉制订扫平天下的战略，收拾混乱局面，堪称当时的伟大人物。织田信长、丰臣秀吉崭露头角后，社会秩序开始恢复，万民鼓掌，讴歌太平。可见，时势造英雄。无论是织田信长还是丰臣秀吉，都开创了一个新时代。将安土和桃山这两个时代进行比较可以发现，各有各的时代特征。在安土时代，织田信长通过和德川家康结盟，与武田氏、上杉氏、北条氏、毛利氏或对抗或征讨，南征北战，为桃山时代的到来打下了基础。桃山时代的胚胎萌芽于安土时代。在桃山时代，丰臣秀吉南征北战，统一天下。丰臣秀吉乘势入侵朝鲜，让明朝忌惮。在桃山时代，日本国力发展到了顶峰。

安土、桃山两个时代关系密切，相辅相成，前面有所失，后面有所得。安土时代是试错摸索的时代，桃山时代则是收获成功的时代。安土时代和桃山时代不仅性质迥异，活动舞台、空间范围也不同。安土时代的活动舞台主要集中在畿内、东海、东山、山阴、山阳地区，其势力范围局限在较小的区域。而桃山时代的活动舞台扩展到日本全国、朝鲜、明朝、南洋群岛。也就是说，安土时代具有地方性特征，桃山时代具有统一性和国际性特征。在安土时代，日本尚未实现统一，政治权力分散，奥羽有伊达氏，东海、东山、北越有武田

---

① 管领，室町幕府的一种职称，原来称为"执事"，到第三代征夷大将军足利义满时改称管领。名义上管领负责辅佐征夷大将军管理、支配领地，征夷大将军对地方守护的命令，皆须通过管领来传达。管领还掌有许多中央机构，因此可以说管领是幕府中央最高行政官。

② 家宰，古代卿大夫家中的管家，家臣之首，又称执事。

氏，中国地方①有毛利氏，四国②有长宗我部氏，九州③有岛津氏。也就是说，在安土时代，政治权力不是集中一处，而是分散各地。而在桃山时代，丰臣秀吉将政治中心集中在一起，统一了日本全国。

无论安土时代还是桃山时代，经营浓尾平原、木曾川流域都是奠定伟业的基础。浓尾平原土地肥沃，民户殷实。土岐氏、斯波氏等大领主占有浓尾平原，对下民不实施苛政，不征收重税。相比之下，京畿一带战乱频仍，黎民饱受涂炭之苦，德政暴动不断发生。因此，浓尾平原的财政收入得到了保证，这里的大领主可以拥戴征夷大将军，光复京都。另外，浓尾平原距离京都很近，这里的领主容易抓住京畿地区混乱的时机，乘虚而入。今川义元、上杉辉虎、武田晴信、毛利元就等都想进入京都称霸，号令天下。然而，他们的领地远离京都，带兵入京绝非易事，加之他们的背后都有强敌，受此制约，他们不敢远离自己的领地。相比之下，织田氏距离京都不远，周围四邻的领主都不太强大。因而，织田信长能够早于其他领主一举成名，开创了安土时代。安土时代从织田信长起家到本能寺之变，桃山时代从本能寺之变到庆长三年（1598年）丰臣秀吉去世。

在讲安土桃山时代之前，需要讲一下日本的战国时代。室町幕府毫无实力，日本全国大乱，各地领主弱肉强食，纷纷扩张势力范围。京畿地区没有一天安宁的日子，足利义辉徒有征夷大将军的虚名，没有兵力，只能寓居于近江国或者京都。管领细川氏一度掌握了征夷大将军的实权。然而，好景不长，细川氏的实权落在了家宰三好氏手中。三好氏擅权，专横跋扈。三好氏和同僚香西氏相争，战乱不断。一向宗本愿寺派以大阪为根据地，趁着细川氏的家宰三好氏、香西氏争斗时，不断扩张势力，压制足利氏征夷大将军，与三好氏抗衡。自应仁之乱以来，两畠山氏在畿内的南纪伊争斗不息，使双方财力耗尽、兵力衰竭，苟延残喘。畠山氏的部下游佐氏得势，和三好氏相争，根来氏、杂贺氏等也乘机得势。

---

① 中国地方，日本旧时山阴道和山阳道的总称。
② 四国，日本律令制时期，分属南海道中的赞岐国、阿波国、土佐国、伊予国。
③ 九州，筑前、筑后、肥前、肥后、丰前、丰后、日向、大隅和萨摩九国。

在近江国，浅井氏取代了京极氏，江南的六角氏势力稍稍衰落。在美浓国，斋藤氏取代了土岐氏。北畠氏继承了上一代的遗产，自称国司①，和一族的大河内氏等占据了伊势国的大部分及大和国的一部分，与北面的工藤氏、关氏、楠氏抗衡。尾张国本来是斯波氏的领地，后来斯波氏分为两家，和织田氏一起统治尾张国。三河国有吉良氏和松平氏。今川氏占据远江国和骏河国，扼住东海道的要害，北面与甲斐国的武田氏抗衡，东面与北条氏争霸。北条氏以小田原为根据地，在关东地区占据优势地位。北条氏灭掉两上杉氏，取而代之，拥立古河公方②。在下野国，宇都宫氏、佐野氏、小山氏、长沼氏、那须氏或与北条氏结盟，或与越后国的长尾氏结盟。里见氏占据房总地区。结城氏占据下总国。佐竹氏、江户氏、小田氏等占据常陆国。武田氏想要吞并甲斐国、信浓国，与长尾氏争夺川中岛四郡。陆奥国南部有伊达氏、相马氏、岩城氏、田村氏、二阶堂氏。白川有结城氏、芦名氏等。中部有大崎氏、葛西氏等。北部有南部氏、波冈氏等。虾夷有蛎崎氏。出羽国有秋田氏、小野寺氏、最上氏、大宝寺氏等。越后国有长尾氏，和武田氏在信浓国征战。受上杉宪政的委托，长尾氏想要光复关东，为此首先想要吞并越中国。在越前国，朝仓氏取代了斯波氏。武田氏占据若狭国。一色丹氏占据丹后国，山名氏占据但马国、因幡国。伯耆氏的备中国、备后国的一部分被出云国的尼子氏侵占。在备前国，宇喜多氏取代了浦上氏。赤松氏占有了播磨国的置盐，小寺氏、别所氏等占据了播磨国的其他地方。陶氏取代大内氏吞并了周防国、长门国，与安艺国的毛利氏争霸。虽然石见国是大内氏的领地，但吉见氏和毛利氏结盟，反对陶氏③。在四国的伊予国，有西园寺氏、河野氏等领主。长宗我部氏占据了土佐国。细川氏的部下香西氏、三好氏、十河氏等占据了赞岐国、阿波国。在九州，大友氏占据了丰后国，还趁大内氏灭亡入侵丰前国、筑前国。不仅如此，大友氏还灭了菊池氏，吞并了菊池氏的领地。龙造寺氏兴起于肥前国，打败了

---

① 国司，日本古代地方一级行政单位令制国的行政官僚，由朝廷派遣赴任，分为守、介、掾、目四等官。国司于国衙内执行政务，还掌有祭祀、行政、司法、军事大权。
② 古河公方，指室町时代后期到战国时代，以下总国古河为据点的关东足利氏。
③ 陶氏，是大内氏的权臣。

千叶氏，与有马氏抗衡。龙造寺氏与小田氏和解，和大友氏在筑前国、筑后国作战。在肥前国西部还有松浦、大村、五岛诸氏。相良氏占据肥后国、播磨国的一角，与伊东氏结盟，共同对抗岛津氏。岛津氏占据萨摩国、大隅国，经常与日向国的伊东氏发生战事。宗氏镇守对马、壹岐等孤岛，很少参与日本本土的战争。因此，宗氏没有受到蚕食，能够守住祖业。

以上是天文二十三年（1554年）群雄割据的情况。这一状况不会持续太久。织田信长在尾张国起家，统一了京畿地区，之后开始向四面八方扩张。这样一来，弱肉强食，小领主逐渐被大领主吞并，或者被部下或其他新势力吞并。

目 录

第一编　安土时代 ·· 001

第 1 章　织田氏勤王 ··· 003

第 2 章　织田氏的兴起 ··· 005

第 3 章　今川氏和织田氏的冲突 ··································· 012

第 4 章　织田信长征服美浓国 ····································· 019

第 5 章　京畿的动荡 ··· 025

第 6 章　织田信长西上入京 ······································· 038

第 7 章　平定近畿 ··· 046

第 8 章　关东的形势 ··· 057

第 9 章　织田信长和武田晴信的对抗 ······························· 080

第 10 章　织田信长的成功 ·· 084

第 11 章　中国地方的形势 ·· 103

第 12 章　织田信长征讨四方 ······································ 117

第13章	征讨甲斐国	121
第14章	征伐中国地方	129
第15章	本能寺之变	143
第16章	织田信长和宗教	149
第17章	九州的形势	152
第18章	四国的形势	158
第19章	奥羽的形势	163

第二编 桃山时代 169

第20章	木下秀吉的幼年	171
第21章	决战山崎	175
第22章	织田信孝、柴田胜家、滝川一益与羽柴秀吉的关系	181
第23章	羽柴秀吉的成功	187
第24章	德川家康、织田信雄和羽柴秀吉的关系	191
第25章	羽柴秀吉征讨纪伊国、任关白、征讨四国及佐佐成政	206
第26章	丰臣秀吉的势力	215
第27章	丰臣秀吉征讨九州	223
第28章	歌舞升平的太平盛世	237
第29章	日本东北地区的形势	244
第30章	征伐小田原及陆奥国	253

第 31 章　丰臣秀吉征讨朝鲜 …………………………………… 267

第 32 章　丰臣秀吉的晚年 ……………………………………… 297

第 33 章　丰臣秀吉去世 ………………………………………… 307

第 34 章　丰臣秀吉的杂闻逸事 ………………………………… 311

第 35 章　丰臣秀吉的宏伟蓝图 ………………………………… 315

第 36 章　丰臣秀吉和天主教的关系 …………………………… 321

第一编
安土时代

在地方领主中，尾张国的织田信长不断扩张，凌驾于各领主之上，早日实现了入京称霸的政治抱负。究其原因，可以总结为下述几条：其一，织田信长十分幸运，遇到了获取成功的良机；其二，织田信长的能力、兵力力压群雄；其三，织田信长所在的尾张国地理位置优越，土地肥沃，堪称天府之国，织田氏几代人经营这里，家底殷实；其四，织田信长周围的领主较弱。斋藤道三是美浓国的新兴势力，基础不牢靠。六角氏、浅井氏等在近江国割据，都是小领主，兵力都不足以荡平京都。伊势国和近江国一样，小领主林立，都不足以称霸。在摄津、河内、和泉等国，三好氏和畠山氏常年争斗，无暇制订称霸的计划。这样看来，织田信长在众领主中堪称鹤立鸡群。斋藤道三死后，斋藤龙兴的势力很弱，织田信长趁此机会一举拿下美浓国。织田信长和浅井氏结盟，拥戴足利义昭，入京称霸。之后不久，织田信长乘势入侵伊势国，在摄津国打败三好氏，灭了朝仓氏和浅井氏。这样，织田信长的势力日益强大，将足利义昭赶出京都。为了进一步巩固自己的权力基础，织田信长逐步灭掉了自己的敌人和曾经援助过自己的势力，最后终于取代征夷大将军号令天下。

第 1 章

织田氏勤王

一、皇室的情况

到了室町末期，皇室势力逐渐衰微，公卿穷困潦倒。皇室收不到租税，皇宫得不到修缮，日益荒废、破败。为了修缮皇宫，维护皇室的尊严，公卿四处奔走，游说各地领主捐款。越前国的朝仓孝景等领主或捐钱或捐物，但杯水车薪，无济于事。更有甚者，为了给已故后柏原天皇做法事，皇室竟无钱请僧侣念经。皇室的蜡烛等照明之物也很匮乏，在大内义隆的资助下，皇室才解决了照明问题。

皇室尚且如此，在朝廷任职的公卿更是生活拮据。很多公卿寄人篱下，投靠上杉氏、武田氏、大内氏、北条氏等大领主，留在京都的公卿困苦不堪。室町幕府的征夷大将军足利义辉的日子也不好过。他度日如年，常常依靠畠山义续、朝仓孝景等周济度日。室町幕府连给足利义教做法会的经费都没有，需要领主捐款才得以实施。伊势神宫漏雨需要修缮，也要靠领主捐款。

二、正亲町天皇即位

从弘治三年（1557年）五月十九日开始，后奈良天皇患病。弘治三年九月五日，后奈良天皇驾崩，享年六十一岁。根据惯例，朝廷为后奈良天皇实施了火葬。弘治三年十月二十七日，皇子方仁亲王在土御门大殿继承皇位，这就是正亲町天皇。由于当时财政拮据，正亲町天皇没有举行即位典礼。室町幕府财政拮据，征夷大将军足利义辉寓居近江国东坂本，而且战乱发生时居无定所，无法给朝廷捐款。于是，公卿山科言继到伊势国劝说北畠具教捐钱，接着朝仓氏、横田氏、上杉氏、大友义鉴等也纷纷捐钱、捐物。这时，毛利元就父子向朝廷捐款二千贯文以上，此外还有部分古董，以表对朝廷的忠心。朝廷用这些钱物举行了即位典礼，并修缮了宫殿、门廊、院墙等。朝廷为了嘉奖毛利元就，给他叙从四位，封陆奥守①，给毛利元就的儿子毛利隆元叙从五位下，赐菊桐章，封毛利元就的二儿子吉川元春为骏河守。室町幕府任命毛利隆元为安艺国的守护②。之后毛利隆元转任备中、备后、长门、周防四国的守护。

三、织田信秀捐款

天文十二年（1543年）二月，织田信秀听说朝廷财政拮据，便派家臣平手政秀给朝廷捐款四千贯。朝廷为了表示嘉奖，赐给织田信秀《古今和歌集》等。天文十三年（1544年）十月，朝廷派侍臣宗牧到尾张国，给织田信秀传达要他捐款的旨意。当时，织田信秀征讨美浓国失利，承诺一旦形势好转就会继续向朝廷捐款。朝廷用织田信秀的捐款修缮皇宫，并修建伊势神宫的外殿。修缮伊势神宫是朝廷和幕府最重要的事情，但财政拮据，一直无法实施。由此可见，织田信秀勤王之志很强烈，这一点与其他领主不同。

---

① 守，日本律令制下，守是一国的长官。
② 守护，日本镰仓、室町幕府为了维持治安和管理武士而在诸国任命的地方官员。

第 2 章
织田氏的兴起

一、织田氏的祖先

织田氏的祖先成就辉煌,所以织田信长称霸并非偶然。织田信昌、织田将广父子为斯波氏代管庄园。织田信昌的祖父是织田道意。织田道意是日本南北朝时期的人,是织田氏的祖先。大致在应永年间,斯波氏来到尾张国做守护,之后织田氏开始为斯波氏代管庄园。在应仁之乱后,斯波氏的势力衰落。织田敏定乘机在尾张国扩张势力,修筑清洲城,自称大和守。当时,织田氏除了织田敏定,还有自称伊势守的织田敏广。织田敏广是织田氏的宗家,而织田敏定是织田氏的旁支。织田敏广起初在下津筑城,后来迁到岩仓筑城,和织田敏定各占据尾张国四郡。在应仁之乱以后,日本进入战国时期,织田敏定和织田敏广互相争斗,两家势力都衰落了。织田敏定手下有三员大将,分别是因幡守织田、织田藤左卫门、织田弹正忠。织田弹正忠就是织田信长的父亲织田信秀。织田信秀在胜幡筑城,并住在这里。织田信长称平姓,这是因为织田氏是藤原氏之后。织田信长称平姓的动机是想取代祖先是源氏的足利氏而号令天下。

二、织田氏一族

织田氏的本宗在岩仓,旁支有清洲的织田氏,犬山也有织田氏。在天文年间,织田信安占据岩仓城,织田信清占据犬山城,织田彦五郎占据清洲城,拥立斯波义元做主君。伊贺守织田占据深田城,右卫门尉织田占据松叶城。织田信秀占据胜幡城,逐渐得势,又在那古野①筑城。织田信秀的儿子织田信长

---

① 那古野,今天的名古屋。

把守那古野城。织田信长要统一尾张国，就要让织田氏一族听从自己的命令。织田信长为了做到这一点，颇费了一些周折。

三、织田信长的幼年

天文三年（1534年），织田信长出生于那古野城中，幼名吉法师。天文十五年（1546年），吉法师元服，改名为织田信长。织田信长幼年放纵粗暴、刚愎自用、蔑视世人，这一性格适合于将来与群雄逐鹿。织田信长自幼跟着名师学习弓箭、火枪、兵法等。天文十六年（1547年），织田信长率兵到三河国，在吉良大滨放火而归。织田信秀去世后，织田信长和弟弟织田信行一起送葬到万松寺。织田信长服装怪异，行为有悖礼仪，受到世人诟病。织田信长继承家业后，自称上总介[①]，他日夜练武，毫不怠惰，但不理国事。平手政秀非常担忧，屡次劝谏，织田信长不听。结果，平手政秀自杀，织田信长颇觉惭愧。之后，织田信长勤于政务。织田信长的妻子是斋藤道三的女儿。斋藤道三曾经在美浓国富田正德寺与织田信长见面。斋藤道三让七八百名士兵在寺里正装列队，之后斋藤道三偷偷观察织田信长，见织田信长穿着奇装异服，十分不悦。然而，织田信长到了寺里后换了正式服装，一表人才，令斋藤道三大吃一惊。斋藤道三后来对手下说："将来我的领地美浓国必然会被我这个女婿夺走。"斋藤道三老奸巨猾，在才能、智慧上能够比得上斋藤道三的领主寥寥无几。然而，斋藤道三对织田信长敬畏三分。

四、织田信长平定内乱

织田信秀去世后，继承家业的织田信长刚刚十六岁，素以呆傻冒失著称。织田氏一族想趁此机会灭掉那古野城的织田信长。于是，尾张国内乱频仍，织田信长南征北战，忙得没有闲暇的时候。

清洲城的织田彦五郎是织田氏的本宗，拥戴斯波义元做主君，并让斯波义元住在清洲城中。织田彦五郎为了让斯波氏的家业存续下去，兢兢业业。而织田信秀得势对于织田彦五郎来说是心腹大患，因此，织田彦五郎曾经打算征讨织田信秀，削弱织田信秀的实力。然而，经过平手政秀的调停，织田彦五郎

---

① 介，日本律令制下，介是一国的次官。

与织田信秀和解了。而今形势不同了，织田信长继承了织田信秀的家业。织田彦五郎和家臣商议之后，决定和松叶城城主伊贺守织田、深田城城主左卫门尉织田等联手消灭织田信长。织田信长和守山城的叔叔织田信光商量后，打算在敌人发起进攻之前，进攻清洲城。天文二十一年（1552年）八月十六日，织田信长从那古野城出发，从松叶口、三本木口、清洲口三个方向向清洲城发起进攻。织田信长率军来到海津。把守海津城的部队主动出击，与织田信长的部队交锋。结果，海津城守军失利，城兵有五十多人战死。伊贺守织田、左卫门尉织田等支撑不住，开城门投降了。这样一来，清洲城成为一座孤城。织田信长暂且收兵。之后，织田信长和织田彦五郎一直在等待机会乘虚而入。

清洲城中有一个叫筑田弥次右卫门的人，劝说斯波义元秘密与织田信长联手。织田彦五郎获悉了这一消息，一直等待机会灭掉斯波义元。天文二十二年（1553年）七月十二日，斯波义元的儿子斯波义银出城打猎。织田彦五郎

斯波义银

趁此机会出兵袭击斯波义元，逼迫斯波义元自杀。斯波义银在途中听说这一变故后逃往那古野城，投奔织田信长。在织田信长的帮助下，斯波义银暂且前往天王坊。织田彦五郎弑杀主君斯波义元，属于大逆不道之事。织田信长打着讨逆的旗号，发兵进攻清洲城。清洲城的老臣大多已经卷入斯波义元事件被杀，只有坂井大膳一人为织田彦五郎谋划。坂井大膳很清楚仅清洲城一地的人马无法抵挡织田信长的进攻，便建议织田彦五郎请来守山城的织田信光在清洲城的南门一起对抗织田信长。然而，织田信光秘密与织田信长联手，直接向织田彦五郎所在的内城发起攻击，杀死了织田彦五郎。坂井大膳逃走，前去投奔今川氏。于是，织田信长拿下清洲城，并住在这里。织田信长让织田信光把守那古野城，让织田信光的弟弟织田信次镇守守山城。

守山城距离清洲城仅有十二千米，织田信次成为守山城的城主。弘治元年（1555年）六月二十六日，织田信次和随从到河边游玩捕鱼。当时一名骑兵疾驰而过，没有向织田信次行礼。织田信次大怒，将这名骑兵射杀。然而，织田信次做梦也想不到这名骑兵正是织田信长的弟弟织田秀孝。得知这名骑兵的身份后，织田信次大惊失色，立刻逃走。织田信行听说弟弟织田秀孝死了，从末森赶到守山城下放火。织田信长也来到守山城。织田信次的老臣角田氏、高桥氏对此事采取的态度是据城死守。织田信长的异母弟弟织田信时的老臣佐久间右卫门劝说角田氏、高桥氏等把守山城让给织田信时。织田信长同意了，将守山城交给了织田信时。后来，角田氏、高桥氏等内讧，弑杀了织田信时。于是，织田信长召回织田信次，让织田信次镇守守山城。

织田信行举止文雅，颇通礼仪，受到老臣们的赏识。而织田信长性格豪放，不拘小节，老臣们不太喜欢织田信长。林通胜、柴田胜家将织田信行抚养成人，打算让织田信行继承家业。那古野城城主织田信光被臣下弑杀，织田信长提拔林通胜做那古野城城主。大概察觉到了林通胜的心思，织田信长和弟弟织田信时于弘治二年（1556年）五月二十六日突然来到那古野的林通胜府上。林通胜大吃一惊，对织田信长产生了敬畏之心。然而，在织田信长回去之后，林通胜就起兵反叛。林通胜派士兵切断了从那古野城、热田到清洲城的道

柴田胜家

路，让清洲城成为一座孤城。织田信长渡过小田井河，在名冢构筑鹿砦，让佐久间大学把守。当时，阴雨连绵，小田井河泛滥，难于渡河。尽管如此，织田信长鼓足勇气，于弘治二年（1556年）八月二十三日渡过小田井河，攻打林通胜和柴田胜家。织田信行出营投降，林通胜和柴田胜家也向织田信长道歉。织田信长饶恕了他们。之后，织田信行准备在末森城发动叛乱。柴田胜家坚决谏阻，织田信行不听。柴田胜家只好将情况汇报给织田信长。弘治二年十一月，织田信长将织田信行叫到清洲城，杀了织田信行。

织田信长的异母哥哥织田信广不愿服从织田信长的领导，和美浓国的斋藤氏勾结。织田信广打算在清洲城做斋藤氏的内应，灭掉织田信长。织田信广和斋藤氏约定，若斋藤氏领兵入侵尾张国，织田信长必然出城作战，这时，织田信广夺取清洲城，让美浓国的部队进城。美浓国的部队按照约定来到了清洲城，但织田信长察觉出城中有内鬼，便加强防范，根本不出城作战。织田信广无计可施。美浓国的部队无法攻城，只好退却。之后，织田信广又举旗造反，被织田信长打败。织田信广投降，得到了织田信长的厚待，后来织田信广忠心辅佐织田信长。

尾张国守护代[①]织田信安镇守丹羽郡岩仓城，平素疏远长子织田信贤，打算让二儿子织田信家继承自己的家业。于是，织田信安父子因继嗣问题发生了争执，搞得城中人心惶惶。织田信贤和老臣稻田修理密谋将织田信安赶出城。织田信安逃到了美浓国。于是，织田信贤继承了家业。然而，织田信贤沉迷于酒色，不务正业。永禄元年（1558年）五月，织田信长乘机出兵攻打岩仓城。城兵在浮野迎击织田信长，被织田信长打败。永禄二年（1559年）三月，织田信长和犬山的织田信清联手攻克了岩仓城，织田信贤投降。

爱知郡鸣海城城主山口左马助很受织田信秀的赏识，山口左马助负责防御今川氏的进攻。织田信秀去世后，山口左马助背叛织田信长，投靠了今川氏。山口左马助在爱知郡修筑笠寺城、中村城，自己住在中村城，让儿子山口九郎二郎住在鸣海城，让今川氏的手下把守笠寺城。天文二十一年（1552年），织田信长亲自率兵进攻鸣海城，但作战失利。此后，山口左马助日益嚣张，不断蚕食织田信长的领地，还修建了村木城。织田信长率军攻克了村木城，之后打算进攻笠寺城。镇守笠寺城的户部丰政骁勇善战，所以笠寺城很难攻克。织田信长让人模仿户部丰政的笔迹写了一封假信，让人送给今川义元。今川义元召回并诛杀了户部丰政。接着，今川义元又怀疑山口左马助父子，把他们叫到骏河国后也杀了。

织田信长继承父亲织田信秀的家业后，南征北战，占领了尾张国的大部

---

① 守护代，守护的代官。日本中世时期，代替守护赶赴诸国执行公务的官员。

分地区。织田信长的领地面积远远超过父亲织田信秀在世时的领地面积,但织田信长还没有完全统一尾张国。当时,知多郡、爱知郡、东春日井郡的东部及海西郡的一部分不属于织田信长的势力范围,而属于今川氏的势力范围。海西郡的另一部分属于一向宗的势力范围。

第3章

今川氏和织田氏的冲突

一、今川氏的势力

今川氏亲的儿子今川义元的领地包括骏河国、远江国、三河国的大部分，今川义元想模仿齐桓公的做法称霸。因此，很久以来今川义元就有西上的企图。自从武田信虎以来，今川氏就和武田氏结盟。今川义元将自己的女儿嫁给了武田信虎的儿子武田晴信之子武田义信，进一步加强了今川氏和武田氏的同盟关系。同时，今川氏和北条氏议和，这样今川义元就没有了后顾之忧。于是，今川义元将精力集中在西部边境。今川氏的西部边境在三河国。三河国本来是吉良氏的领地，松平氏兴起之后，吉良氏的势力衰落，一蹶不振。然而，在松平广忠去世后，松平广忠的遗孤松平竹千代住在骏河国府，松平氏的领地完全归属于今川氏。因此，吉良氏企图恢复原来的领地。此外，在三河国西部，有的小领主支持织田信长，有的领主不依附今川氏，而是守着一座孤城。今川义元要想称霸，必须征服这些小领主，然后征服尾张国、美浓国，否则无法西上京都。三河国西部是今川义元必须攻克的第一道难关。

松平竹千代搬到骏河国府之后，由今川氏养大。而松平氏的冈崎城由今川氏的部下常驻，今川氏的部下对松平氏的部下颐指气使。这时，吉良义安投靠今川氏，住在骏河国的薮田。吉良义安的弟弟吉良义昭替吉良义安把守西条城。吉良义昭背叛今川氏，与织田信长联手，迁到东条城。吉良义昭让牧野新次郎镇守西条城，想进而夺取冈崎城。吉良义昭想打败松平氏的部队，恢复吉良氏原来的领地。另外，南设乐郡的城主奥平贞胜，长筱城及北设乐郡的段峰城城主菅沼氏都不服从今川氏的调遣。今川义元让东三河的武士主要是松平氏的部下攻打奥平贞胜和菅沼氏。不过，在菅沼氏一族中，菅沼新八郎及其部将本多忠俊等服从今川义元的命令，出兵和奥平贞胜、菅沼氏作战。松平氏的部下考虑到幼主松平竹千代的将来，甘愿充当今川氏的先锋浴血奋战。之后，松平竹千代在骏河国改名为松平元信，后来又改名为松平元康①。弘治二年（1556年）十二月，松平元康娶今川义元的表弟关口亲永的女儿为妻。永禄元年（1558年），松平元康回到冈崎城，替今川义元镇守广濑城和举母城，松平元康还在石濑与水野信元作战。

松平元康

---

① 松平元康，后改名为松平家康，最后改名为德川家康。

大高城本来是织田氏的城堡，山口左马助归顺今川义元之后，归今川氏所有。织田信长设置了两个堡垒，与大高城对峙，让大高城成为一座孤城。弘治三年（1557年）四月，今川义元为了做好进攻尾张国的准备，派松平元康向大高城运送粮食。尽管松平元康及其部下为今川义元浴血奋战，今川义元却没有把松平氏原来的领地还给松平元康。今川义元仅承诺在永禄二年（1559年）西上时查验领地后还给松平元康。松平元康的臣下对今川义元的这一态度十分愤慨，但没有实力与今川义元分庭抗礼，只能等待机会。

今川义元性格豪迈，素有大志，平素最爱接近京都贵族，穿衣打扮颇有贵族风范。今川义元立下大志，一定要入京称霸天下。为了达到这一目的，今川义元有必要荡平阻挡自己入京的领主们。阻碍今川义元入京称霸的第一个障碍就是织田信长。因此，今川义元加强了大高城的防卫，同时加强了鸣海城的防御，以便支持大高城。另外，今川义元派浅井政敏镇守沓挂城，把这里作为从三河国入侵尾张国的根据地。

二、织田氏的防御措施

今川氏的大高城和鸣海城深入知多郡、爱知郡的腹地，和今川氏的其他城堡是隔绝的。因此，织田信长让大高城和鸣海城相互隔绝，以此牵制今川氏的大军。织田信长针对大高城设立了鹫津、丸根两个堡垒，针对鸣海城设立了丹下、善照寺、中岛三个堡垒，切断了大高城和鸣海城之间的联系。听说今川氏要入侵尾张国，织田信长在清洲城召集部下，商量御敌之策。老臣林通胜说："敌军四万，我军不足三千，最好据城防守。"织田信长不同意这个做法，说道："据城待敌，士气低落，反而会失败。因此，应该拒敌于国门之外。"于是，织田信长制订了主动出击的计划，不准变动。随后，织田信长率军迎击今川义元的主力部队。

三、桶狭间之战

永禄三年（1560年）五月十二日，今川义元让嫡子今川氏真留守骏河国，自己亲自率领二万五千名士兵，从骏河国府出发。永禄三年五月十八日，今川义元率军抵达沓挂城，他以沓挂城为根据地，部署部队。今川义元派松

今川氏真

平元康进攻丸根,派朝比奈泰能等进攻鹫津,派葛山信贞等为先锋,向清洲城进发。永禄三年(1560年)五月十九日,织田信长设立的丸根、鹫津两个堡垒被攻克。永禄三年五月十八日,织田信长接到战报说丸根、鹫津危在旦夕,但依然泰然自若。老臣们私下嘲讽织田信长不懂军事。永禄三年五月十八日半夜,织田信长下令火速进军。永禄三年五月十九日,天刚放亮的时候,织田信长和几个近臣参拜热田神宫,等着部队的到来。这时已经聚集了一千多名士兵。织田信长朝着丸根、鹫津的方向望去,只见火焰冲天,由此得知两座堡垒已经落入敌手。织田信长率军前往丹下堡垒,途中听说佐久间盛重战死,叹息不已。织田信长来到丹下、善照寺堡垒之后才凑够了三千人。织田信长的部下佐佐政次、千秋季忠看到织田信长来到了善照寺,向鸣海城方向的敌军发起猛攻,战死沙场。织田信长听说了此事,对敌人恨之入骨,不顾林通胜等的劝阻,前往中岛,寻敌报仇。在半路上,梁田政纲的部下向织田信长报告说:

"今川义元正向大高城进军,将大营设在桶狭间。"于是,织田信长决定突袭今川义元的大营。织田信长让手下在善照寺插了很多旗帜,使用了疑兵之计,迷惑敌人。

从三河国到大高城必须经过桶狭间。接到大高城和鸣海城方向的捷报后,今川义元大喜过望。他命令松平元康进入大高城休整,命令鹈殿长照和先锋部队一起前往笠寺。之后,今川义元在桶狭间布阵休息,等待捷报传来。附近神社的神职人员和寺院的僧侣来献酒肴,犒劳三军。因此,今川义元放松了警惕。织田信长从中岛堡垒发兵袭击今川义元的大营时,乌云密布,风雨大作,掩盖住了马蹄声。织田信长的士兵称此为热田大明神的神风,他们精神抖擞,奋勇杀敌。织田信长的三百名骑兵直奔今川义元所在的营地,遭到了今川义元旗下士兵的四五次迎击。这时织田信长手下的士兵只剩五十多人了。织田信长下马,身先士卒向前突击,手下士兵颇受鼓舞,争先恐后冲杀。织田信长的手下服部小平太用长枪逼近今川义元。今川义元拔刀砍断枪杆,又砍了服部小平太的膝盖。毛利秀高趁这个机会搏击今川义元,砍下今川义元的首级,大喊今川义元已死。今川氏的士兵闻言,士气受挫,全军溃退。织田信长也不率军追赶,沿原路返回。这一战从午后二时开始,午后四时结束。

在回去的路上,织田信长给热田神宫献上神马一匹,之后回到了清洲城。伊势国长岛的一向宗信徒支持今川义元,他们从海路来到大高城的下黑末河口。这时战事已经结束,一向宗信徒只好返回。今川氏全军溃退,大高城的松平元康在确认今川义元确实战死之后,回到了冈崎城。冈部元信打算死守鸣海城。永禄三年(1560年)五月二十日,织田信长劝说冈部元信撤兵,今川氏真也命令冈部元信从城中撤出。冈部元信决定回到自己的领地,请求织田信长把今川义元的首级给自己。今川义元的首级已经挂在清洲城外示众,织田信长佩服冈部元信讲义气,就把今川义元的首级给了冈部元信。织田信长又派十名僧人前去吊唁。冈部元信得到今川义元的首级后,在回去的路上袭击水野信近的刈屋城并杀死了水野信近。之后,冈部元信回到骏河国,受到今川氏真的嘉奖。

桶狭间之战

四、织田信长和松平元康结盟

今川义元的儿子今川氏真暗愚,尽管有贤臣良将,却放在一边不用,也不为父亲报仇。虽然松平元康等宿将不断劝谏,但今川氏真根本不听,最终没有出兵为父亲报仇。今川氏真喜怒无常,赏罚不明,导致部下叛离。很多部下心向松平氏、武田氏。三河国松平氏、菅沼氏、奥平氏、牧野氏等都归顺了松平元康。此后,松平元康的势力日益扩大,征服了三河国,势力扩张至远江国。松平元康是今川义元养育大的,松平元康手下的将士总是为今川氏冲锋陷阵,却受到今川氏的冷遇。松平元康及部下对此非常不满。以今川义元战死为契机,松平元康开始蚕食今川氏的领地。松平元康首先夺取了吉良氏占据的东条城和西条城。

织田信长意图称霸天下,为此必须拿下伊势国和美浓国。美浓国的斋藤氏是织田信长的大敌。伊势国的领主们也不容小觑。为了消除后顾之忧,织田信长必须先消灭这些势力。这时,水野信元居中为织田信长和松平元康的结盟牵线搭桥,织田信长对此事非常重视。永禄五年(1562年)五月,织田信长和松平元康在清洲城举行会盟。今川氏真听说了这一消息,十分震怒,要杀人质,即松平元康的儿子。然而,松平元康的儿子是关口亲永的外孙,今川氏真也很难下手。松平元康攻打西五郡的堀,杀死了鹈殿长照,抓住了鹈殿长照的两个儿子,换回了自己的儿子。之后,松平元康回到了冈崎城。织田信长将自己的女儿嫁给了松平元康的儿子,两家的联盟越来越巩固。松平元康为了避今川义元的"元"字讳,改名为松平家康。

第4章

织田信长征服美浓国

一、斋藤氏的内讧

织田信长在桶狭间一战中杀死今川义元，统一了尾张国，和东面的松平氏结盟，让松平氏抵挡东面之敌，消除了自己的后顾之忧。之后，织田信长一直在等待机会攻克美浓国。美浓国的斋藤道三一直想废掉嫡子斋藤新九郎的嗣子地位。斋藤新九郎怨恨斋藤道三，一直在等待机会驱逐斋藤道三，杀掉弟弟。弘治二年（1556年）十月，斋藤新九郎装病，在稻叶山城中闭门不出。弘治二年十一月二十二日，斋藤道三出城到了山下的府邸。斋藤新九郎趁此机会和部下商议，谎称自己病重，让弟弟来见自己。在弟弟进自己的房间时，斋藤新九郎让手下人刺杀了弟弟。斋藤道三听闻，十分气愤，要进攻斋藤新九郎，并请织田信长一起进攻稻叶山城。美浓国的将士讨厌性格暴戾的斋藤道三，很多人支持斋藤新九郎。斋藤道三在鹤山修建堡垒，和织田信长遥相呼应，抵挡斋藤新九郎。弘治三年（1557年）四月，斋藤道三与斋藤新九郎在长良川决战，斋藤道三战死，时年六十三岁。斋藤新九郎改名为斋藤义龙，他把领地治理得很好，得到了士民的拥戴。斋藤义龙取代父亲后统一美浓国，假冒一色姓，自称一色治部大辅，分割州郡给立功的将士。永禄四年（1561年）五月，斋藤义龙病死，儿子斋藤龙兴继承家业，治理美浓国。

二、斋藤氏的灭亡

斋藤道三是织田信长的岳父，而今被杀。织田信长打着为岳父报仇的旗

斋藤义龙

号，屡次讨伐斋藤义龙，却收效甚微。斋藤龙兴继承家业后，织田信长又入侵美浓国。永禄四年（1561年）五月，织田信长渡过墨股河，入侵美浓国西部。斋藤龙兴出兵十四条，与织田信长决战，胜败未分，双方撤军。织田信长舍去墨股河，回到清洲城。之后，织田信长多次入侵墨股河地区，但收效甚微。斋藤龙兴的骁将长井隼人正镇守墨股河地区，织田信长很难突破这里，束手无策。于是，织田信长决定把自己的根据地尽量靠近美浓国，便于发动攻势。织田信长先把根据地从清洲城迁到小牧。小牧屹立于尾张国平原，交通便利，清洲城士民搬迁至此地。在这一带，斋藤龙兴没有派骁将把守。织田信长的这一举措收效明显，与斋藤氏勾结的犬山城投降，小久地城的守军溃散。织田信长派丹羽长秀进攻宇流间城、猿食城，两城的守军撤走了。斋藤龙兴率军进攻加治田城，织田信长亲自率军前去救援加治田城。在这次战斗中，骁将长井隼人正也被织田信长打败了。美浓国东部支持织田信长的人很多，这为织田信长征服美浓国提供了便利条件。

接着，织田信长出兵美浓国西部，却总是无果而终。这是因为织田信长在美浓国没有根据地。织田信长决定把根据地设在墨股，从尾张国入侵美浓国，墨股不可或缺，而且需要渡过墨股河，在美浓国筑城。然而，这座城会成为孤城甚至死地，需要一个能人来把手。织田信长选中了木下藤吉郎。永禄九年（1566年）九月，木下藤吉郎主动请缨，召集近郊的流浪汉，开始在墨股修筑堡垒。斋藤龙兴屡次派兵来攻打墨股堡垒，都被木下藤吉郎击退，斋藤龙

斋藤龙兴

兴无计可施。而且木下藤吉郎离间美浓国将士，让他们做尾张国的内应。斋藤龙兴沉溺于酒色，对老臣无礼，伊予守稻叶、氏家卜全、伊贺守安东对斋藤龙兴的所作所为不满，秘密与织田信长来往。织田信长一直在等待入侵美浓国的良机。

永禄七年（1564年）八月一日，织田信长采用了声东击西的战术，扬言要进攻三河国，却急速挥师突袭美浓国，进攻稻叶山城。柴田胜家、佐久间信盛等爬上瑞龙寺山，直逼稻叶山城的内城。与此同时，织田信长从大宝寺等处进兵，趁城兵惊慌之际，在街区放火。这一天风刮得很大，城外房舍全部被烧毁。织田信长又命令部队完全包围稻叶山城，切断与外界的联系。最终，城兵支撑不住，斋藤龙兴诈降，寻机逃到摄津国，投靠三好氏，结果不被接纳。后来，斋藤龙兴投奔越前国的朝仓氏。天正元年（1573年），斋藤龙兴在为朝仓氏作战时战死。稻叶山城陷落后，斋藤氏灭亡。织田信长从小牧搬到稻叶山城居住，按照古代地名将稻叶山城改为岐阜城。

三、织田信长的外交策略

织田信长在外交上采取了远交近攻的策略，在背面和松平氏结盟，又进行政治联姻。织田信长不仅消除了后顾之忧，还让松平家康抵挡住了今川氏。这样一来，织田信长可以专心致志地攻打美浓国。在占领美浓国之后，织田信长开始采用外交策略来应对甲斐国的武田晴信和江北的浅井长政。

织田信长很早就听说武田晴信勇猛善战，懂得韬略，他认为和武田晴信发生冲突对自己不利。织田信长打算通过政治联姻的办法，与武田晴信结盟。永禄八年（1565年），织田信长派同族的织田扫部带着厚礼到甲斐国拜见武田晴信，建议织田氏和武田氏两家结亲，具体做法是：织田信长将苗木城城主远山友胜的女儿也就是自己的外甥女收为养女，再嫁给武田晴信的儿子武田胜赖。武田晴信对这个提议非常满意，两家联姻成功。之后，织田信长的养女生下了武田信胜。织田信长与武田晴信的政治联姻获得成功，主要是因为武田晴信欣赏织田信长，武田晴信一直在关注织田信长。织田信长占领美浓国之后，更加重视与武田晴信的关系。远山氏生下武田信胜之后就去世了。这时，织田

浅井长政

　　信长正打算入京称霸,他担心武田晴信在背后对自己下手,更加厚待武田晴信。织田信长请求武田晴信将女儿嫁给织田信忠,继续保持和武田氏的姻亲关系。武田晴信欣然应允。

　　织田信长要西上入京称霸,必须经过近江国。而近江国最有势力的领主是浅井氏。因此,织田信长打算把自己的妹妹阿市嫁给浅井久政的儿子浅井长政。然而,浅井长政不愿答应此事。这是因为朝仓氏与浅井氏关系密切,浅井氏担心如果和织田信长联姻,朝仓氏就会和浅井氏交恶。织田信长再次遣使劝说浅井氏,称浅井氏和朝仓氏的关系不会受到任何影响。因此,浅井氏才和织田信长进行政治联姻。

织田信长采取远交近攻的策略，和武田晴信、浅井长政联姻，厚待斋藤氏的旧臣，让他们为自己所用。织田信长威名赫赫，受到了朝廷的关注，朝廷任命立入赖隆为敕使去见织田信长，传达圣旨，希望织田信长进献钱物。得到这道圣旨，织田信长十分振奋，这样他就有了冠冕堂皇的入京理由，这是称霸的好机会。于是，织田信长厉兵秣马，养精蓄锐。

第 5 章

京畿的动荡

天文、永禄年间,京畿地区动荡不安。有势力的领主像走马灯一样入京称霸。起初,细川氏势力最大,后来是六角氏,六角氏做过管领代[①]。再后来就是细川氏的部下三好氏掌权。三好长庆时,三好氏的权势达到顶峰。天文二十一年(1552年)正月,三好长庆暂时与征夷大将军足利义辉和解,足利义辉从近江国回到京都。细川晴元对三好长庆忌惮三分,便剃发为僧。细川高国的儿子细川氏纲入京,和三好长庆一起辅佐细川晴元的儿子细川信良。畠山稙长去世后,畠山氏的家宰游佐长教专权,在河内国高屋城拥立畠山稙长的儿子畠山政国为主君,游佐长教掌握实权。在大和地区,兴福寺、东大寺的僧侣们争夺权势。在京都,一向宗、天台宗等在教义上和势力上争斗得很激烈。这时,京畿的领主有时支持细川晴元,有时支持三好长庆,有时与六角氏结盟,有时与游佐氏结盟。谁势力大,京畿的领主就依附于谁,敌人和盟友的关系经常发生变化,反复无常,极其混乱。

一、细川晴元与三好长庆的关系

细川晴元和三好长庆水火不容,双方发生冲突是无法避免的,他们都在等待时机下手。三好长庆征伐丹波国时,机会终于到来了。起初,三好长庆娶丹波国波多野植通的妹妹为妻,之后三好长庆与游佐长教结盟,纳游佐长教的女儿为妾,波多野植通对三好长庆的这一做法不满。天文二十一年四月,波多

[①] 管领代,管领的代官。

野植通和细川晴元结盟，对抗三好长庆。三好长庆前往丹波国征讨镇守屋上城的波多野植通。当时，在军中的三好长庆的妹夫芥川孙十郎和细川晴元勾结，想要谋反。三好长庆听说此事后大惊，连夜回到摄津国。于是，细川晴元前往丹波国的宇津城，和波多野植通商议入京之事。身在京都的征夷大将军足利义辉支持三好长庆，出兵守住咽喉要道嵯峨，和三好长庆的部队一起在舟冈山与细川晴元的部队激战。细川晴元的部队暂时退到丹波国。

足利义辉和细川晴元发生冲突，而足利义辉的母亲近卫氏厌恶三好长庆，支持细川晴元。近卫氏曾经逼迫儿子足利义辉支持细川晴元。三好长庆对此十分不满。足利义辉如果听从母亲的话，就会断绝与三好长庆的关系，像以

足利义辉

前一样与三好长庆对立。足利义辉如果和三好长庆结盟，那么就不得不断绝母子关系。在这种情况下，足利义辉左右为难，只能含糊其词，得过且过。然而，最终足利义辉在臣僚的劝说下决定与细川晴元结盟。于是，细川晴元入京。当时，三好长庆正在摄津国攻打芥川城的芥川孙十郎。听说京都有变后，三好长庆留下部分人马继续攻打芥川城，自己则和畠山政国的儿子畠山高政一起直接入京，与足利义辉和细川晴元作战。足利义辉和细川晴元战败，逃到了近江国朽木谷，只有六角义贤支持足利义辉和细川晴元。三好长庆乘势攻克芥川城，芥川孙十郎投降。三好长庆又派松永久秀和三好政康征讨丹波国的波多野氏，但被波多野氏击败。此时，三好长庆在芥川城拥立细川晴元的儿子细川信良为主君。之后，三好长庆派兵攻克了摄津国的有马、播磨国的明石、三木等地。在京摄地区，已经没有人是三好长庆的对手，三好氏进入了全盛时期。

细川晴元和足利义辉谋划光复京都。永禄元年（1558年）五月，细川晴元和足利义辉在六角义贤的支援下，屯兵坂本。三好长庆听说这个消息后，派松永久秀和三好政康前去抵挡，结果以失败告终。此后，细川晴元和三好长庆的部队在京畿地区作战，胜败难分。然而，后来三好长庆得到了三好康长从阿波国派来的援军，势力大增。六角义贤的部队孤立无援，六角义贤便劝说细川晴元和足利义辉向三好长庆求和。三好长庆担心和足利义辉的和解不会长久，一开始表示拒绝，最终经过与臣下的商议后同意议和。足利义辉回到二条城，细川晴元开始了漂泊的生活，三好长庆回到芥川城，京畿地区暂时平静下来。之后在足利义辉的调停下，永禄四年（1561年）五月，细川晴元到芥川城与三好长庆面谈，三好长庆把细川晴元安置在摄津国富田的普门寺，并厚待细川晴元。最终，细川晴元在这里去世。

二、畠山氏的内讧

畠山政国平定河内国之后，退居二线，将家业传给儿子畠山高政，命老臣游佐长教处理庶政，领地内比较平静。游佐长教病死后，畠山高政任命安见美作为家宰。然而，安见美作性格暴戾，逼迫主君畠山高政出走，霸占了畠山氏的领地。三好长庆听说此事后，为了保住畠山氏的领地，派松永久秀征讨安见美作，两军未分胜败。永禄二年（1559年）六月，三好长庆亲率大军攻克高屋城，驱逐了安见美作，从纪伊国将畠山高政迎了回来。畠山高政回来后，把安见美作召了回来，并让安见美作处理政务。三好长庆听说此事后，意识到很难和畠山高政共事，就想和弟弟三好义贤将河内国收为己有，于是三好长庆兄弟二人从大和国方向入侵河内国。三好长庆和三好义贤进攻高屋城的畠山高政和饭盛城的安见美作。三好长庆连战连胜。三好义贤进军至藤井寺。松永久秀攻克井土城，占领大和国，进军河内国，包围高屋城，与三好长庆会师。根来寺的僧侣来援救高屋城，被三好长庆的部队打败，高屋城的守军士气低落。

三好义贤

松永久秀

这时，畠山高政的父亲畠山政国前来调停，畠山高政和安见美作把高屋城让给三好长庆后逃到了堺。永禄二年（1559年）十一月十三日，三好长庆进入饭盛城，让三好义贤镇守高屋城，让松永久秀攻克大和国的各城后，统治大和国。于是，三好氏完全取代了畠山氏，畠山氏失去了领地。

三、三好氏与六角氏

三好氏的势力范围包括山城、摄津、河内、大和、和泉、淡路、阿波、赞岐等国，三好长庆拥戴细川晴元的儿子细川信良为主君，权势很大。天下领主都央求三好长庆赐予官爵，公卿贵族也看三好长庆的脸色行事。三好长庆的嫡子三好义长和松永久秀于永禄四年（1561年）一起叙从四位下，松永久秀被赐源姓。朝廷授予三好长庆桐纹章，足利义辉也到三好长庆的府上做客。

三好长庆之前不过是细川氏的家臣，如今却炙手可热。近江国的六角义贤对此十分不满。三好长庆拥立细川信良为主君，六角义贤则拥立细川晴元的二儿子细川晴之为主君，与三好长庆对抗。六角义贤联合畠山高政、安见美作、根来寺的僧侣、熊野的士兵入侵和泉国。六角义贤还召集细川氏不得志的遗臣作为帮手。永禄四年（1561年）七月，六角义贤在胜军山修筑堡垒。对此，三好长庆派自己的儿子三好义长与松永久秀等抵挡六角义贤。三好长庆又让自己的弟弟三好义贤防备来自纪伊国的敌人。于是，京畿地区战乱不断。为了防止宫殿毁于战乱，朝廷让三好氏严加防范。河内国是畠山氏祖上传下来的领地，畠山氏在河内国的人脉基础很雄厚，当地百姓自发组织起来抵挡三好氏

六角义贤

的进攻。当地百姓逼近高屋城，杀死了三好政成。在和泉国方向，畠山高政召集畠山氏的故旧进攻和泉。把守高屋城的三好义贤采取措施，防御畠山高政的进攻。永禄五年（1562年）三月，三好氏和畠山氏的部队发生冲突。三好义贤战死，岸和田城①陷落，守城士兵逃到饭盛城，与三好长庆会合。松永久秀在京都听说和泉国的敌人来犯，返回河内国，三好义长也前来助阵，大败畠山氏的部队。畠山高政败走纪伊国，安见美作等投靠摄津国石山的一向宗信徒。六角义贤听说畠山高政败北，意识到自己不是三好长庆的对手，于是撤到近江国。之后，六角氏的势力衰落了。

四、三好长庆去世

三好氏的权势达到顶峰，却并未持续很长时间。三好长庆的嫡子三好义长死后，老奸巨猾的松永久秀专横跋扈。三好义长非常聪慧，崭露头角，立志替代父亲三好长庆统一天下。然而，永禄六年（1563年）八月，三好义长在芥川城猝死，年仅二十二岁。时人认为是松永久秀毒死了三好义长。三好义长认为松永久秀是个奸佞之徒，早有杀死松永久秀之意，却反被松永久秀杀害了。三好长庆非常悲伤，而且年事已高，便不理国政。松永久秀独掌国政。三好长庆将弟弟十河一存的儿子收为养子，将这位养子定为嗣子，并为他改名为三好义继。三好义继尚幼，由一族中的三好长逸、三好政康、岩成友通三人辅佐，这三人被称作三好三人众。之后，不到一年时间，永禄七年（1564年）七月，三好长庆死于河内国饭盛城，年仅四十二岁。虽然三好长庆去世了，但三好氏一族恪尽职守，外敌很难乘虚而入。

五、征夷大将军足利义辉被弑杀

三好长庆去世后，松永久秀专横跋扈。松永久秀是近江国人，有才能，受到三好长庆的重用和信任，住在大和国信贵城，肆意妄为。松永久秀一直在等待壮大的机会。当时，足利义维的儿子足利义荣在阿波国，足利义荣想借助三好氏一族的条原长房的势力登上征夷大将军宝座。松永久秀及三好三人众专横跋扈，觉察出征夷大将军足利义辉对自己不满，于是想拥立足利义维或

---

① 岸和田城，疑为高屋城。

者足利义荣为主君。三好氏的臣僚都赞成这一计划。永禄八年（1565年）五月，松永久秀等趁室町幕府的卫士不备，袭击足利义辉。当时，执勤的卫士人数不多，寡不敌众，很多人战死。足利义辉想在剩余卫士的保护下逃脱，但室町幕府府邸被围得水泄不通。足利义辉只好上马提刀，拼命厮杀，终究寡不敌众，在营中放火自杀，年仅三十岁。足利义辉的母亲庆寿院也投火自焚，剩下的十八名随从都为主人自杀身亡。足利义辉的夫人近卫氏被松永久秀抓住后押送到近卫氏的哥哥关白①近卫前久的府上。足利义辉有两个弟弟，都已出家为僧。松永久秀和三好氏商量后派人杀死了足利义辉的两个弟弟中的一个。永禄八年六月七日，松永久秀和三好氏为足利义辉举行葬礼。足利义辉的旧臣和公卿都害怕松永久秀等，没有一个人敢参加葬礼，五山十刹的僧侣也没有来，只有几位足利义辉的近臣来参加葬礼。公卿和与足利义辉有关系的人都被疏远了，松永久秀和三好三人众势力最大。

六、松永久秀与三好氏发生冲突

松永久秀和三好三人众得势之后，开始争权夺势，相互猜忌，发生了冲突。松永久秀老奸巨猾，三好三人众很讨厌松永久秀，打算除掉他。于是，三好三人众拥立三好义继为主君，从饭盛城迁到高屋城，以此来防备松永久秀。足利义荣也写信给三好三人众，让他们调集畿内的兵马讨伐松永久秀。四国的三好氏一族也支持三好三人众。松永久秀坐镇大和国志贺城，联络根来寺的僧侣，并让漂泊于纪伊国、和泉国之间的畠山高政起兵响应，共同对付三好三人众。于是，松永久秀和三好三人众的冲突演化为畠山氏和三好氏的冲突。畿内之地又狼烟四起。永禄九年（1566年）二月，畠山高政和根来寺的僧侣一起进军河内国，在上芝和三好义继、三好政康等的部队发生冲突。畠山高政战败，逃往堺。大和国的筒井顺庆背叛松永久秀，支持三好氏，与松永久秀的部队作战。结果筒井顺庆战败，逃出筒井城。三好氏在进攻大和国时，筒井顺庆援助三好氏，打算夺回筒井城。在三好氏的部队竭力进攻筒井城的时候，松永久秀急忙赶赴堺，和畠山氏的部队会合，趁高屋城空虚，攻打高屋城。然而，

---

① 关白，日本指辅佐天皇处理政务的最高职务。

筒井顺庆

高屋城中防守严密，很难攻克。松永久秀兵败，逃往堺。听到这个消息后，三好氏不再攻打筒井城，而是前往堺，攻打松永久秀。松永久秀看到很难取胜，就让堺的商人前去三好氏那里议和。趁此机会，松永久秀逃回了大和国。足利义荣在阿波国，还未入京。三好氏和松永久秀之乱稍微平静之后，足利义荣率领四国之兵进攻松永久秀一党的城堡。三好长逸、岩成友通等前来与足利义荣会师，攻克了沼间左卫门尉的越水城，之后又攻克了泷山城、小泉、淀、青龙寺。足利义荣进入普门寺，三好长逸、岩成友通入京。于是，朝廷遣使任命足利义荣为左马头①，京都恢复平静。三好长逸入京，巡视并主持修理皇宫。丹

---

① 左马头，日本律令制下马寮（掌管朝廷马匹的饲养与调教，分为左马寮、右马寮）的长官。

波国的宇津赖重侵夺朝廷在丹波国的财产，三好长逸命宇津赖重归还朝廷。足利义荣入京，重修二条城之后入住。

三好长庆的养子三好义继在三好氏一党的簇拥下迎接足利义荣。足利义荣得到征夷大将军之位完全是靠三好氏。当时，尽管三好氏有实力，却尚不能取代主君足利义荣，一切政务都是足利义荣和三好氏共同商议决定的。当时三好义继年纪尚幼，这也是不得已的。然而，三好义继长大成人后，依然如此。三好义继以外的三好氏一党想得到足利义荣的重用，并得到超过三好义继的待遇。三好义继被轻视，甚至可有可无。骏河守金山实在看不下去了，劝三好义继到大和国与松永久秀结盟，对抗足利义荣和三好氏。于是，三好义继、松永久秀结盟对抗足利义荣和三好氏，再次出现了征夷大将军和管领之争，而且背后还有三好氏与松永久秀之争。双方交战的地方选在了奈良、大和附近。松永久秀在志贺城防御三好氏的进攻，三好氏和筒井顺庆等一起从天满山、大乘院方向进攻志贺城。三好政康、岩成友通占据东大寺、二月堂、大佛殿。松永久秀的部队占据兴福寺。双方打得不可开交。松永久秀尝试夜袭，导致东大寺烧毁，大佛殿、念佛堂等全部化为灰烬。之后，三好氏大败，撤到了堺。这样一来，松永久秀重新得势，在摄津、河内地区拉帮结派，夯实了基础。

七、足利义昭的境遇

足利义辉的弟弟一乘院觉庆在细川藤孝的帮助下逃出奈良，投奔近江国的和田氏。觉庆还俗之后称足利义秋，之后改名为足利义昭。为了打倒三好氏，足利义昭向各地领主发出号召，请求援助。响应号召的人虽然很多，但都是小领主，无法与三好氏一决雌雄。于是，足利义昭效仿哥哥足利义辉，依靠观音寺城的六角氏。每当足利氏有难时，六角氏都会予以保护，并将足利氏送回京都。自应仁之乱以来，都是如此。六角氏以足利氏的救星自居。然而，此时六角氏家族发生了内乱，不能帮助足利义昭。六角义贤的六个管家中，后藤氏特别受到六角义贤的器重，势力最大，后藤氏想取代主家而自立。六角义贤的儿子六角义弼继承家业后，担心后藤氏势力过大，尾大不掉，会导致六角氏灭亡。于是，六角义弼找了个借口把后藤纲宣召到城中杀掉了。六角义贤听说

岩成友通

这个消息后，对六角义弼的这一做法十分震怒。六角义贤和后藤氏一族将六角义弼围在观音寺城，六角义弼支撑不住，逃往日野城，向城主蒲生定秀求助，住在了日野城。后藤氏叫来江北的浅井氏一起攻打日野城。蒲生定秀居中调停，让六角义贤和六角义弼和解，让浅井氏、后藤氏撤军，让六角义弼的弟弟六角义定继承家业，让后藤纲宣的二儿子后藤纲明继承后藤氏的家业。六角氏虽然和解了，但已经没有了过去的势力，只能苟延残喘。三好氏劝说六角氏讨伐足利义昭，足利义昭不得不带着近臣数十人离开近江国矢岛，前往若狭国，投奔武田氏。然而，武田氏势力很小。从武田元光时期开始，武田氏的领地就受到朝仓氏的蚕食。天文二十年（1551年）八月，武田信丰继承家业，不久去世，武田义统继承家业。武田义统时期，若狭国士人拉帮结派，互相争斗。东面的朝仓义景乘机派兵进攻吉山城的粟屋胜久，却被粟屋胜久打败。之后，朝仓氏屡屡进攻粟屋胜久。永禄十年（1567年）四月，武田义统去世，儿子武田元次继承家业。之后，筑前守内藤氏、逸见昌清、熊谷直元、粟屋胜久纷纷背叛武田元次，据城割据。这时足利义昭来到若狭国，进入了小滨城。然而，足利义昭发现武田元次靠不住，于是打算到越前国投奔朝仓氏。

朝仓氏坐镇越前国一乘谷城，在北陆地区很有势力，与加贺国、越中国的一向宗信徒进行争斗。永禄十年十二月，足利义昭致函朝仓义景，让朝仓义景与一向宗信徒议和。然而，朝仓义景尚未奉命，足利义昭已经来到了越前国。足利义昭到一乘谷安养寺再次劝说朝仓义景。朝仓义景听从命令，终于与

朝仓义景

一向宗信徒和解。本愿寺一方将杉浦法桥之子送到越前国做人质，并且毁掉柏野、松山二城。朝仓氏也毁掉了黑谷、桧谷、大圣寺三城。本愿寺一方将教如之女嫁给朝仓义景。这样，在足利义昭的周旋下，本愿寺信徒和朝仓义景达成和解，足利义昭也就有了在朝仓义景那里待下去的资本。永禄十一年（1568年）四月二十一日，效仿六角高赖任管领代的先例，足利义昭任命朝仓义景为管领代，并举行了任命仪式。这时，足利义荣已经在摄津国接受了征夷大将军的任命。这样一来，足利氏就有了两个主君，一个是足利义荣，一个是足利义昭，二人相互对立。足利义昭的夙愿是收复京都，为哥哥足利义辉报仇。足利义昭经常与朝仓义景谋划此事。然而，朝仓义景的兵力很少，无法答应这个要求。于是，足利义昭写信给各地的大领主，约他们一起光复京都。然而，大领主中没有人回应，足利义昭无法实现这个计划。迁延数月，无所事事。当时，织田信长荡平美浓国，打算拥立足利义昭为征夷大将军。足利义昭大喜过望，打算赶赴美浓国。朝仓义景对足利义昭投靠织田信长的做法表示不快。于是，足利义昭向朝仓义景发誓说自己依靠织田信长绝不意味着疏远朝仓义景。之后，足利义昭离开越前国，在小谷城接受近江国浅井氏的款待后，到了美浓国。织田信长把足利义昭请进立正寺，向足利义昭献上剑、马和一千贯钱，然后打探京都的情况，准备西上。

第 6 章

织田信长西上入京

一、为西上做准备及经略伊势国

俗话说乱世出英雄，织田信长想趁京畿地区混乱之际，入京称霸。织田信长占领美浓国之后，派人准备军粮，做好战备工作，准备大举远征。在外交方面，织田信长和德川（松平）氏、武田氏结盟，与浅井氏亲密交往，为达到称霸的目的奠定了基础。然而，织田信长担心在西上之际，伊势国的领主会进攻尾张国，因此，有必要对伊势国多加提防。而且伊势国的领主很容易和近江国的领主及自己的强敌六角氏联手。因此，在西上之前，织田信长必须把伊势国纳入自己的势力范围。

伊势国南部有北畠氏，在伊势国北部，工藤氏、关氏、千叶氏、后藤氏、赤堀氏、楠氏等小领主林立。另外，伊贺国的关冈氏和近江国的领主们过从甚密。因此，织田信长一占领美浓国，就出兵伊势国北部，小领主望风披靡，三重郡的楠十郎投降织田信长，并充当向导。这时坊间传言，如果织田信长南下，武田晴信就会从信浓国袭击织田信长的背后。织田信长收兵，让泷川一益镇守长岛，提防伊势国。其实，武田氏和织田氏的关系非常好，武田晴信袭击织田信长只是谣言而已。永禄十一年（1568年）二月，织田信长再次征讨伊势国。三重郡、铃鹿郡的领主大多支持织田信长，愿意在织田信长的麾下听命。只有龟山城城主关盛信和六角氏关系密切，与织田信长对抗。阿艺郡的神户友盛收织田信长的三儿子织田信孝为养子，并把自己的女儿嫁给了织田信

织田信孝

孝。安浓郡的长野氏坐镇长野城，实力雄厚。织田信长想征讨长野氏。永禄五年（1562年）五月，长野藤定病故后，长野藤定的养子长野具藤[①]继承家业。因为迎立长野具藤一事，长野氏的臣下分为两派，一派支持北畠氏，另一派支持六角氏，两派争斗不息。而今，织田信长要征讨长野氏，长野氏一门中也有支持织田信长的。这样，长野氏一门就分成了三派，其中最有实力的是细野九郎。细野九郎占据细野城，与六角氏联手，对抗织田信长。长野氏阵营中的与

---

① 伊势国北畠具教之子。——原注

织田信包

三右卫门、河北内匠支持织田信长。织田信长让弟弟织田信包冒称是长野氏，让神户友盛的姐姐嫁给织田信包，让与三右卫门、河北内匠等拥立织田信包为主君。织田信长的势力越来越大，长野具藤支撑不住，败走多气郡，投奔北畠氏。关氏也投降了织田信长。织田信长派织田扫部介镇守安浓津城，提防北畠氏的进攻。这样一来，伊势国除北畠氏之外，都归顺了织田信长。织田信长消除了后顾之忧后，回到美浓国。

二、平定近江国

织田信长把足利义昭迎到美浓国之后，谋划西上京都之策。四周形势比较稳定，织田信长可以放心入京。而今织田信长入京的路上，唯一的绊脚石就是近江国的六角义贤。在三好氏的调停下，六角义贤和自己的儿子六角义弼和解。之后，六角义贤回到了观音寺城，恢复了势力。织田信长在讨伐六角义贤之前，遣使到观音寺城劝降，但六角义贤不肯投降。在此之前，三好三人众听说织田信长拥立足利义昭为主君，担心织田信长西上入京，于是派人劝说六角义贤与织田信长对抗，共同拥护足利义荣当征夷大将军。三好三人众向六角义贤承诺，如果织田信长入侵六角氏的领地，三好氏就会援助六角义贤。因此，六角义贤不肯向织田信长投降。于是，织田信长暂时退兵，和众将商议对策，并开始从领地内征兵。尾张国、美浓国、伊势国的领主都来助战。松平家康派同族的松平信一率军前来助战。浅井长政也派来了部队援助织田信长。织田信长承诺平定近江国之后回来接足利义昭。

永禄十一年（1568年）九月七日，织田信长从岐阜城出发，进入近江国，进攻观音寺城。六角义贤和儿子六角义弼共同修建箕作、和田山等十八

松平信一

城，防备织田信长的进攻。和田山城位于要道之上，与箕作城互相援助。织田信长打算切断这二城的联系，使这二城成为孤城。于是，织田信长让浅井长政在两城的中间驻扎。织田信长又派林通胜、明智光秀等牵制和田山城。织田信长率领众将进攻箕作城，但箕作城城墙坚固，很难攻克。松平信一身先士卒逼近牙城，众将也加大力度攻城，箕作城陷落。接着，织田信长率军进攻观音寺城。六角义贤父子胆寒，请求议和，交出观音寺城之后，六角义贤父子逃到了甲贺山中。之后，六角氏的其他城堡都望风披靡，纷纷投降。日野城的蒲生贤秀也投降了织田信长。平定近江国之后，织田信长把足利义昭迎进三井寺，商量入京事宜。

明智光秀

三、平定京都

三好氏有义务援助六角氏，在观音寺城被织田信长包围之后，岩成友通来到坂本救援六角氏。此时，织田信长的部队势如破竹，正在猛攻观音寺城。岩成友通见没有胜算，便退回去了。三好氏意识到京都已经守不住了，于是逃到了摄津国。织田信长入京，在东寺列阵，扼住南面，以防三好氏入侵。织田信长让足利义昭坐镇清水寺。近畿领主大多都支持织田信长，京都人无论贵贱、年龄，都来一睹织田信长的风采。起初，人们听说织田信长要进京都，都担心织田信长暴戾专横，京都居民扶老携幼，逃往四方。正亲町天皇也不断祈

正亲町天皇

祷战祸平定下来，命令武士严把宫门。然而，这些都属于杞人忧天。织田信长体恤士民，致力于稳定民心。菅屋长赖奉织田信长之命，严抓军纪，与民秋毫无犯。于是，京都士民心悦诚服。

起初，三好三人众拥戴足利义荣为征夷大将军，而三好义继、松永久秀拥立足利义昭为征夷大将军。织田信长和足利义昭进入京都之后，驱逐了三好三人众。足利义维和松永久秀向织田信长请降。因为松永久秀是弑杀足利义辉的主谋，足利义昭不想宽恕松永久秀。然而，织田信长主张：天下尚未统一，正在用人之际，失去松永久秀、足利义维这样的良将对作战不利。足利义昭只好听从了织田信长的建议。这时，三好氏在摄津国富田的普门寺屯兵，防备来自京都方面的进攻。岩成友通镇守青龙寺城。细川信长、三好长逸、三好政康镇守摄津国的芥川城。条原长房镇守越水城和泷山城。三好康长镇守高屋城。这几座城相互呼应，抵挡来自京都的织田信长的部队。永禄十一年（1568年）九月二十八日，织田信长和足利义昭一起率军离开京都，进攻三好氏的各座城堡。青龙寺城的岩成友通首先投降，三好长逸、三好政康等逃走，摄津国、河内国各城城主投降织田信长，大和国的领主也望风归降织田信长。三好氏已经无法在京畿地区立足，只能逃回大本营淡路国、阿波国。之后，足利义荣病故，三好氏的势力受到重创。织田信长在平定京畿地区之后，坐镇芥川城，督促部队继续作战。朝廷派万里小路辅房慰问织田信长。

足利义昭和织田信长在芥川城处理战后善后问题。前来归降织田信长的人中，门第最高的是畠山高政、细川信良。织田信长将自己的妹妹嫁给畠山政高的养子畠山昭高，让畠山昭高镇守饭盛城。织田信长给了细川信良一座城，让其为细川氏延续香火。织田信长将高屋城给了三好义继，将志贵城给了松永久秀。织田信长让池田胜政、伊丹亲兴、入江左近等镇守原来的城堡，统领摄津国的西部。一直跟随足利义昭的和田惟政得到了芥川城。不久，足利义昭和织田信长一起回到了京都，足利义昭住进了细川氏的旧宅，织田信长住进了知恩寺，京都形势开始稳定下来。为了医治战乱带来的创伤，织田信长决定向畿内地区课税，让石山本愿寺捐助五千贯钱，让奈良捐助千余贯钱，让堺捐助二万贯钱。另外，织田信长根据各地的富庶程度，课以不同的税赋。各地都奉命纳税，只有堺挖深沟、设壁垒，公然抗税。然而，织田信长害怕引起战乱，没有怪罪堺。此外，织田信长撤去了很多地方上的关卡，促进了商业的发展。

足利义昭颠沛流离，在遇到织田信长之后，不出一个月就平定了京畿。永禄十一年（1568年）十月十八日，足利义昭任征夷大将军。这得益于织田信长。因此，足利义昭对织田信长感恩戴德，厚待织田信长，称织田信长为父亲。织田信长一改幼时的粗暴，谦让自持。朝廷任命织田信长为左兵卫督、副将军，织田信长固辞不受。足利义昭为了报恩，任命织田信长为管领，织田信长也固辞不受。足利义昭把畿内之地分给织田信长，织田信长也没有要。足利义昭把织田信长当作父亲，对其言听计从，信任有加。

经过三好氏之乱，朝廷的权威和经济实力进一步衰落。织田信长荡平摄津国、入京之后，献钱数万贯。织田信长在和山科言继等商量之后，下令地方豪族将侵占朝廷的领地还给朝廷。朝廷的领地被地方豪族霸占，是因为朝廷没有武装力量。而今，织田信长和足利义昭入京。有了这只武装力量，朝廷的命令有了威力。这样一来，朝廷和公卿借助织田信长的力量收回了部分领地，经济上宽裕了很多。

第7章

平定近畿

织田信长起兵西上，入京恢复了足利氏的权威，却绝不居功自傲，对荣誉地位坚辞不受。织田信长率先垂范，断了其他领主争抢官位的念想。这大概是因为织田信长胸怀大志，为将来获得天下而对眼前的功名利禄不屑一顾吧。京都平静下来之后，织田信长回到自己的根据地，整顿兵马，养精蓄锐，以备再战。当时，三好氏撤退到了南海，但一直在等待机会卷土重来。织田信长对这一点早有察觉。越前国的朝仓氏对织田信长也不满。近江国的六角氏一直想恢复原来的领地。还有其他敌视织田信长的势力一直在蠢蠢欲动。织田信长一直在关注着天下的动向。

一、三好氏作乱

岩成友通、三好长逸、三好政康、三好康长等三好氏一党和摄津国的斋藤龙兴、长井隼人正等沆瀣一气，一有机会就想杀回京都。三好氏率军进入和泉国，攻陷了三好义继所在的城堡。永禄十二年（1569年）正月五日，三好氏趁织田信长不在时，突然袭击京都。当时，足利义昭住在日莲宗的本国寺。三好氏实施火攻，长冈藤贤、三渊藤英等与三好氏的部队进行了殊死肉搏。三好氏对本国寺崇敬有加，幕府派人来谈判，说希望在足利义昭迁至七条道场后再发动进攻，避免本国寺被毁。三好氏答应了这一请求，也中了幕府的缓兵之计。永禄十二年正月六日，三好义继、池田胜政、伊丹亲兴等援军赶到了。于是，三好长逸、三好政康等在本国寺防守，三好康长、岩成友通等渡过桂川，阻击三好义继、池田胜政等援军。三好义继、池田胜政等和三好康长的部队作战，起初作战失利。然而，伊丹亲兴等英勇奋战，三好义继等打退敌人，逼近敌人的大营。长冈藤贤、三渊藤英等从本国寺方向向三好氏的大营发动突击，三好氏抵挡不住，溃败。织田信长在岐阜城听说这一变故之后，急行军赶赴京都，于永禄十二年（1569年）正月九日早晨赶到本国寺。这时，三好氏已经溃败逃走。织田信长拜见了足利义昭，并嘉奖了有功将士。此次，堺士民又帮助了三好氏，所以织田信长派部队前去警告。堺士民听说此事，赶紧献上二万贯钱并谢罪。织田信长宽恕了堺士民，京都复归平静。

三好氏能够如此轻易地攻击幕府，使织田信长意识到今后必须采取充分的对敌策略。织田信长命令众将修建新营，加强幕府的安全防御工作。村井民部、岛田所之助具体负责施工。为了加快工程进度，织田信长亲自督工，士兵们不分昼夜施工，新营比计划完成的时间提前竣工。众将的宅邸分布在新营的周围。织田信长不仅修建了新营，还修缮了皇宫。在这一过程中，木下秀吉也表现出了高超的管理能力，织田信长将他留在京都，负责守卫二条新营，以应对不测情况。安排好之后，织田信长回到了岐阜城。

二、征讨但马国

山名氏好几代人都被任命为但马国守护，而今每况愈下。山名祐丰惨淡经营，勉强维持。摄津国的伊丹亲兴、池田胜政建议织田信长吞并但马国。织田信长采纳了这一建议，命令伊丹亲兴等攻打但马国。永禄十二年八月一日，伊丹亲兴等入侵但马国，不出十天，便打败了山名氏的部队，山名祐丰投降。这时，生野银矿归织田氏所有。之后，生野银矿不断产出白银。羽柴秀吉征服安艺国一带时，任命伊藤石见守专门负责银矿的采掘工作。到了江户时期，德川幕府派官员专门经营银矿。

三、征讨伊势国

织田信长在西上京都之前，为了消除后顾之忧，入侵伊势国北部。之后，伊势国国司北畠氏的势力每况愈下。织田信长想趁北畠氏衰落之际，彻底荡平北畠氏。这时，北畠氏一族中的木造具政秘密通过滝川一益与织田信长联系，想要取代宗家北畠氏。滝川一益进攻北畠氏的城堡，却被城兵打败了。于是，永禄十二年（1569年）八月二十日，织田信长决定亲自领兵征讨伊势国。北畠具教在大河内城竭尽全力防守，又派部下加强小森城、上野城、船江城、八田城、阿坂城的防守。织田信长亲自攻打大河内城，又调兵遣将夺取上述城堡。大河内城易守难攻，织田信长采取的方法是先火攻城堡下面的街道，让大河内城完全孤立起来，紧接着将城堡团团围住，切断城堡与外界的联系。尽管如此，守军顽强抵抗，织田信长损兵折将。将大河内城围了六十天后，织田信长命令部下火烧外郭，夺取城中的粮食。城中断粮，守军很难支撑下去。织田信长派人与北畠具教议和。永禄十二年十月三日，双方正式议和。织田信长将次子茶筅丸过继给北畠具教的儿子北畠具房，将北畠具教的女儿嫁给茶筅丸。织田信长的次子茶筅丸改名北畠信雄，继承北畠具房的家业，坐镇大河

北畠信雄

内城，由织田扫部助来辅佐。北畠具教撤退到坂内城。织田信长统一伊势国之后，让滝川一益镇守安浓津、涩见、木造三城，让织田信包镇守上野城，将神户氏的领地分给织田信孝。这样，伊势国完全归织田信长所有，织田信长下令撤销伊势国境内的关卡，给商旅带来了方便。之后，织田信长到京都拜见足利义昭后，回到了岐阜城。

四、织田信长与浅井氏和朝仓氏的关系

织田氏和朝仓氏都是斯波氏的家臣，朝仓氏镇守越前国，织田氏镇守尾张国，取代了主家斯波氏。从朝仓广景到朝仓义景，都是正统的嫡子继承家业、任守护代。而织田氏不同，任守护代的织田氏灭亡之后，织田氏的家臣诈称织田氏，占领了尾张国。朝仓氏和织田氏的门第是不同的。而且在应仁之乱时，朝仓义景的高祖朝仓敏景升任守护。因此，朝仓氏称织田氏是陪臣，织田氏称朝仓氏是逆臣，相互看不起，幸亏二者之间隔着美浓国，才没有发生冲突。织田信长吞并美浓国时，朝仓氏帮助斋藤氏对抗织田信长。这样一来，朝仓氏和织田氏的关系越来越疏远。朝仓氏对织田信长吞并美浓国十分不满，更何况织田信长又从朝仓氏那里挖走了足利义昭，打着足利义昭的旗号荡平了京畿。织田信长在去京都时请朝仓义景到佐和山城，朝仓义景没有去。而且一有事情，织田信长就派朝仓氏的部队去处理。织田信长平定京都后，让朝仓义景入京，朝仓义景非但不去，反倒相信织田信长要攻打朝仓氏的谣言，加强领地内城堡的防备。于是，织田信长以朝仓义景不听征夷大将军足利义昭的命令为借口，要征讨朝仓义景。二者的关系彻底断绝。而今，织田信长统一了京都，驱逐了三好氏，征服了伊势国，下一个目标不是三河国就是朝仓氏的越前国。而三河国的松平家康与织田信长是同盟关系，松平家康牵制着武田氏，让织田信长在西上入京时消除了后顾之忧。织田信长是不可能攻打松平家康的。织田信长处于顺境时，要攻打的必然是越前国的朝仓义景。

远在九州的大友氏、备前国的宇喜多氏等非常尊敬织田信长，听从织田信长的命令。唯独朝仓义景顽固不化，对织田信长无礼。因此，织田信长以朝仓义景不听征夷大将军足利义昭的命令为由，号令众领主征讨朝仓义

景。松平家康接到命令后，从远江国的滨松前来与织田信长会师。元龟元年（1570年）四月，织田信长和松平家康从京都出发，进入若狭国，攻克多座城堡，直逼越前国。织田信长派手下木下秀吉等进攻手筒山城，但出兵不利。元龟元年四月二十五日，松平家康从南面攻城，津波等战死，攻陷手筒山城。织田信长率军包围了金崎城。元龟元年四月二十六日，城主朝仓景恒请降，让出城后一走了之。织田信长正要攻打朝仓义景的老巢一乘谷城时，发生了变故，织田信长不得不终止讨伐越前国的行动。

浅井长政是织田信长的妹夫，二人结成了攻守同盟关系。浅井长政总是跟着织田信长作战，形影相随。然而，织田信长征讨朝仓义景时，浅井长政没有一起去。织田信长也没有和浅井长政商量，就踏上了征讨朝仓义景的征途。然而，在织田信长进攻一乘谷城时，浅井长政断绝了与织田信长的关系，与朝仓氏遥相呼应。浅井长政的父亲浅井久政对浅井长政说：

> 织田信长反复无常，不可靠。朝仓氏和我们浅井氏是世交。而且我们在和织田信长联姻时，约定他不得伤害朝仓氏。如今，织田信长背信弃义。因此，我们要和朝仓氏联盟，对抗织田信长。

浅井长政听从了父亲浅井久政的劝告。织田信长在军中听说浅井长政背叛时还不相信，后来战报接二连三传来，织田信长才挥师去攻打浅井长政。织田信长让木下秀吉留在金崎城，自己先率军回到京都。

六角义贤也趁织田信长北征朝仓氏之机召集旧部，占据鲇江城，与浅井长政谋划如何对抗织田信长。山科言继面见织田信长，请求织田信长留在京都保卫皇宫。织田信长安慰了几句山科言继，留下部分士兵守卫京都，之后回到岐阜城备战，准备攻打近江国。织田信长分派部下把守志贺城、永原城、长光寺城、安土城，以防范六角氏的进攻。之后，柴田胜家率军在野州川和六角义贤作战，六角义贤败逃，近江国南部复归平静。

六角氏在近江国南部与织田信长的部下作战时，浅井长政劝说朝仓义景

浅井久政

派兵援助六角氏。朝仓义景和同族的朝仓义镜一起率兵前往近江国。浅井长政建议六角义贤一同进攻织田信长的各座城堡,六角义贤不肯。六角义贤只是加强了城堡的防备,到美浓国向织田信长示威之后便撤军了。织田信长派木下秀吉诱降六角义贤的各城城主,做好入侵近江国的准备。元龟元年(1570年)六月,织田信长率兵二万三千人征讨浅井长政。三河国的松平家康也来帮助织田信长,织田信长率军包围了浅井长政所在的城堡小谷城。小谷城易守难攻,浅井长政坚守不出。于是,织田信长派手下包围了浅井长政的横山城,想等浅井长政救援时,半路伏击。然而,浅井长政只是出城列阵声援横山城,织田信长找不到下手的机会。元龟元年六月二十八日黎明,浅井长政和朝仓氏的部队诈败,突然向织田信长的阵营发起反击,两军在姊川发生激战,浅井长政一方士气高昂,织田信长一方士气低迷。不过,松平家康打败了朝仓景镜的部队,攻打横山城的织田信长部队袭击浅井长政的左侧，浅井长政全军瓦解，败走小谷城。两军战斗激烈，将士血染沙场，尸体堆积如山。织田信长派木下秀吉攻克横山城，与小谷城对峙。同时，织田信长命人进攻从战场上逃脱的矶野员昌的佐和山城，但很难攻克。元龟元年（1570年）七月六日，织田信长留下部分部队继续攻打佐和山城后，入京述职。之后，织田信长回到岐阜城。经过这一战，浅井长政和朝仓义景受到重创，一蹶不振。

三好三人众趁织田信长北征朝仓氏时，进入摄津地区，以野田福岛城和四国为根据地，打算入京称霸。三好三人众攻克池田胜政的摄津城，夺取池田胜政的领地，向京都进军，京都危在旦夕。足利义昭将三好三人众的动向告

矶野员昌

知织田信长。织田信长立刻调集美浓、尾张、三河三国的人马，于元龟元年（1570年）八月二十三日来到京都，和足利义昭一同南征。播磨国、纪伊国的领主纷纷率兵前来援助织田信长，织田信长率军直逼野田福岛。足利义昭进入细川藤贤的中岛城。织田信长担心石山的一向宗本愿寺派支持三好三人众，有可能从侧面发起进攻，所以派稻叶通朝等防备石山的一向宗本愿寺派。三好三人众占据野田福岛，易守难攻，与织田信长的部队形成对峙之势。一向宗本愿寺派支持三好氏，使形势更加复杂。一向宗本愿寺派和朝仓氏属于姻亲关系，所以与织田信长对立，打算从侧面进攻织田信长的部队。一向宗信徒受到精神上的蛊惑，打起仗来不要命，三好氏凭借野田福岛的天险据守。织田信长腹背受敌，这对织田信长来说是个重大的挑战。而且北面也有强势的敌人，不日就会攻打京都。于是，织田信长迫不得已，回到京都。在途中，织田信长处处遇到一向宗暴徒拦截，柴田胜家等击败了这些暴徒。元龟元年九月二十三日，织田信长回到了京都。

　　和织田信长作对的不仅仅是浅井长政和朝仓义景，还有比叡山僧徒和一向宗本愿寺派。在室町时期，佛教和政治的关系密切。僧侣与朝廷有时友好相处，有时关系紧张，京都当局经常以宗教界监督者的身份自居。足利尊氏要出席天龙寺的落成典礼，却被僧侣阻拦了。日莲宗在京都传教时，曾向室町幕府提出不合理条件，室町幕府将日莲宗信徒驱逐出京都。而织田信长入京之后，日莲宗的僧人朝山日乘受到织田信长的重用，和田惟政还请求织田信长允许他传播基督教。因此，比叡山僧徒对织田信长的这些做法不满。浅井长政和朝仓义景对自己领地内的比叡山僧徒非常好，而织田信长的手下明智光秀侵占比叡山僧徒的财物和土地。因此，比叡山僧徒和浅井长政、朝仓义景联手，拿起武器和织田信长对抗，而且趁织田信长南征之际，寻找机会占领京都。

　　元龟元年九月十九日，浅井长政和朝仓义景与越前国、江北的一向宗信徒联手，率军和志贺城的织田信治、森可成作战。织田信治、森可成战死，织田信长构筑的京都东面的防线崩溃。浅井长政和朝仓义景翻越逢坂，火烧山科，逼近京都，京都腹背受敌。接到战报，织田信长安排好防御三好氏的部队后，率领其他人马回到京都。在整顿兵马之后，织田信长率军在坂本打败了浅井长政和朝仓义景的部队。浅井长政和朝仓义景逃到比叡山。于是，织田信长派佐久间信盛、稻叶通朝告诉比叡山僧徒：如果站在织田信长一边，织田信长会把各地的比叡山领地归还给比叡山僧徒；如果不支持织田信长，也可以在战争中保持中立。如果不答应这个条件，就放火烧山。比叡山僧徒态度强硬，决不答应织田信长的条件。于是，织田信长命手下建堡垒，将比叡山围了起来，断绝了比叡山与外界的联系。这时在横山城的木下秀吉平息了丹羽长秀领导的一向宗暴动，与织田信长会师。比叡山要打持久战，需要把粮食从北陆运到坚田。而坚田的领主猪饲甚介支持织田信长，断了比叡山僧徒的粮道，比叡山僧徒军心大乱，加之当时正值严寒季节，寒风刺骨，比叡山僧徒惶恐不安。比叡山僧徒和织田信长的部队在京都北面的白川口激战，满山弥漫着尸臭味。

丹羽长秀

京都百姓人心惶惶，更何谈安居乐业。朝仓义景缺乏粮食，不断请求足利义昭接济。织田信长也想暂时休战。于是，足利义昭居中调停，正亲町天皇也派来使者督促和谈。元龟元年（1570年）十二月十三日，织田信长和朝仓义景、浅井长政、比叡山僧徒达成和解，织田信长回到岐阜城，浅井长政和朝仓义景分别回到自己的领地。

朝仓义景、浅井长政、三好氏的共同敌人是织田信长。朝仓氏和一向宗本愿寺派结了姻亲关系，浅井长政在江北保护了很多一向宗本愿寺派信徒。因此，一向宗本愿寺派和朝仓氏、浅井长政的关系都很好。一向宗本愿寺派向全国各地支部发出通知，让信徒帮助朝仓义景和浅井长政，孤立织田信长。尾张国长岛的长圆寺、顺霞寺也收到了通知，两寺在下间法桥的领导下召集兵马，准备攻击织田信长的背后。

当织田信长在宇佐山城准备和比叡山打持久战时，近江国爆发了一向宗暴动。一向宗暴徒占领了箕作城、观音城。佐佐木义贤在甲贺起兵，占据菩提城，与一向宗暴徒呼应，共同对抗织田信长。当时三好三人众与一向宗暴徒联手，入侵河内国，进攻织田信长的高屋城、乌帽子形城，却被守城兵将击败。然而，三好三人众与一向宗暴徒并不气馁，打算前往京都方向与朝仓义景和浅井长政的部队会合。室町幕府向织田信长告急，织田信长派木下秀吉前去救援。伊势国的长圆寺、显证寺也发生了一向宗暴动，织田信长派滝川一益前去镇压，却无济于事。一向宗暴徒进军尾张国，逼迫织田信兴自杀。尽管周围形势对织田信长十分不利，织田信长依然泰然自若，最终与朝仓义景和浅井长政议和。虽然朝仓义景和浅井长政与织田信长议和了，但一向宗本愿寺派、比叡山僧徒、三好三人众尚未和织田信长和解，依然与织田信长处于对立关系。江南的六角义弼终因不是织田信长的对手，请求织田信长议和，向织田信长谢罪，并发誓不再采取敌对行动。元龟二年（1571年）五月，织田信长向长岛的一向宗暴徒发动进攻，结果被一向宗暴徒打败。

与朝仓义景、浅井长政议和后，织田信长回到岐阜城养精蓄锐，静观形势，等待机会的到来。朝仓义景和浅井长政是织田信长永远难忘的敌人，不打倒二人，织田信长绝不能高枕无忧，他不惜千方百计除掉二人。于是，织田信长慢慢收买浅井长政的部下。元龟二年（1571年）二月，佐和山城的矶野员昌投降织田信长，接着太尾、朝妻等各城也望风投降。在这种情况下，浅井长政决定与织田信长进行决战，以便振奋士气。浅井长政率领自己的部队和江北十寺的一向宗信徒二万余人进攻横山城，同时命令浅井七郎进攻投降织田信长的堀氏的箕浦城。这等于浅井长政撕毁了和约，足利义昭的良苦用心白费了。镇守横山城的木下秀吉从背后援救箕浦城，赶走了浅井七郎的部队。这样一来，织田信长和朝仓义景、浅井长政又处于交战状态。

　　织田信长采取诱降策略，慢慢削弱浅井长政的势力，孤立小谷城。尽管如此，小谷城的实力依然不可小觑。于是，织田信长打算火烧比叡山，进一步孤立小谷城。比叡山位于京都东面的要道上，如果朝仓义景和浅井长政与比叡山僧徒勾结，就会切断织田信长的岐阜城与京都的联系。而且如果比叡山僧徒凭借险要地势援助朝仓义景和浅井长政，对织田信长的打击会很大。因此，织田信长一直在寻找机会歼灭比叡山僧徒。元龟元年（1570年）九月，织田信长派人通知比叡山僧徒："比叡山必须断绝与朝仓义景和浅井长政的关系，否则我会放火烧毁比叡山。"元龟二年八月，织田信长派柴田胜家进入近江国，劫掠小谷城周围地区，此举令浅井长政惶惶不安，使浅井长政不敢贸然从背后进攻织田信长。元龟二年九月二十日，织田信长开始率军攻打比叡山。长期以来，比叡山僧徒横行霸道，没有操守，不守戒律，沉溺于酒色，大口吃肉，挥金如土。比叡山的僧侣已经没有资格传播佛教了。尽管如此，若是比叡山僧徒不与浅井长政和朝仓义景结盟，也不会遭到被消灭的厄运。织田信长命令属下进攻比叡山山门，比叡山僧徒拼命抵抗，却终究抵挡不住织田信长部队的进攻。根本中堂、山王二十一社、东塔、西塔等都被烧毁，僧徒无论男女老幼都被杀死，死者有几千人。经卷、佛像、历代文书和珍宝都被烧毁。比叡山僧徒专横跋扈，甚至让白河上皇都头疼，而在织田信长面前毫无抵抗之力。织田信长将比叡山的领地分给了部下。明智光秀分得了滋贺郡，在坂本筑城，镇守在这里。之后，织田信长入京汇报了具体经过，随后回到了岐阜城。

第 8 章

关东的形势

织田信长在平定近畿时,北条氏占有伊豆、相模、武藏、下总等国,称霸关东。北条氏在上野、武藏、骏河三国与武田氏发生冲突,在上野、武藏两国与上杉氏发生冲突。武田氏在统一甲斐国、信浓国之后,和北条氏、今川氏、上杉氏争夺领地。上杉氏坐镇越后国,打算为村上义清夺回信浓国,为上杉宪政夺回上野国,为此和武田氏、北条氏发生冲突。在关东地区,武田氏、北条氏、上杉氏三足鼎立,相互争斗。武田氏、北条氏、上杉氏都想找准时机入京称霸。在武田氏、北条氏、上杉氏三者中,两两联手的目的也是入京称霸。其中,武田氏最早找到了西上入京称霸的机会。武田氏计划和浅井氏、朝仓氏、一向宗本愿寺派密切来往,和织田信长谋划消灭骏河国的今川氏和三河国的松平氏。武田晴信入京称霸的企图对织田信长的行动及京畿的形势产生了重大影响。

一、川中岛之战

村上义清、小笠原长时等投靠长尾景虎,这导致长尾景虎和武田晴信发生冲突。武田晴信诱降长尾景虎的部下,牵制长尾景虎,不让长尾景虎入侵信浓国。北条城的北条高广投降了武田晴信。天文二十四年(1555年)正月,长尾景虎攻打北条城,北条高广投降。长尾景虎巩固了领地的统治基础,进而打算入侵信浓国,和武田晴信对抗。弘治元年(1555年)七月,武田晴信和长尾景虎在信浓国川中岛发生了军事冲突。川中岛是千曲川和犀川中间的沙洲。弘治元年（1555年）七月，长尾景虎入侵信浓国，在善光寺扎营。武田晴信在川中岛的大冢扎营。弘治元年七月十九日，武田晴信和长尾景虎在川中岛展开激战。之后，武田晴信和把守旭城的粟田氏共同防御长尾景虎。旭城能够俯瞰川中岛，长尾景虎修建堡垒与旭城对峙。武田晴信和长尾景虎在川中岛对峙了一百五十天。在武田晴信的请求下，弘治元年十月十五日，今川义元为二人调停。达成协议后，武田晴信和长尾景虎都退兵了。即便如此，武田晴信和长尾景虎依然水火不容。武田晴信在统一信浓国北部之后，背弃和约，诱降长尾景虎的部将。

弘治三年（1557年）正月，长尾景虎到更级郡八幡神社，发誓要攻打武田晴信。这时，武田晴信正忙于平定信浓国。弘治三年三月，武田晴信进攻高梨政赖的饭山城，高梨政赖请求长尾景虎救援。弘治三年四月，长尾景虎出兵川中岛，武田晴信的部队畏惧长尾景虎而后撤。长尾景虎抵达饭山城，之后攻克了武田晴信的坂本、岩鼻等堡垒。长尾景虎在上野原和武田晴信作战，让武田晴信的各座城堡的守将胆寒。弘治三年九月，长尾景虎回到了越后国。当时，足利义辉正在近江国朽木谷，他屡次写信给长尾景虎和武田晴信，劝说二人议和。然后足利义辉入京赶走三好长庆，恢复了足利氏的权势。长尾景虎在回到越后国之后，观察天下大势。在足利义辉回到京都之后，为了表示祝贺，长尾景虎于永禄二年（1559年）五月入京，还拜谒了正亲町天皇和足利义辉。长尾景虎在请关白近卫前久给自己制订了荡平北陆的计划后，于永禄二年八月回到了越后国。在长尾景虎入京期间，武田晴信出兵信浓国，妄图恢复失地。永禄元年（1558年）八月，武田晴信参拜户隐神社，占卜能否统一信浓国，还抽中了吉签，他承诺如果成功，必然重修神社大殿。永禄二年九月，武田晴信出兵攻克了多座城堡。越中国的神保良衡和武田晴信约好，如果长尾景虎出兵信浓国，神保良衡就袭击长尾景虎的背后。长尾景虎出兵越中国，与神保良衡作战，在富山城击败并赶走了神保良衡。之后，长尾景虎回到了越后国。后来，由于出兵关东，长尾景虎没有入侵信浓国。

在一般的战术、战策、作战计划上，长尾景虎不如武田晴信。而在这些

川中岛之战

方面，当时武田晴信堪称天下第一。武田晴信与越后国的领主们联手，和越中国的神保良衡结盟，引起越中国的混乱。武田晴信还联合一向宗本愿寺派在加贺国、越中国发动一向宗暴动，让一向宗本愿寺派配合神保良衡攻击长尾景虎的背后，阻止长尾景虎南下。另外，武田晴信和关东的北条氏联手，诱使长尾景虎出兵关东，从而使长尾景虎无暇入侵信浓国。武田晴信一点一点蚕食信浓国，达到统一信浓国的目的。原本长尾景虎领地较大，兵多将广，粮食充足，武器精良。然而，长尾景虎在战术、战策、作战计划方面不如武田晴信，只是漫无目的地东征北伐，收效甚微。永禄四年（1561年）九月，长尾景虎和武田晴信再次在川中岛发生军事冲突。永禄四年九月二日及九月十日，长尾景虎和武田晴信作战两次。在永禄四年九月十日的战斗中，长尾景虎逼近了武田晴信所在的大营，武田晴信受伤，武田晴信的弟弟武田信繁战死。长尾景虎大获

武田信繁

全胜。然而，战争的结局是武田晴信获胜，他几乎占据了整个信浓国。之后，长尾景虎和武田晴信不断厉兵秣马，等待机会再战。

二、武田晴信入侵飞驒国

武田晴信野心勃勃，打算以甲斐国为根据地，侵占信浓国，进而西上，入京称霸。为此，武田晴信必须抢先占领飞驒国，打开去越中国的通道，阻止越后国的长尾景虎南下，而且可以通往加贺国、越前国，征服美浓国。飞驒国国司姊小路氏势力衰微，守护京极氏及其家臣三木氏取代了姊小路氏。最终三木良赖、三木自纲父子势力最大，他们冒称姊小路氏做了国司。此外，飞驒国还有其他小领主。信浓国的事情告一段落之后，武田晴信于永禄二年（1559年）夏天派兵征讨飞驒国的盐屋氏、江间氏等小领主。武田晴信的部队长途奔袭，补给困难，不能久留。因此，飞驒国的领主木曾义昌在信浓国和飞驒国边界驻

木曾义昌

山县昌景

扎,抵御武田晴信的入侵。而麻生野氏、广濑氏等飞驒国的其他领主支持武田晴信。这样一来,飞驒国的大领主三木氏的势力相对削弱。永禄七年(1564年)七月,武田晴信派山县昌景率军进入飞驒国,火攻三木氏的千光寺,堂塔化为乌有。这次军事行动为武田晴信西上京都称霸奠定了基础。

三、北条氏的势力

北条氏占据地形险要的关东地区,兵多将广。北条氏康在众将的辅佐下,实力雄厚,压倒四邻,远近领主纷纷来归附北条氏康。此外,在关东的安房国还有里见氏，常陆国有佐竹氏，下野国有那须氏、长沼氏、佐野氏等，甲斐国有武田氏，骏河国有今川氏。这些人经常想乘虚而入，蚕食北条氏的领地。其中，上杉氏、太田氏等和越后国的长尾景虎勾结，打算恢复上杉氏原来的领地。在这种情况下，北条氏康不得不制定合理的外交政策，搞好与其他领主的关系，巩固统治基础。北条氏康非常仁慈，重视民政，爱护领地内的人民，体恤士卒，为称霸关东打下了坚实的基础。北条氏康父子在搞好领地内的建设的基础上，和武田氏、今川氏结盟，对抗长尾氏、里见氏。

上杉氏本来是关东的名门望族，经常被北条氏蚕食，扇谷上杉氏已经灭亡，只有山内上杉氏在上野国平井苟延残喘。此外，还有上野国的长野业正、武藏国的太田资正分别依靠孤城与北条氏对抗。上杉宪政担心依靠自己的实力无法在关东立足，便请求越后国的上杉定实援助。天文十九年（1550年）二

北条氏康

月，上杉定实去世。上杉定实的家臣长尾景虎专权，向四周扩张势力。天文二十一年（1552年）正月，上杉宪政到越后国投奔长尾景虎。长尾景虎不仅收留了上杉宪政，还希望上杉宪政攻打上野国，打败北条氏，让上杉宪政做关东之主。后来，长尾景虎去了一趟京都，又和武田晴信发生了数次军事冲突。因此，长尾景虎无暇出兵关东。而关东的北条氏康征服了总社长尾家、足利长尾家，逼近平井。上杉宪政抵挡不住北条氏康的攻势，只好撤退。永禄元年（1558年）五月，上杉宪政舍弃了上杉氏最后的根据地平井，在长尾宪景的救援下逃到了越后国上田城，再次向长尾景虎请求支援。当时，长尾景虎奉征夷大将军足利义辉之命到了京都，上杉宪政的目的没有达到。北条氏康希望乘机扫除上杉宪政的余威，荡平关东，降服关东各地的小领主。

　　古河公方足利晴氏在援助上杉氏时战败，逃到了船越。之后，足利晴氏退到古河，占据了下总国的一角。足利晴氏仅剩弹丸之地，无法和北条氏抗衡，只有依靠强者才能生存下去。而今上杉氏失势，已经没有人可以依靠。北条氏康写信指责足利晴氏的所作所为是错误的，足利晴氏无言以对。天文二十三年（1554年）十月，北条氏康派兵攻克古河城，将足利晴氏及其儿子足利藤政、足利藤氏幽禁在相模国秦野。北条氏康让足利晴氏的儿子足利梅千代王丸[①]元服，更名为足利义氏，任左马头，成为北条氏康名义上的主君。后来，北条氏康把足利晴氏及足利藤政、足利藤氏放了出来，让他们住在下总国关宿城。这样，北条氏康可以笼络关东的人心，实际上取代了上杉氏的地位。永禄元年四月，足利义氏参拜鹤冈八幡神社，北条氏的部下毕恭毕敬地伺候。之后，足利义氏回到古河城，和北条氏康结成同盟关系。永禄三年（1560年），足利晴氏在关宿城去世。当时，虽然古河公方的势力衰落了，但北条氏康拥立足利义氏做主君，依然可以笼络关东人心。关东的小领主们心甘情愿地为北条氏康效力，常总的结城氏、小田氏等因为和古河公方关系密切，所以死心塌地为北条氏康卖命。北条氏康很有韬略，能够取代古河公方，成功地统一关东。

---

① 　北条氏康的妹妹芳春院所生。——原注

今川义元占据骏河国，早有西上京都称霸的企图。今川氏通过和武田氏结成姻亲关系，可以得到武田氏的援助。因此，当北条氏蚕食今川氏的领地时，武田氏从甲斐国翻越富士山，直接和北条氏的部队发生冲突。天文二十三年（1554年）二月，当今川义元在三河国与织田信长作战时，北条氏康乘机入侵骏河国，在砂山安营，今川义元向武田晴信求救。武田晴信率军来到刈屋川，隔河与北条氏康作战。结果，战事不利，武田晴信败退。今川义元信任的骏河国临济寺的僧人大原云斋和善德寺的一位僧人是兄弟关系，大原云斋在今川义元、北条氏康、武田晴信之间居中调停。天文二十三年三月，今川义元、北条氏康、武田晴信在善德寺会盟，缔结和约。武田晴信把女儿嫁给了北条氏康的嫡子北条氏政，北条氏康把女儿嫁给了今川义元的嫡子今川氏真。

北条氏政

在北条氏和今川氏结盟之后，北条氏把精力放在了统一关东上，今川氏则忙于准备西上京都称霸。永禄三年（1560年）五月，发生了桶狭间之战。今川氏一败涂地，势力受挫。尽管如此，今川氏和北条氏维持了同盟关系。然而，这一同盟关系并不持久。北条氏政趁今川氏势力衰落，对今川氏采取了施恩、结义、怀柔的方法，慢慢诱降今川氏的部下，为自己所用。武田晴信背信弃义，不断蚕食今川氏的领地，屡屡入侵府中。北条氏认为武田氏蚕食今川氏的领地对北条氏不利，所以北条氏经常帮助今川氏真阻止武田氏的入侵。骏河国的将士深感北条氏之恩德，很多将士归顺了北条氏。北条的这个措施堪称上策，远远胜过武田氏用武力吞并骏河国的做法。然而，在吞并今川氏的骏河国这一点上，北条氏和武田氏是一致的。北条氏的这一策略果然奏效，今川氏把抵御武田氏的事情完全委托给了北条氏，包括人马在内的骏河国的资源都可以供北条氏自由使用。因此，今川氏的家臣在北条氏的麾下作战，实际上骏河国已经成为北条氏的领地。北条氏政的儿子北条氏直是今川氏真的养子，骏河

北条氏直

国名义上归北条氏直所有。北条氏政以此为由，让骏河国的将士听从自己的指挥。北条氏趁武田氏和今川氏相争，获取渔翁之利。武田晴信也不甘心让北条氏占有骏河国，屡屡入侵骏河国，与北条氏发生冲突。

北条氏一族的北条纲成作为北条氏的主将在上总地区与里见氏对峙，一有机会就入侵里见氏的领地。然而，里见氏在兵力上占优势。天文二十一年（1552年），里见义尧攻陷推津城，逐渐向上总国扩张势力。弘治三年（1557年），里见义尧率领海军在相模国的岛上和北条氏的部队发生冲突。里见义尧的海军虽然占优势，但风浪太大，不得已撤退了。里见氏和北条氏抗争，北条氏拥立足利义氏为主君，足利义氏的同父异母的哥哥足利藤氏、足利藤政离开北条氏，投靠里见氏。这样一来，北条氏康与里见义尧及其儿子里见义弘的矛盾越来越深，互相争斗。永禄三年（1560年）八月，北条氏康和北条纲成等进攻里见氏的久留里城。里见义尧向越后国的长尾景虎求援。长尾景虎和上杉宪政入侵上野国，攻克了北条氏的多座城堡，北条氏康急忙退兵。

常陆地区有佐竹氏、小田氏、江户氏等，领主林立。佐竹氏是名门望族，同族的山入义藤父子想趁佐竹义舜年少取而代之。于是，佐竹义舜杀死山入义藤父子，收复水户城，又从小峰结城氏那里夺回依上保。到佐竹义舜的孙子佐竹义昭时，佐竹氏依然维持着强势地位。佐竹义昭既和北条氏结盟，也和江户忠通联合。佐竹义昭援助宇都宫的伊势寿丸从壬生纲雄那里夺回城堡，佐竹义昭又和白河的结城晴纲争夺边境地区。永禄三年，长尾景虎入侵关东，足利义氏规劝佐竹义昭中止与结城晴纲的争斗，抵挡长尾景虎的进攻。佐竹义昭不听命令，依然和结城晴纲作战。最后在足利义氏和北条氏康的调停下双方才罢兵。小田氏也是名门望族，和北条氏联盟。佐竹义昭经常蚕食小田氏的领地，攻打小田氏的城堡。

四、长尾景虎的势力

长尾景虎在越后国收容了村上义清、高梨政赖及小笠原长时等，企图帮助他们夺回失去的领地。因此，长尾景虎经常与武田晴信发生冲突。长尾景虎还通过收容上杉宪政称霸关东，经常在上野国与北条氏发生冲突，甚至进逼小田原城下，让北条氏缔结城下之盟。长尾景虎甚至打算西上入京，拥立征夷大将军，称霸天下。

五、京都和越后国的关系

天文二十二年（1553年），长尾景虎入京拜谒后奈良天皇，面见征夷大将军足利义辉，登上高野山。自那时起，长尾景虎与足利义辉的关系日益密切，经常有书信往来。长尾景虎对京都的动向十分清楚。永禄二年（1559年），长尾景虎打算再次上京。为了不让武田晴信攻击自己的背面，长尾景虎派人与武田晴信和谈。永禄二年四月，长尾景虎抵达坂本。听说此事后，三好三人众和松永久秀殷勤款待长尾景虎。天龙寺、相国寺的僧人来拜访长尾景虎。京都的公卿贵族也前来迎接长尾景虎。当时的京都贵族们因为战乱困苦不堪，希望长尾景虎给京都带来和平。永禄二年四月二十七日，长尾景虎入京，拜见足利义辉，之后进宫觐见正亲町天皇。长尾景虎还登上比叡山，拜

后奈良天皇

访根本中堂，参拜石清水八幡宫，在京都逗留了二百多天。足利义辉命令长尾景虎帮助上杉宪政夺回关东原来的领地，并援助信浓国的小领主。此外，足利义辉还请求长尾景虎打压三好三人众和松永久秀的嚣张气焰。然而，长尾景虎因为实力所限，一直没有等到执行这一命令的机会。关白近卫前久一直对三好氏、松永久秀的专横跋扈不满，亲自到越后国劝说长尾景虎帮助足利义辉巩固幕府的基础。

六、长尾景虎入侵越中国

游佐续光是能登国七尾城城主畠山义继的部下，专横跋扈，被畠山义继及其他家臣驱逐到了越中国。之后，游佐续光联络加贺国的地方豪族，试图夺取能登国，结果以失败告终。弘治二年（1556年），畠山义续病死[①]，其子畠山义则嗣位，苛政猛于虎，部下将士多有不服。此时，游佐续光经熟人引荐向畠山义则请降。畠山氏的家臣温井绍春反对纳降游佐续光，而且对畠山义则的苛政不满，打算驱逐畠山义则。不料计划泄露，温井绍春被畠山义则杀死。温井绍春的孙子温井景隆等逃到加贺国，投靠了一向宗本愿寺派。弘治三年（1557年），温井景隆攻打七尾城。在畠山氏内部发生内讧时，越中国爆发了一向宗暴动。本愿寺的显如要把越中国的寺院归为己有。永禄二年（1559年），显如趁一向宗的首领们云集大阪，加贺国、越州空虚之际，和越中国的神保良衡交战。越后国的长尾景虎居中调解，显如和神保良衡这才议和。然而，神保良衡秘密筹划与长尾景虎对抗。永禄三年（1560年）三月，长尾景虎进入越中国攻打神保良衡。神保良衡战败，逃到增山城。长尾景虎继续追击，赶走了神保良衡，进而震慑了越中国的其他地方豪族。

七、上杉氏、北条氏和武田氏

（一）长尾景虎入侵小田原

上杉宪政逃到越后国，投奔长尾景虎。长尾景虎在接到室町幕府让他光复关东的命令之后，一有机会就入侵上野国，蚕食北条氏的领地，打算让上杉氏恢复祖业。长野业正、太田资正等上杉氏的旧部中有很多人归附长尾景虎。

---

① 也有史料记载畠山义续死于天正十八年（1590年）。

太田资正和佐野的豪族联手，与北条氏对抗，期待着长尾景虎南下。永禄三年（1560年）八月，长尾景虎和上杉宪政率二万多人的部队进入上野国，攻克沼田城。北条氏康在川越安营，两军对峙。投靠里见氏的足利藤氏、足利藤政想趁此机会夺回原来的领地，回到古河，为此向长尾景虎求援。长尾景虎进一步攻克了平井城、名和城等。白井的长尾宪景、下野国的宇都宫氏等领主都愿意加入长尾景虎一方。北条氏康最后退到小田原城。长尾景虎在攻克了古河城之后直逼小田原城下，而且在城外放火。北条氏康调集人马，积极防守。武田晴信也派援兵救援北条氏康。长尾景虎包围小田原城一个多月也未攻克。上杉宪政为了感谢长尾景虎对自己所做的一切，打算把关东管领[①]这一职位让给长尾景虎。长尾景虎接受了这一职位，拥立足利藤氏为关东公方[②]，率众将赶赴镰仓。在八幡神社大殿，长尾景虎举行仪式，改名为上杉政虎。之后，上杉政虎从小田原城撤军，在上野国和武藏国留下兵马镇守。上杉政虎殷勤款待来访的关白近卫前久，让足利藤氏和上杉宪政进了古河城。之后，上杉政虎回到越后国，整顿兵马后来到川中岛和武田晴信作战。上杉政虎在关东声威大振，足利义辉不堪忍受三好氏和松永久秀的专横跋扈，写密信给上杉政虎说自己要下关东。这些都足以说明上杉政虎的势力很大。

（二）武田氏、北条氏联合对抗上杉政虎

天文二十三年（1554年），武田氏和北条氏会盟，之后二者的联合日益巩固，结成了攻守同盟。而今，北条氏被上杉政虎包围在小田原城。武田晴信出兵信浓国佐久郡上野边境，对上杉政虎构成了威胁。武田晴信援助北条氏的目的在于通过援助北条氏，为日后武田晴信在对抗上杉政虎、蚕食松平氏和今川氏的领地时消除后顾之忧。上杉政虎一回到越后国，北条氏便依靠武田氏和北条氏的同盟夺回了被上杉政虎攻克的各座城堡。

在支持上杉政虎、对抗北条氏的领主中，为上杉政虎出力最多的就是太田资正。上杉政虎在川中岛和武田晴信作战时，北条氏康趁此机会收大里郡的

---

① 关东管领，日本南北朝时代至室町时代室町幕府的官职名，用于辅佐关东公方。最初称作关东执事。

② 关东公方，日本室町时代关东地方各足利氏分支的称号。

太田资正

藤田康邦的四儿子藤田氏邦为养子，让藤田氏邦镇守钵形城，谋划夺取武藏国。武藏国暗地里支持北条氏康的人很多。太田资正对此忧心忡忡，为上杉政虎拉拢了佐竹氏、里见氏、正木氏等支持势力，和北条氏照等作战。太田资正攻克了松山城，让上杉政的养子上杉宪胜把守松山城。为了夺回松山城，北条氏康提议和太田资正结盟，太田资正不肯。武田晴信为了支持北条氏，写信给武藏国的豪族，呼吁他们支持北条氏康。太田资正向上杉政虎告急。上杉政虎闻报立刻率兵援助太田资正，抵挡北条氏康和武田晴信的人马，武田晴信立刻退兵了。下野国的佐野城城主佐野宗纲与北条氏康遥相呼应，打算袭击古河城。永禄五年（1562年）二月，上杉政虎打算先攻克馆林城，然后攻打佐野城。然而，在古河城的近卫前久担心如果上杉宪政和足利藤氏不和，有可能出现不测事态。因此，近卫前久让上杉宪政到厩桥，足利藤氏又逃往里见氏那里去了。近卫前久意识到在关东很难获得成功，不久和上杉政虎一起回到了越后国。后来，近卫前久又回到了京都。上杉政虎不得不撤退，宏图伟业化作泡影。永禄五年（1562年）十一月，北条氏康和武田晴信打算夺回松山城，攻打甚急。太田资正向上杉政虎求援。永禄五年十二月，上杉政虎率军踏着深深的积雪进军武藏国明户。永禄六年（1563年）二月，上杉宪胜请求议和，得到了三百贯土地养老之后，他将松山城交给北条氏康。上杉政虎对上杉宪胜的做法十分愤慨，却鞭长莫及。上杉政虎打算趁北条氏康、武田晴信尚未从松山城退兵之际，与他们决战。武田晴信暂避上杉政虎的锋芒，回到甲斐国。这时，北条氏邦袭击厩桥城，反而被打败。为了报复北条氏邦和北条氏康，上杉政虎攻克了小田、伊贺、佐野城、小山等城，从安房国迎来了足利藤氏，将其安置在厩桥城。之后，上杉政虎回到越后国，会见了征夷大将军足利义辉的使者大馆藤安。之后，上杉政虎改名为上杉辉虎。

在上杉辉虎回到越后国之后，北条氏康让野田右马助袭击古河城，抓住足利藤氏，将其幽禁在伊豆国。上杉辉虎闻报，要出兵上野国与武田晴信、北条氏康一决雌雄。然而，武田晴信和北条氏康都不出兵，上杉辉虎攻克和田城之后回到了越后国。在此期间，永禄七年（1564年）十月，北条氏康诱使太田资正的儿子太田氏资驱逐了太田资正，占领了岩槻城。之后，太田资正投靠宇都宫广纲，打算寻机夺回岩槻城。此时，上杉辉虎出兵信浓国，在川中岛屯兵三个月，武田晴信也不应战，上杉辉虎只好又回到了越后国。之后，上杉辉虎屡屡出兵关东，却未能达到目的。北条氏康弑杀了足利藤氏，断绝了上杉辉虎拥立足利藤氏做主君的念想。

武田晴信趁上杉辉虎和北条氏康相争，打着援助北条氏康的旗号，蚕食西上野，扩张势力。受到武田晴信入侵的地方是上野国箕轮城，这里对武田晴信占领上野国至关重要。上杉宪政的旧臣长野业正镇守箕轮城。和太田资正一样，长野业正也是令北条氏康和武田晴信畏惧的人物。永禄九年（1566年）

九月，武田晴信才攻克箕轮城。附近的松枝城、安中城等闻风投降武田晴信，西上野归武田晴信所有。这样，武田晴信、上杉辉虎、北条氏康三者的领地就毗邻了。

足利义辉受制于三好氏、松永久秀，屡屡敦促上杉辉虎出兵关东。然而，上杉辉虎数次出兵都无果而终。因此，足利义辉劝武田晴信、上杉辉虎、北条氏康和解，最终也没有成功。之后，足利义辉被松永久秀弑杀，足利义辉的弟弟足利义秋请求上杉辉虎出兵援救。然而，上杉辉虎无能为力。上杉辉虎在关东的势力日益衰落，关东的领地被北条氏康和武田晴信夺去，上杉辉虎已经无法在关东称雄了。

八、今川氏、德川氏、武田氏和北条氏的关系

（一）德川氏入侵远江国

今川义元战死后，今川氏的势力一蹶不振。德川（松平）家康脱离今川氏，通过和织田信长结盟，不断扩张势力。之后，德川氏不断蚕食今川氏的领地，战争不断。在今川氏的将士中，很多人支持德川氏，东三河的碧海、加茂、额田等都成为德川家康的势力范围。永禄八年（1565年），德川家康占领了整个三河国。之后，德川家康要入侵远江国，直逼今川氏的根据地。此时，武田晴信断绝了和今川氏的关系，开始与德川家康联合，以期以大井川为界共同瓜分今川氏的领地。武田晴信和德川家康就此交换了誓约。之后，德川家康开始入侵远江国。菅沼定盈为德川家康效力，占领了远江国的西北部。武田晴信允许德川家康占领大井川以西的今川氏的远江国，自己则在等待时机占领整个远江国。武田晴信命秋山信友从信浓国出发，在远江国修建城堡，监视远江国的情况，还诱降今川氏的部下久能宗能、小笠原长忠等。德川家康闻报，大骂武田晴信违背誓约，要将秋山信友赶回去，德川家康和武田晴信之间的冲突一触即发。武田晴信让秋山信友的部队回到信浓国，避免了二者的军事冲突。此后，武田晴信进行了辩解，而德川家康不再相信武田晴信，二者间的冲突已经不可避免了。不过，当时武田晴信无暇入侵骏河国，德川家康对武田晴信的领地也不感兴趣，只关心入侵远江国。这样，二者才相安无事。

（二）武田氏入侵骏河国

武田氏和今川氏已经结成了姻亲关系。武田晴信的父亲武田信虎曾经寓居在今川义元那里。今川义元死后，其儿子今川氏真暗愚，驾驭不了众将。武田晴信打算利用这个有利时机，和骏河国的濑名氏、葛山氏等武将联手赶走今川氏真。今川氏真手下的安房守才略过人，挫败了武田晴信的阴谋。之后，武田信虎离开骏河国，前往京都，和武田晴信谋划夺取骏河国的策略。武田晴信诱降并厚待对今川氏真不满的武将，让他们做自己的内应。与此同时，武田晴信和德川家康约好以大井川为界瓜分骏河。永禄十一年（1568年）十二月，武田晴信趁天气寒冷，上杉辉虎不能南下的时机，从甲府出发来到东骏河，入侵兴津。今川氏真和安房守一起迎敌，但实力不敌武田晴信，再加上府中有做武田晴信内应的武将打开城门迎接武田晴信，因此，今川氏真迫不得已逃往远江国，进入挂川城。武田晴信放火烧了府中，修筑兴津、久能城，让部下把守。

（三）武田晴信与上杉辉虎、北条氏康、德川家康、今川氏真的关系

北条氏康对武田晴信入侵骏河国十分不满。以前武田晴信在梧州松山城救援过北条氏康，即便如此，武田晴信取代今川氏真对保障北条氏的领地安全是非常不利的。于是，北条氏和武田氏的关系破裂了。北条氏康协助今川氏真抵挡武田晴信的进攻。北条氏康断绝了与武田晴信的同盟关系后，有必要和上杉辉虎结盟。在今川氏真败走挂川城时，北条氏康遣使请求上杉辉虎出兵援救。北条氏康又让武藏国钵形城的北条氏邦和上杉辉虎媾和。德川家康也曾和武田晴信联合出兵，包围了今川氏真所在的挂川城。然而，武田晴信违背誓约，想吞并整个骏河国。因此，德川家康断绝了与武田晴信的关系。为了制衡武田晴信，德川家康写信给上杉辉虎，要求结为同盟关系。在这种情况下，武田晴信的部队依然占据兴津、久能等地。永禄十二年（1569年）正月二十六日，北条氏康、北条氏政率军与武田晴信的部队对峙。今川氏真承诺将整个远江国让给德川家康，德川家康承诺和北条氏康、上杉辉虎结盟。之后，德川家康进军骏河国，入侵府中，赶走了武田晴信的部将山县昌景。上杉辉虎看出德

川家康的确有诚意，于是趁武田晴信兵力空虚，出兵进攻信浓国。武田晴信腹背受敌，而且粮食匮乏。永禄十二年（1569年）四月二十七日夜，武田晴信被迫秘密撤军，回到甲府。这对于武田晴信来说是生平最艰苦的一场战役。这时，北条氏政已经让今川氏真把自己的儿子北条氏直收为养子，打算占有整个骏河国，而在骏河国还有武田氏的残余势力。今川氏真也不能永远待在挂川城，便把远江国转让给德川家康。之后，今川氏真回到了骏河国，北条氏政把今川氏真安置在沼津城。北条氏政打算吞并整个骏河国。

（四）武田晴信入侵小田原

北条氏康和儿子北条氏政出兵骏河国，武田晴信不仅没有达到目的，骏河国也被北条氏政占据。永禄十二年六月，武田晴信进攻东骏河的城堡，包围了大宫城，城主投降。北条氏康遣使到越后国，请求上杉辉虎予以援助。然而，没等上杉辉虎出兵，武田晴信就撤军了。永禄十二年八月，武田晴信兵分两路入侵武藏国。其中一支部队从信浓国佐久郡进入西上野，进攻北条氏邦占据的钵形城；另一支部队在小山田信茂的带领下进攻北条氏照的八王子城。之后，这两支部队会师，向小田原城进军，在小田原城的近郊放火。北条氏康、北条氏政父子躲在城内，绝不出战。与此同时，北条氏邦、北条氏照突破武田晴信的包围，要切断武田晴信和老巢的联系通道。武田晴信不敢恋战，撤军了。北条氏康率军追击，但怕中埋伏，半路返回。武田晴信这次征讨北条氏的目的是通过深入北条氏的腹地，震慑北条氏，防止北条氏再次入侵骏河国。

（五）武田氏入侵骏河国

入侵小田原对于武田晴信来说功夫没有白费，正如武田晴信期待的那样，北条氏再也无法妨碍武田氏入侵骏河国了。永禄十二年十一月，武田晴信亲自率军进入骏东郡，进攻北条氏的城堡。北条氏的部将抵挡不住，多座城堡沦陷，武田晴信进逼北条纲重镇守的军事重镇蒲原城。形势危急，北条氏康向上杉辉虎求救。上杉辉虎闻报，于永禄十二年十一月率军来到上野国的沼田援助北条氏。北条氏康父子对上杉辉虎感恩戴德，于是元龟元年（1570年）四月，北条氏康让儿子北条氏秀做上杉辉虎的养子，改名为上杉景虎。武田晴信已于元龟元年（1570年）正月攻克了上野国的花泽、藤枝、一色、德野等城，武田晴信进而进军伊豆国，以阻止北条氏入侵骏河国。元龟元年九月，武田晴信包围韭山城，和北条氏政的部队在三岛对峙。然而，由于上杉辉虎于元龟元年六月从上野国入侵信浓国，武田晴信没有和北条氏政作战就退兵了。元龟二年（1571年）十月三日，北条氏康不幸病故，享年五十六岁。鉴于形势危急，北条氏政秘不发丧。此前，武田晴信又攻打武藏国的钵形城，守将北条氏邦向上杉辉虎求救。元龟元年十二月，上杉辉虎赶来援救，武田晴信撤兵回到甲斐国。元龟二年正月，武田晴信围攻骏河国的深泽城。北条氏政向上杉辉虎求救，上杉辉虎于元龟二年二月，派义子上杉显景前去援救。武田晴信和佐竹义重联手，让佐竹义重进攻降服上杉辉虎的小田氏治，以此来牵制并防止上杉辉虎的部队入侵信浓国。而武田晴信自己进军远江国，攻占德川家康的多座城池。元龟二年十一月，上杉辉虎进军上野国总社，援救小田氏治，武田晴信又撤回甲斐国。

九、武田晴信制订西上京都的计划

上杉辉虎和武田晴信的领地都很大，他们都想西上京都称霸。武田晴信入侵骏河国，威胁伊豆国，削弱了北条氏的势力。对于武田晴信来说，织田信长、德川家康的势力不足为惧。于是，武田晴信开始计划西上京都称霸。武田晴信出兵远江国，进攻小笠原长忠的高天神城，同时组建水军，入侵挂冢。进而，武田晴信进军三河国西部，攻克足助城，又劫掠野田等城，试探德川家康的动静。在此期间，武田晴信策划通过外交方式实现西上京都称霸的企图。

（一）武田晴信和北条氏

武田晴信在西上京都称霸之际，最担心的还是背后的北条氏。虽然武田晴信曾经兵临小田原城下，但北条氏借助祖父以来的余威，关东霸主的地位依然没有动摇。如果武田晴信西上入京，北条氏必然会乘虚而入。因此，武田晴信为了达到西上称霸的目的，当务之急是和北条氏结成攻守同盟。在武田晴信西上京都、上杉辉虎荡平越中国时，北条氏可以征讨上总国的里见氏，统一常陆地区，巩固北条氏的基础。因此，北条氏康决定与武田晴信结盟。然而，北条氏康于元龟二年（1571年）十月病逝，这个计划受挫。元龟三年（1572年）正月，武田晴信以不入侵西上野以外的地区为条件，让北条氏政的两个弟弟北条氏忠、北条氏尧到甲斐国做人质，两家结成了攻守同盟。这样一来，武田晴信就消除了后顾之忧，而且可以牵制上杉辉虎，这对于武田晴信来说非常有利。武田晴信进一步通过织田信长和朝仓义景与上杉辉虎议和。在议和还未成功之时，北条氏政就对武田晴信和上杉辉虎之间的议和产生了疑问。为了确认武田晴信的意图，北条氏政请求武田晴信一起讨伐正在上野国厩桥城的上杉辉虎。为了履行与北条氏政的攻守同盟的约定，武田晴信入侵上野国，隔着利根川和上杉辉虎对峙。武藏国深谷的上杉宪盛前来支援上杉辉虎，与武田晴信的部队和北条氏政的弟弟北条氏照作战并获胜。武田晴信率兵进入深谷，攻打了一番大沼禅正的城堡后，就撤兵了。这次武田晴信进攻上杉辉虎，不是为了你死我活的厮杀，而是为了向北条氏政表个态。因此，北条氏政和武田晴信的同盟关系越来越巩固。此后，武田晴信出兵三河国时，北条氏政也派来了援军。

（二）武田晴信和里见氏、佐竹氏的关系

武田氏和北条氏虽然结成了同盟，但在日本战国时期，有利益则结盟，没有利益则解除同盟关系。武田晴信也意识到了这一点，所以并不完全信任北条氏。为了防止自己在入京称霸时受到北条氏的干扰，武田晴信和里见氏、佐竹氏交往，以便牵制北条氏的势力。里见氏和佐竹氏的领地都在东面，为了与北条氏对抗，里见氏和佐竹氏曾与上杉氏结盟。而今对于武田晴信来说，里见氏和佐竹氏是牵制北条氏最得力的帮手。永禄十二年（1569年），武田晴信派密使和里见氏、佐竹氏签订密约，缔结了同盟关系。如果北条氏做出对武田晴信不利的事情，里见氏和佐竹氏就会袭击北条氏的背后。与此同时，武田晴信也做好了防御上杉辉虎的准备。

武田晴信和上杉辉虎是宿敌，如果武田晴信西上京都称霸，上杉辉虎必然会攻击武田晴信的背后。为了对付上杉辉虎，武田晴信和一向宗本愿寺派结盟，如果上杉辉虎攻打武田晴信，一向宗本愿寺派就攻打上杉辉虎的城池。为了让一向宗本愿寺派替自己卖力，武田晴信承诺阻止织田信长攻打大阪本愿寺，并援助本愿寺。另外，武田晴信让北条氏政从背后与上杉辉虎对抗。武田晴信又请求足利义昭为他和上杉辉虎居中调停。这样一来，武田晴信在西上京都称霸时，上杉辉虎就无暇进攻信浓国了。

（三）武田晴信和足利义昭

足利义昭打算在织田信长的支持下恢复足利氏的基业。然而，足利义昭本人没有实力，最终还要看织田信长的脸色行事，不能按照自己的意图处理政务。久而久之，足利义昭开始疏远织田信长，并想排挤掉织田信长。因此，足利义昭打算在天下领主中寻找能够取代织田信长的领主，并与之结盟。最终，足利义昭决定和武田晴信联手。武田晴信西上京都称霸也必须有帮手，武田晴信看出足利义昭对织田信长不满，便打算拉拢足利义昭。于是，武田晴信和足利义昭结为同盟。元龟元年（1570年）四月，武田晴信承诺将骏河国山西的地送给足利义昭。与此同时，浅井长政和朝仓义景与足利义昭结为同盟，制约织田信长的行动。这样一来，武田晴信做好了西上京都称霸的一切准备。

十、武田晴信和松永久秀

武田晴信拉拢京畿地区的领主支持自己对抗德川家康和织田信长。大和国志贵山的松永久秀老奸巨猾，长于谋略，野心勃勃。武田晴信遣使劝说松永久秀一同拥立足利义昭，赶走织田信长。松永久秀也经常写信拉拢武田晴信。

（一）武田晴信与一向宗本愿寺派、浅井长政、朝仓义景的关系

武田晴信意识到和一向宗本愿寺派结盟十分必要，而且武田晴信和一向宗本愿寺派沾亲带故。三条公赖的二女儿嫁给了武田晴信，三女儿嫁给了一向宗本愿寺派的门主显如。武田晴信利用连襟关系与一向宗本愿寺派结成同盟。在一向宗本愿寺派和织田信长相争的时候，织田信长让足利义昭写信给武田晴信，拜托武田晴信从中调停。元龟二年（1571年）八月，武田晴信写信给下间法眼，让一向宗本愿寺派和织田信长和解。从这一点可以看出织田信长和武田晴信都擅长外交策略，二人表面上一团和气，而在背地里剑拔弩张，互不相让。

为了削弱织田信长的势力并达到西上京都称霸的目的，武田晴信用尽浑身解数。浅井长政和朝仓义景饱受织田信长征讨之苦，武田晴信乘机拉拢这二人形成攻守同盟，共同对抗织田信长。武田晴信在准备西上京都称霸之际，制订了周密的计划，从四面八方拉拢同伙，形成攻守同盟，对抗织田信长和德川家康。而织田信长和德川家康也不是等闲之辈，他们也会采取应对措施。

（二）武田晴信应对园城寺的策略

由于织田信长烧毁了延历寺，延历寺僧人四散奔逃，投靠各地的领主。武田晴信将前来避难的延历寺僧人收容在甲斐国的天台寺，进而打算说服身延山的日莲宗僧人离开身延山，把比叡山的佛寺搬到身延山，但这件事情没有办成。武田晴信这样做并非出于宗教信仰，而是打算在西上京都称霸之际利用僧人。武田晴信对园城寺的僧人也非常好，园城寺中有新罗神社，和新罗义光[①]关系密切。武田晴信称自己是新罗义光的后裔，以此来笼络园城寺的僧人，以便将来让这些人为自己卖命。从这里也可以看出武田晴信外交手腕高超。

---

① 新罗义光，即源义光。

第 9 章

织田信长和武田晴信的对抗

一、织田信长、德川家康和上杉辉虎的关系

为了和武田晴信结盟，织田信长于永禄八年（1565年）十二月承诺让长子织田信忠娶武田晴信的女儿为妻，两家结成姻亲关系。不过，武田晴信也要西上京都称霸，必然会与织田信长发生利害冲突。然而，德川家康和织田信长的领地距离武田晴信的领地较远，还没有发生冲突，双方不至于采取敌对行为。可是，德川家康已经和武田晴信断绝了同盟关系，织田信长也不得不和武田晴信断绝同盟关系。本来，织田信长非常畏惧武田晴信的势力，经常让德川家康暂避武田晴信的锋芒。元龟二年（1571年）七月，武田晴信的部队屡屡入侵德川家康的三河国和织田信长的尾浓平原。织田信长命令德川家康退出滨松，守住冈崎。德川家康没有听从织田信长的这一命令，反而劝织田信长与上杉辉虎结盟，与武田晴信对抗。因此，上杉辉虎和织田信长、德川家康联手夹击武田晴信，阻止武田晴信西上京都称霸。

（一）德川家康和上杉辉虎

武田晴信背弃了与德川家康制订的以大井川为界瓜分骏河国的誓约，而且为了西上京都称霸，武田晴信首先要除掉的敌人就是德川家康。因此，武田晴信和德川家康的冲突是不可避免的。德川家康沉着冷静，文武双全。武田晴信从武藏国入侵三河国时，德川家康和上杉辉虎结盟，让上杉辉虎威胁武田晴信和北条氏政的背后。元龟元年（1570年）七月，德川家康遣使拜访上杉辉

织田信忠

虎，要求结盟。这对于上杉辉虎来说也是求之不得的。这样，德川家康和上杉辉虎形成了攻守同盟。

（二）织田信长和上杉辉虎

正是因为织田信长对武田晴信有畏惧心理，织田信长与上杉辉虎结盟的愿望很强烈。从当时的形势来看，织田信长和上杉辉虎接近是具备客观条件的。加之，德川家康劝织田信长和上杉辉虎结盟。因此，织田信长和上杉辉虎终于形成了攻守同盟的关系。其实早在和武田晴信结盟之前，织田信长就于永禄五年（1562年）九月遣使去见上杉辉虎，后来又不断与之互通信函。织田信长看到武田晴信西上京都称霸的决心很大，就诚心诚意和上杉辉虎结盟。元龟三年（1572年）十一月二十日，织田信长和上杉辉虎正式结盟。之后，织田信长和德川家康谋划如何阻止武田晴信入京称霸。

二、武田晴信入侵三河国和远江国

武田晴信做好西上的准备后,于元龟三年(1572年)十月三日,率领甲斐国、信浓国的精兵二万余人及北条氏派来的援军两千余人从甲府出发,来到信浓国伊奈。另外,武田晴信派山县昌景率兵五千人经东三河到远江国。武田晴信在沿途攻克了丰田郡二俣城等城池,劫掠东三河。山县昌景也在攻克了东三河的部分城池后与武田晴信会师。武田晴信写信给浅井长政和朝仓义景,让他们牵制织田信长的兵力,不让织田信长出兵三河国。织田信长和德川家康的情况危急,向上杉辉虎求援。为了应对武田晴信的入侵,德川家康把根据地迁至滨松,向织田信长请求援助。织田信长命佐久间信盛等率兵三千人前去救援。要想攻克滨松城、占领东三河,武田晴信必须经过滨松北面的三方原。元龟三年十二月二十二日,武田晴信的部队要通过三方原。德川家康率军一万余人,提前到达三方原,准备伏击武田晴信的部队。两军在三方原交战,织田信长派来的援军先败下阵来,德川家康的部队被击溃,德川家康逃到了滨松城,严加防范。然而,德川家康并不关闭城门。武田晴信的部下山县、马场等追到滨松城,看到城门大开,怕中计,不敢前进,犹豫一阵之后退兵了。武田晴信也不急着攻打滨松城,而是在滨松城西面的刑部扎营过年。天正元年(1573年)正月,武田晴信攻打野田城,城主菅沼定盈向滨松城求救。德川家康率军在笠头山列阵,并遣使至岐阜城,向织田信长求救。与此同时,德川家康写信给上杉辉虎,请他出兵信浓国,牵制武田晴信的兵力。织田信长还没来得及派兵,越中国的豪族按照武田晴信的计划纷纷出兵反抗上杉辉虎,上杉辉虎无暇出兵信浓国。因此,德川家康得不到外援,野田城的形势日益危急。于是,菅沼定盈以不杀手下士兵为条件,将野田城交给武田晴信。武田晴信答应了这个条件,将菅沼定盈囚禁起来,后来在和德川家康交换俘虏时才将菅沼定盈放回滨松城。

三、武田晴信去世

野田城陷落后,东三河的豪族都望风投降武田晴信。当时,武田晴信在攻打野田城时患病,据说是中火枪受伤导致的。之后,武田晴信让山县昌景留在野田城，自己到凤来寺养病，等病情好转之后再回信浓国。然而，武田晴信感到四面有强敌，又与织田信长、德川家康结怨，担心在自己患病期间，敌人会乘虚而入。最后，武田晴信在烦闷懊恼中不治身亡。临死之前，武田晴信留下遗嘱："三年之内不要发丧，要治理好领地，防备外敌入侵。"武田晴信死后，织田信长可以专心处理京畿地区的事情了；德川家康也可以高枕无忧，致力于统一东海地区了；北条氏政也可以称霸关东了。武田晴信是盖世英雄，他的去世对当时的影响很大。武田晴信死后，其尸体被送回甲斐国的踯躅崎城中，在密室中停放三年后于天正四年（1576年）四月十六日被葬在山惠林寺。值得注意的是，永禄二年（1559年）武田晴信开始使用法号信玄。

第10章

织田信长的成功

一、足利义昭和织田信长

足利义昭是足利氏的后代,所以登上了征夷大将军的宝座。然而,足利义昭没有实权,只不过是个傀儡而已。足利义昭入京之初,对织田信长感恩戴德。然而,随着时间的推移,足利义昭开始对自己的傀儡地位不满,也想掌握实权、号令天下。足利义昭打算赶走织田信长,织田信长也开始疏远足利义昭。永禄十二年(1569年)八月,织田信长占领伊势国后入京。永禄十二年十月十六日,织田信长突然离开京都回到岐阜城。这是因为织田信长和足利义昭产生了矛盾。朝廷对织田信长突然离开京都表示担忧,遣使送信给织田信长。织田信长趁此机会于永禄十三年(1570年)正月和足利义昭之间就政权授受问题达成了以下协议:

第一,足利义昭在向领主下发文书时,都应通知织田信长,织田信长要附上一封信。

第二,足利义昭此前下发的文书都予以作废。

第三,足利义昭在奖赏有功将士时,如果没有土地,可以从织田信长的领地内分割。

第四,足利义昭将天下政务委托给织田信长处理,不应进行干涉。

第五,足利义昭和织田信长都要尊重朝廷。

足利义昭在这份协议书上盖上黑色印章,织田信长盖上红色印章,双方各保留一份。这样,政权从足利义昭手中转到了织田信长手中,足利义昭成了名副其实的傀儡。足利义昭千方百计想改变这一现状。当时，各地的豪杰中有很多人想借助足利义昭之手取代织田信长号令天下。足利义昭打算和这些豪杰联手，赶走织田信长。足利义昭认为只要扳倒了织田信长，天下就可以归自己所有。这种想法非常天真。如果足利义昭自己没有实力，即便除掉一个织田信长，还会有更多的"织田信长"站出来。足利义昭没有意识到这一点，而是和武田晴信结盟，敦促武田晴信入京，足利义昭本人也想离开京都。织田信长闻报，向足利义昭提交十七条建议，指责足利义昭措施不当。这样一来，足利义昭和织田信长完全反目。织田信长派援军到三方原援助德川家康，武田晴信派人将织田信长的部将平手泛秀的首级交给织田信长，表示与织田信长绝交。织田信长百般劝阻，武田晴信就是不听。其后，武田晴信亲自率军入侵远江国、三河国，又派秋山信友从信浓国进入美浓国，进攻织田信长的领地。此外，武田晴信还向足利义昭控诉织田信长的"五逆"，对此织田信长指出武田晴信有"七逆"。

在三方原之战之后，足利义昭表面上替织田信长和武田晴信居中调停，实际上想乘机和武田晴信结盟，削弱织田信长的势力。与此同时，足利义昭与三好氏、浅井长政、朝仓义景联手，谋划进攻织田信长。足利义昭发出讨伐织田信长的檄文，同时动员近江国甲贺的豪族在坚田及石山上修筑堡垒，阻挡织田信长的进攻。当时，织田信长外有武田晴信这个大敌，闻听足利义昭采取上述措施，织田信长大吃一惊。织田信长派人将人质献给足利义昭，要求议和，足利义昭没有答应。天正元年（1573年）二月二十日，织田信长派明智光秀等攻克坚田及石山堡垒。当时世人在坊间不断批判足利义昭反复无常。由于事情紧急，足利义昭让武田晴信西上入京，又写信给德川家康，让德川家康和武田晴信议和，夹击织田信长。足利义昭还写信给上杉辉虎，敦促上杉辉虎入京。足利义昭这样做的唯一目的就是扳倒织田信长，为了达到这个目的，无论是武田晴信、德川家康，还是上杉辉虎，和谁联手都无所谓。足利义昭在给上杉辉虎的信中要求上杉辉虎和一向宗本愿寺派及武田晴信和解，并让三方一起西上入京援助自己。此外，足利义昭还向播磨国的浦上氏、备前国的宇喜田氏等求救。足利义昭的敌人三好氏、松永久秀也出兵山城，援助足利义昭，与织田信长对抗。虽然织田信长攻克了坚田、石山，但织田信长未能对足利义昭穷追猛打。这是因为秋山信友入侵信浓国，浅井长政、朝仓义景的部队也开始行动，三好氏、松永久秀的部队也要进京，织田信长四面受敌。趁秋山信友暂时退兵，织田信长于天正元年（1573年）三月二十五日从岐阜城出发，平定京畿，进攻并震慑足利义昭。援兵还未到来，足利义昭十分惶恐，遣使向织田信长请求议和。织田信长答应了这一请求，交换了不再交战的誓约书之后，于天正元年四月踏上归途。在回岐阜城的途中，织田信长攻克了近江国的佐佐木义贤的鲶江城。这是因为佐佐木义贤与足利义昭勾结对抗织田信长。

后来，足利义昭在近臣上野清信等的怂恿下积极备战，准备讨伐织田信长。天正元年七月，足利义昭率军三千人在宇治列阵。听到这一战报，织田信长于天正元年七月五日在二条妙觉寺列阵，攻克了二条城。织田信长乘胜攻打宇治的足利义昭，足利义昭请降，剃发进入普贤寺。之后，织田信长让木下秀吉把足利义昭迁至河内国若江。足利义昭请求毛利氏援助自己东上。毛利辉元在足利义昭和织田信长之间居中调停。织田信长提出的条件是足利义昭给织田信长送来人质，并保证以后不再作乱。足利义昭不肯答应这个条件，调停以失败告终。足利义昭打算前往若江国投奔三好氏，但三好氏拒绝接纳。足利义昭只好投靠纪伊国的畠山氏，畠山氏势力很小，保护不了足利义昭。足利义昭只好前往熊野，投靠僧人。足利义昭在熊野号召各地领主入京，但收效甚微。天正四年（1576年），足利义昭前往播磨国明石投靠宇喜多氏，宇喜多氏也不能为足利义昭提供保护。于是，足利义昭到备后国投靠毛利氏，得到了保护。天正十五年（1587年），足利义昭在大阪面见丰臣秀吉，受到保护，丰臣秀吉给了足利义昭产量为一万石的领地。庆长二年（1597年）八月，足利义昭去世，享年六十一岁，谥号灵阳院。在足利义昭到若江之后，足利氏政权真正消亡了。自从足利尊氏创业以来历经十五代，足利氏政权历时二百三十多年，其间安静的时间短，战乱的时间长。最终，足利氏的主权落在织田信长手中，织田信长掌握了天下。

毛利辉元

足利义昭逃往若江之后,辗转于纪伊、播磨、备后三国,经常想趁乱东山再起。足利义昭和武田胜赖结盟,和北条氏谋划,又和上杉辉虎、熊野僧人、毛利氏、岛津氏联手,以期恢复足利氏的基业。后来丰臣秀吉讨伐毛利氏也是因为毛利氏和足利义昭结盟。

在安土桃山时代,足利义昭的确算得上是一大势力,向全国各地的领主发出呼吁,让他们征战不休。姊川、三方原、长筱等战役都与足利义昭有关系。

二、浅井氏和朝仓氏的灭亡

浅井长政一有机会就向织田信长的领地发动进攻,来扩张自己的势力。而织田信长的部将木下秀吉所在的横山城位于浅井长政所在的小谷城的东南,地位非常重要。因此,对于浅井长政来说,横山城势在必得。元龟三年(1572年)正月,木下秀吉去岐阜城参加新年典礼。浅井长政趁此机会攻打横山城。竹中重治留守横山城,拼死防守。木下秀吉闻报后,赶紧赶回,对浅井长政的部队实行内外夹击，浅井长政兵败。元龟三年（1572年）三月七日，织田信长进军近江国，在小谷城和山本山之间安营，在小谷城下放火，威慑浅井长政。织田信长攻克了滋贺郡的和迩城、木户城、田中城等，进入京都。元龟三年七月二十二日，织田信长又进入近江国，攻打小谷城。浅井长政向朝仓义景告急，要求增援。朝仓义景率军一万五千人来增援浅井长政，与织田信长对抗，织田信长率军直逼小谷城。当时，武田晴信正打算西上入京，出兵三河国。武田晴信写信给浅井长政和朝仓义景，让二人在近江国阻止织田信长入京。织田信长也害怕武田晴信西上入京，便于元龟三年十二月三日，留下足够的人马防御浅井长政和朝仓义景，自己则回到了岐阜城。本来朝仓义景和武田晴信约好夹击织田信长，而今织田信长退兵，朝仓义景只好率军回到越前国。之后，武田晴信在军中病死，足利义昭也走上了自毁前程之路。织田信长消除了后顾之忧，可以集中精力讨伐浅井长政和朝仓义景了。

京都的形势稳定下来之后，织田信长于天正元年（1573年）七月二十七日攻克滋贺郡的城堡后，暂时回到岐阜城。天正元年八月十日，织田信长亲自率军在山田山扎营，切断了朝仓义景和浅井长政之间的联系。朝仓义景从敦贺出发，在木本扎营，与织田信长的部队发生冲突。结果朝仓义景全军溃退，逃往大野郡。织田信长率领全军进入越前国，打败了朝仓义景的部下，进入敦贺，进而攻克了多座城堡。织田信长紧追不舍，将朝仓义景逼入大野郡贤正寺。朝仓义景的同族朝仓景镜逼迫朝仓义景自杀，之后朝仓景镜拿着朝仓义景的首级投降织田信长，朝仓氏灭亡了。朝仓氏灭亡之后，织田信长挥师攻打小谷城。当时与浅井长政联手的三好氏、一向宗本愿寺派、武田氏、朝仓氏被织田信长消灭了，浅井长政孤军奋战，而且只剩小谷城一座孤城。织田信长的部队攻势很猛，天正元年八月二十七日，木下秀吉攻入城中，浅井长政的父亲浅井久政自杀，浅井长政将妻女交给织田信长后自杀，浅井氏灭亡了。此时，响应浅井长政的号召起兵反抗织田信长的六角义贤的石部城和六角义治的鲇江城也相继被织田信长的部将攻陷。织田信长任命朝仓氏的降将前波吉健任越前国守护代，镇守越前国。织田信长任命明智光秀、津田元秀、木下助左卫门为奉行，让他们处理庶政。织田信长将浅井长政的大部分领地给了功臣木下秀吉，其他有功之士都有封赏。之后，织田信长回到岐阜城。

三、长筱之役

在甲斐国、信浓国方面，织田信长和德川家康组成联军，讨伐武田氏。双方在三河国长筱展开了决战。武田晴信有四个儿子，长子武田义信早逝，二儿子武田龙芳是个盲人，三儿子武田氏秀给北条氏做了养子，四儿子是诹访氏所生的武田胜赖。因此，武田胜赖嗣位。武田胜赖遵照武田晴信的遗嘱，三年内秘不发丧。这时，德川家康打算夺回被武田晴信占领的多座城堡。德川家康攻克长筱城之后回到了滨松。武田晴信也占领了织田信长在美浓国的部分领地，织田信长设堡垒预防武田晴信进攻。由于武田胜赖秘不发丧，武田晴信死亡的消息被封锁了，德川家康、织田信长不敢大规模地入侵武田氏的领地和城堡。身在纪伊国的足利义昭为了扳倒织田信长，恢复征夷大将军的名号，给各地领主写信。足利义昭还写信给武田胜赖，敦促武田胜赖入京。武田胜赖听从足利义昭的命令，屡次出兵三河国及美浓国，鼓舞了武田氏各城堡的士气。武田胜赖也在等待机会西上京都称霸，完成父亲未竟的事业。

天正三年（1575年）五月，武田胜赖包围长筱城，德川家康和织田信长都来援助长筱城，和武田胜赖发生了大规模的军事冲突。长筱城是一个战略要地，为了入侵三河国，武田胜赖打算夺回长筱城。德川家康的部下大贺弥四郎及其党羽与武田胜赖勾结，邀武田胜赖来夺取长筱城。武田胜赖率领一万五千人于天正三年五月八日包围了长筱城，攻城甚急。长筱城守军支撑不住，向在滨松的德川家康求救。德川家康此前也向织田信长求救。于是，织田信长和儿子织田信忠与德川家康于天正三年五月十八日一起赶到长筱城外，与武田胜赖的部队对抗。武田胜赖在长筱城外的大野川对岸修建堡垒，用于监视长筱城内的动静。在德川家康和织田信长到达后，武田胜赖派人马前去迎击。德川家康的猛将酒井忠次于天正三年五月二十日夜，袭击了武田胜赖的两处堡垒，杀死了守将武田信实，后连夺几座堡垒。武田胜赖的士兵见此情景十分畏惧。天正三年五月二十一日破晓之际，武田胜赖的部队向德川家康和织田信长的部队发

长筱之役

动突击。德川家康和织田信长的部队躲在栅栏后防御，派火枪手在侧面袭击武田胜赖的部队，武田胜赖的部队大败，山县、真田、土屋、马场等宿将为了保护武田胜赖皆战死，武田胜赖这才捡了一条命。之后，织田信长、德川家康对武田胜赖的部队紧追不舍。德川家康趁此机会收复了武田氏在三河国、远江国占领的多座城堡，进而将势力扩张至骏河国。织田信长也夺回了武田氏占领的美浓国的多座城堡，岩村城的秋山信友被俘后在岐阜城被处死。

武田氏以勇武而著称于天下，在长筱之役中实力消耗殆尽。此后，武田胜赖一蹶不振，而织田信长和德川家康的实力与日俱增。此时，如果织田信长、德川家康长驱直入攻打武田胜赖，武田氏或许早就灭亡了。然而，当时京畿之地刚刚平静下来，织田信长还无暇远征甲斐国。武田胜赖和高坂弹正、真田昌幸等谋划今后的措施、方针，以图东山再起。然而，大厦将倾，独木难支，武田氏的家运每况愈下，武田晴信的基业即将覆亡。

真田昌幸

四、荡平越前国

织田信长乘势荡平了越前国，灭掉了朝仓义景。然而，加贺国、越前国本来是一向宗本愿寺派占据的地方，织田信长平定朝仓氏时，一向宗本愿寺派的势力暂时销声匿迹了，织田信长回到信浓国之后，就爆发了一向宗暴动。前波吉健被织田信长任命为越前国守护代，前波吉健的同僚富田长秀同样投降了织田信长，却没有受到封赏，富田长秀非常愤怒，开始作乱。富田长秀杀死了前波吉健，将织田信长的部将木下左卫门、明智光秀、津田氏等驱逐出越前国，于是越前国归富田长秀所有。在加贺国爆发的一向宗暴动波及越前国，一向宗首领下问筑后等杀死富田长秀和投降织田信长的朝仓氏的余党。平泉寺僧人起兵援助朝仓氏余党，但立刻被一向宗本愿寺派消灭了。越前国和加贺国一样，完全归一向宗本愿寺派所有。织田信长闻报，谋划如何平定一向宗暴动。然而，由于有很多大事需要处理，织田信长无暇平定越前国的一向宗暴动。之后，伊势国长岛也爆发了一向宗暴动。天正三年（1575年）八月十五日，织田信长平定了伊势国长岛一向宗暴动之后，集结八万人马前往越前国，德川家康也率一万人前来助战。越前国的高田派信徒对一向宗本愿寺派信徒的专横跋扈十分不满，便与织田信长联合。一向宗本愿寺派虽然也做了准备，但属于一群乌合之众，根本无法应对织田信长的大队人马。织田信长剿灭一向宗本愿寺派暴徒后进入敦贺，进而收复各座城堡，杀戮一向宗本愿寺派暴徒。之后，织田信长率军进入加贺国，攻克能美、江沼二郡。天正三年九月二日，织田信长凯旋，论功行赏时，把越前国分给柴田胜家、金森长近、前田利家等。

五、安土筑城

织田信长从尾张城迁至清洲城，统一尾张国，征讨美浓国，进军京都之后，又修筑了岐阜城。由此可见，随着领地的扩张，织田信长不断修筑城堡。而今织田信长的领地包括山城、近江、若狭、伊势、美浓、尾张、飞驒、大和、河内、和泉、纪伊等国的一部分及越前国、加贺国的二郡，跨越十三国，兵马有十几万。之前，织田信长的敌人主要有上杉辉虎、武田氏、毛利氏、杂贺氏、长宗我部氏等。而今织田信长要号令天下，岐阜城就显得很小了，需要

金森长近

修筑新城。新城要位于四通八达的便利之地,距离京都近,可以挟天子以令诸侯。为此,织田信长选定了近江国蒲生郡安土。以前,织田信长为了与六角氏对抗,曾在安土修筑堡垒。天正四年(1576年)正月中旬,织田信长开始修筑安土城。镇守佐和山的丹羽长秀距离安土最近,被织田信长任命为安土城筑城负责人,其他领地内的将士也都出人出力,搬运巨石,修筑城基和城墙,造好的七重天主阁,楼门相连、结构精巧、规模宏大、天下无双。

在修筑安土城之际,工匠及筑城知识都借助了外部力量。安土城天主阁的瓦就是明朝人一观制作的。一观是福州人,来到平户,以烧瓦为业。因此,织田信长录用了一观。城堡中设天主阁的做法始于永正年间,天主阁的起源有两种:其一是基督教;其二是佛教。一般认为日本城堡中的天主阁是模仿了佛教的须弥山的形状。织田信长的安土城改良了原有的天主阁的建筑方法,增加至七层。

安土城从天正四年（1576年）正月开始动工，花了七年时间，终于竣工。安土城非常美丽，当时来日本传教的西方人对此赞叹不已。织田信长命沙门玄兴作《安土城之记》，以便让后代人知道安土城是多么壮观。安土城竣工之后，来安土城拜见织田信长的人摩肩接踵，安土城逐渐繁华起来。织田信长搬到安土城之后，把岐阜城让给儿子织田信忠居住，让织田信忠监理美浓国、尾张国的国事。织田信长把安土城作为执掌六十余州的根据地，分派众将到各地镇守疆土或者开拓疆土。

六、织田信长的升迁

征夷大将军足利义昭流亡到河内国期间，日本在形式上已经没有号令天下的征夷大将军了。织田信长取代征夷大将军，担负起这一职责，从实权和功劳上来说都是大势所趋。源氏的后裔足利氏灭亡，织田信长取而代之，号令天下。日本历史上有资格当征夷大将军的只有四个姓，因此，织田信长迫不得已称自己姓"平"。在日本历史上，源氏、平氏相继掌握政权。当时的人们自然而然地认为平氏应该继承源氏的天下。因此，织田信长突然决定不再姓藤原，而改姓平氏。而且织田信长领地广阔、武力强大、兵多将广，很早就建立了功业。

随着势力的扩张，织田信长的官位不断升迁。天正二年（1574年）三月，织田信长叙从三位，被任命为参议。朝廷允许织田信长效仿足利义满、足利义政的先例，切取收藏在东大寺的兰奢待。兰奢待是圣武天皇时期从唐朝进口的名香，足利义政在未得到朝廷允许的情况下，尝了一下后，切了一小块。织田信长奉朝廷之命，进入多闻城，将兰奢待从正仓院移至多门城，切取一寸八分。这对于织田信长来说是莫大的荣耀。这表明织田信长取代足利氏掌握天下是合法的。

朝廷还遣使至奈良，任命菅屋九郎左卫门、佐久间右卫门等为织田信长的奉行。在长筱之役中，织田信长打败了武田胜赖，已经天下无敌。织田信长被任命为右近卫大将军，举行了拜贺将军的仪式。织田信长的三个儿子织田信忠、织田信雄、织田信孝及部将羽柴秀吉、明智光秀等都被封了官职。天正五年（1577年）十一月，织田信长晋升为右大臣，权势如日中天。

随着官位的不断升迁，织田信长越发尊重朝廷，恢复了以前的各种仪式。织田信长资助朝廷修复神泉苑池，祈祷天下太平。朝廷还恢复了加茂祭赛马、蹴鞠等。织田信长恢复了朝廷、皇室、公卿、寺院、神社的领地，督促领地的代官按时缴纳税收。织田信长结束了应仁之乱以来的乱世，京都及地方出现了欣欣向荣的气象。

七、织田信长和一向宗本愿寺派

一向宗本愿寺派暴动是妨碍织田信长统一天下的一大障碍。德川家康的三河国也爆发了一向宗暴动。一向宗本愿寺派曾经和浅井长政、朝仓义景、三好氏、武田氏、毛利氏勾结对抗织田信长。织田信长用武力镇压一向宗暴动，但收效甚微，织田信长只好采取消灭一向宗本愿寺派的同盟来孤立一向宗本愿寺派的方法。一向宗本愿寺派的同盟者绝大部分被消灭了，于是织田信长决定给予一向宗本愿寺派重创。然而，要彻底消灭一向宗本愿寺派难度很大。一向宗本愿寺派的信徒们居无定所，凭着宗教信仰到处发起暴动，而且甘愿为信仰献身，此起彼伏。就连织田信长也无法从根源上铲除一向宗本愿寺派的势力。

（一）长岛一向宗暴动

在三好氏以野田、福岛为根据地与织田信长对抗时，一向宗本愿寺派支持三好氏。一向宗本愿寺派在伊势国长岛发动暴动，反抗织田信长。因此，织田信长为了斩草除根，于元龟二年（1571年）征讨一向宗本愿寺派，但收效甚微。后来，一向宗本愿寺派又发动暴动，织田信长于天正元年（1573年）九月率领众将从岐阜城出发，前往长岛，兵分数路向一向宗本愿寺派暴徒发起进攻，打退了一向宗本愿寺派暴徒。然而，在回岐阜城的路上，织田信长遭到了一向宗本愿寺派暴徒的袭击，损兵折将，吃尽苦头，只好撤退。一向宗本愿寺派再次声威大振。

织田信长到长岛征讨一向宗本愿寺派暴徒，以失败告终。织田信长对此颇感遗憾，一直在等待时机彻底歼灭一向宗本愿寺派。长岛位于三角洲地区，地形复杂，一向宗本愿寺派以此为根据地，纠集各地的歹徒进行自卫。因此，织田信长拿他们没有办法。天正二年（1574年）六月，织田信长第三次围剿一向宗本愿寺派暴徒,想一举全歼他们。这次,一向宗本愿寺派信徒由于疏忽大意,没有做好应战准备,被织田信长的大军包围了。自从元龟元年(1570年)以来,织田信长对一向宗本愿寺派恨入骨髓,这次对一向宗本愿寺派信徒痛下杀手,二万余名一向宗本愿寺派信徒被烧死。于是,长岛的一向宗之乱终于平定,织田信长于天正二年(1574年)九月二十八日回到岐阜城。

(二)大阪一向宗本愿寺派反抗织田信长

足利义昭被织田信长打败后流亡到河内国,投靠一向宗本愿寺派。一向宗本愿寺派通过足利义昭和毛利氏结盟,共同对抗织田信长。毛利氏一直给一向宗本愿寺派送钱粮,但从未出兵帮助一向宗本愿寺派。天正二年,一向宗本愿寺派发动暴动,攻克织田信长的中岛城,二者关系破裂,织田信长率军向大阪进发。一向宗本愿寺派暴徒和织田信长发生冲突后,三好笑岩、池田胜政等前来援助大阪的一向宗本愿寺派暴徒。织田信长火烧住吉神社、天王寺等,在玉造和一向宗本愿寺派暴徒发生冲突后,暂时回到京都,荒木村重、高山右近等留下来在中岛和一向宗本愿寺派暴徒继续战斗,败给了一向宗本愿寺派暴徒。

天正三年(1575年)四月,织田信长再次出兵,进攻高屋城的三好氏,烧掠近郊,然后前往大阪。高屋城的三好笑岩支撑不住,投降了织田信长,支持一向宗本愿寺派的豪族或者大名都投降了织田信长,大阪成为一座孤城。大阪的一向宗本愿寺派势力受挫,足利义昭不能坐视不管,他赶往备后国向毛利氏求救。之后,足利义昭又遣使至越后国,让上杉辉虎和北条氏和解,之后西上京都,和毛利辉元一道夹击织田信长。然而,毛利辉元不愿出兵,大阪一向宗本愿寺派的势力大不如前,本愿寺的显如请求织田信长议和,织田信长答应议和,双方停战。然而,显如的本意并非议和,在停战期间,显如一直在做准备,同时请求毛利辉元派援军,而且劝毛利氏占领淡路国岩屋城,控制濑户内海的制海权。足利义昭要求毛利氏和东北各领主结盟,并出兵援救大阪的一向宗本愿寺派。情况紧急,足利义昭写信给肥前国的松浦镇信、龙造寺隆信等,让他们准备好海军,对抗织田信长。织田信长看出显如没有和解的诚意,认为必须以迅雷不及掩耳之势予以痛击。天正四年（1576年）四月，织田信长派惟任光秀、细川藤孝等征讨一向宗本愿寺派，分路合击，截断一向宗本愿寺派的援军。显如修建笼岸城和木津城，控制通过海路可通向四面八方的难波口。显如向全国各地的信徒发出通知，让他们前来救援。近畿加越能的一向宗本愿寺派信徒前来救援。然而，织田信长加强了防守，近畿加越能的一向宗本愿寺派信徒无法靠近大阪。到了天正五年（1577年）正月，一向宗本愿寺派信徒火攻天王寺堡垒，打败了织田信长的部将。织田信长闻报，率军前来，要夺回天王寺堡垒，一向宗本愿寺派信徒经过苦战后败走。织田信长紧追不舍，一直来到大阪城下，杀死了很多一向宗本愿寺派信徒。然而，大阪城依然岿然不动。织田信长在大阪城周围修建堡垒，围困大阪城，派佐久间信盛、松永久秀守在这里。织田信长暂时回到京都。

大阪城的一向宗本愿寺派信徒被织田信长重重包围，而援兵迟迟未到，眼看粮食快要吃光了。于是，显如写信向加贺国的一向宗、上杉辉虎、毛利辉元等求救。天正五年六月十一日，上杉辉虎奉足利义昭之命写信给毛利辉元，要求结盟夹击织田信长，武田信来也加入上杉辉虎一方。毛利辉元决定出兵，并给大阪运去粮食。毛利辉元还命令伊予国的河野通直和毛利氏的部下儿玉就英、小早川氏等合作，率领海军前往大阪。对此，织田信长派出兵船三百余艘，把守木津川口阻止援军进入。天正五年七月，织田信长的部队和显如的援军在大阪湾进行了激战。最终，织田信长的兵船被打败，援军将粮食送进了大阪城。一向宗本愿寺派信徒士气大振，播磨国的三木氏、赤松氏、浦上氏等也都援救大阪本愿寺。足利义昭、毛利辉元写信给武田胜赖、上杉辉虎，在报捷的同时，要求二人尽快西上，夹击织田信长。各家援救一向宗本愿寺派，并不是为了宗教信仰，而是因为一向宗本愿寺派是织田信长的敌人，通过联合夹击织田信长，可以在京畿地区扩张势力。一向宗本愿寺派信徒在得到这些援军之后，士气大振，与织田信长形成对峙局面。

（三）征伐纪伊国

纪伊国名草郡、海部郡杂贺一向宗、那贺郡根来寺一向宗信徒响应本愿寺的号召，和有田郡岩屋城城主畠山贞政联合，进入和泉国，设置壁垒，非常猖獗。对此，织田信长打算联合杂贺三缄及根来寺的杉坊僧众来对抗一向宗本愿寺派。天正五年（1577年）二月，织田信长从安土城出发，到京都集合众将，率军十五万人，兵分两路：一路由佐久间信盛、羽柴秀吉等率领，走山路；另一路由惟任光秀、细川藤孝等率领，走海路。两路部队攻克和泉国，进入纪伊国后会师，进攻杂贺一向宗信徒。杂贺一向宗信徒的首领铃木持久足智多谋，修建了坚固高大的壁垒，坚守不出。织田信长的部队日夜攻打壁垒，铃木持久支撑不住，请求投降，织田信长应允。织田信长命令堀秀政等攻打根来寺，实施火攻，根来寺一向宗信徒出来投降。于是，畠山贞政舍弃岩屋城逃走。织田信长平定纪伊国之后，根来寺一向宗信徒承诺以后不再援助一向宗本愿寺派信徒。天正五年三月二十五日，织田信长率军回到京都。织田信长通过

堀秀政

征讨杂贺，让近畿的豪族胆寒，让他们不敢救援大阪城的一向宗本愿寺派信徒。听说织田信长征讨杂贺一向宗信徒之后，毛利辉元写信给上杉辉虎，说织田信长的势力日益壮大，应该东西起兵夹击织田信长。看到毛利辉元的来信后，上杉辉虎决定出兵。

（四）一向宗本愿寺派的情况

天正五年（1577年），一向宗本愿寺派被织田信长重重包围，没有大规模的援军，只有地方豪族的援军前来救助。而织田信长的势力日益壮大，他修筑了堡垒，大阪城的形势日益危急。当时，一向宗本愿寺派富甲天下，所以才支撑了这么久。然而，财富是有限的，兵力也会打光，而今大阪城的一向宗本愿寺派到了山穷水尽的地步。为了撑下去，一向宗本愿寺派向各地写信求救。显如是一向宗的门主，有很强的号召力，大阪城当地的豪族及周边的一向宗信徒纷纷响应。相模国、武藏国的一向宗信徒也集合起来，筹集好粮食之后，运往大阪城，与佛教的仇敌织田信长对抗。

八、上杉辉虎和织田信长

当武田晴信打算西上入京称霸时，织田信长和德川家康诚心诚意地与上杉辉虎结成同盟关系，希望得到上杉辉虎的援助，牵制武田晴信的行动。在武田晴信死后，织田信长、德川家康对上杉辉虎的这一态度依然没有发生变化。这是因为当时武田胜赖秘不发丧，织田信长和德川家康担心武田晴信会来入侵。之后，织田信长荡平越前国，入侵加贺国二郡，织田信长的领地开始靠近上杉辉虎的领地。在一向宗控制加贺国期间，一向宗是织田信长和上杉辉虎共同的敌人，所以织田信长和上杉辉虎并未发生冲突。然而，当上杉辉虎入侵加贺国后，上杉辉虎的领地和织田信长的领地接壤，二者发生冲突的可能性加大了。织田信长为了避免和上杉辉虎发生冲突，尽量拉拢上杉辉虎。为了做到这一点，织田信长有必要让加贺国维持现状。表面上，织田信长与上杉辉虎一团和气，暗地里织田信长让支持自己的加贺国豪族与上杉辉虎进行对抗。北陆地区对于织田信长来说非常重要，因此，织田信长派宿将柴田胜家镇守这里，防备上杉辉虎的进攻。

（一）上杉辉虎西侵

上杉辉虎非常想入京称霸。为了达到这一目的，上杉辉虎和东面的芦名氏、伊达政宗结盟，避免他们入侵自己的领地，从而消除后顾之忧。越中国大部分已经归属上杉辉虎，还有一些地方反对上杉辉虎，需要荡平。天正四年（1576年）三月，上杉辉虎进入越中国，渡过神通川，劫掠周围一带。天正四年九月，上杉辉虎攻陷梅尾、增山二城，进入加贺国，诛杀了一向宗暴动的头目镝木政赖，很多城堡的城主望风溃散，加贺国有四个郡归上杉辉虎所有。在此之前，能登国七尾城城主畠山义隆于天正四年二月被家臣对马备后、三宅备后鸩杀。能登国失去了领主，陷入混乱之中。对马备后与织田信长结交，温井兵库、长九郎左卫门、游佐孙太郎等支持上杉辉虎，这两派互相争斗。天正四年十二月，上杉辉虎进军能登国。天正五年（1577年），上杉辉虎攻打七尾城。然而，七尾城易守难攻，上杉辉虎久攻不下。于是，上杉辉虎修筑堡垒，加强对能登国各城的攻势。之后，上杉辉虎回到了加贺国。七尾城的长续连向织田信长求救，同时和加贺国的一向宗结盟。上杉辉虎打算入侵能登国，杀死长续连，吞并七尾城，占有能登国。游佐孙太郎劝说长续光父子和上杉辉虎结盟，七尾城陷落后，让上杉辉虎杀掉长续连。结果，上杉辉虎攻克了七尾城，能登国全部归上杉辉虎所有。上杉辉虎挥师加贺国，攻克多座城堡后，进攻松任城。城主镝木赖信和织田信长结盟，与上杉辉虎对抗。于是，织田信长和上杉辉虎的关系破裂。上杉辉虎赶在织田信长的援军到来之前攻克了松任城，等着伏击织田信长的援军。然而，织田信长的援军并没有来。之后，上杉辉虎暂时回到了越后国。

（二）上杉辉虎去世

七尾城城主长续连和织田信长属于同盟关系，长续连战死，按理说织田信长不能袖手旁观。然而，织田信长并不想和上杉辉虎发生冲突。当长续连遣使向织田信长求救时，为了牵制上杉辉虎，替长续连的七尾城解围，防止上杉辉虎西侵，织田信长写信给芦名氏和伊达政宗，要求结盟，并要求芦名氏和伊达政宗与越后国的本庄繁长一起从背后袭击上杉辉虎。天正五年八月，织田信

本庄繁长

长派羽柴秀吉等率军四万八千人前去救援七尾城。羽柴秀吉等进入加贺国之后听说七尾城已经陷落,只好撤军。天正六年(1578年)正月,上杉辉虎入侵关东,打算打败北条氏政,消除后顾之忧,大举西上入京。这样一来,上杉辉虎和织田信长必然有一场决战。本来织田信长并非上杉辉虎的对手,织田信长的兵马数量虽然很多,但战斗力不如上杉辉虎的兵马。因此,织田信长对上杉辉虎总是畏惧三分。而今,织田信长已经控制了畿内,上杉辉虎在北陆和关东称霸,两雄相遇,必然有一场你死我活的斗争,胜利会属于哪一方是很多人关心的问题。然而，不幸的是上杉辉虎于天正六年（1578年）三月十三日患了中风，在春日山城中去世，年仅四十九岁。

上杉辉虎在国运艰难之际，临危受命，南征北战，无暇歇息。上杉辉虎读书修禅，信奉真言宗。上杉辉虎重义、诚信，堪称武士的典型。元龟元年（1570年）十二月十三日以后，上杉辉虎在自己的署名中开始使用上杉谦信的名字，他终生独身。上杉辉虎有两个养子，一个是上杉景虎，一个是上杉景胜，二人因嗣位问题发生了争执。上杉辉虎去世犹如一颗北国的明星突然失去光辉而陨落，北陆地区的战斗力大大减弱。宿敌上杉辉虎去世令织田信长高兴万分。武田晴信和上杉辉虎两员骁将都已离世，上天惠顾织田信长，让织田信长成为风云人物。今后，再也没有能够与织田信长抗衡的势力了，织田信长开始南征北战，统一天下。

第 11 章

中国地方的形势

一、陶氏和毛利氏

大内义隆被陶晴贤灭掉后，来自丰后国的大内义长继承了大内氏的家业。然而，实权依然掌握在陶晴贤手中。陶晴贤假借大内氏的名义铲除异己，巩固了陶氏在周防国、长门国、丰后国、筑后国的势力。这时，毛利元就不服从陶晴贤的命令。毛利元就为了大内氏和自卫，经常与尼子氏作战，不让尼子氏染指安艺、备后之地。毛利元就的二儿子毛利元春继承了吉川家族的家业，三儿子毛利隆景继承了小早川氏的家业，成为毛利元就的羽翼，巩固了毛利元就在安艺国和备后国的势力。毛利元就入侵安艺国严岛、樱尾、金山等城堡，吞并了管田光则的西条槌山城。毛利元就还攻克了备后国的高杉城等多座城堡。天文二十三年（1554年）五月，为了扳倒陶晴贤，毛利元就和三本松城的吉见正赖联手，形成攻守同盟，明确与陶晴贤断绝关系，进行对抗。于是，陶晴贤首先进攻吉见正赖的三本松城。毛利元就让部将二宫援助吉见正赖。吉见正赖支撑不住，把自己的嫡子吉见龟王丸作为人质送往陶晴贤处，向陶晴贤请求议和。陶晴贤答应了这个请求，撤军后去和毛利元就作战。

在此之前，毛利元就造反，陶晴贤派宿将宫川房长前去镇压，毛利元就斩杀了宫川房长，声威大振。毛利元就为了引诱陶晴贤的大军到狭隘之处，以便将其全歼，在神道的圣地严岛的北岸宫尾筑城。接着，毛利元就派出间谍放出风去，说在严岛筑城对毛利元就不利。陶晴贤不听弘中三河守的劝谏，果然中了毛利元就的计策。弘治元年（1555年）九月，陶晴贤从今津出发，率军乘船来到严岛后上岸，让数百艘兵船在沿岸警戒，防备毛利元就的援兵到来。接着，陶晴贤率大军攻打官尾城。见陶晴贤上了当，毛利元就率兵三千五六百人将大营设在草津，之后又移到地御前，开始部署兵力。这时，伊予国的来岛、村上等前来救援，毛利元就势力大涨。毛利元就将部队分为三部分：第一部分是精兵，由毛利元就亲自率领，从背面袭击陶晴贤的大营；第二部分由小早川隆景率领，援救官尾城，和城兵相呼应，牵制敌军；第三部分由村上、能岛等率领，在安艺国本土、宫内、大野等地防备敌人的海军。弘治元年（1555年）九月三十日，大雨滂沱，海上波涛汹涌。毛利元就打算趁敌人不

小早川隆景

毛利元就

备发动夜袭。陶晴贤的大营戒备松弛,猝不及防之下,被打得大败。小早川隆景、城兵和毛利元就的部队一起追击敌军。陶晴贤的败兵都乘船来到大野的濑户,又遭到能岛、村上等的袭击。陶晴贤逃到大江浦,找不到一条船,敌人越来越近,陶晴贤和部将垣并、山崎等一起自杀。陶晴贤的部将三浦房清等拼命防守,但败局已定,无法挽回,三浦房清等被赤川氏及吉川氏杀死。毛利元就大获全胜,回到樱尾城,将陶晴贤等的首级埋在洞云寺。

严岛大捷决定了毛利元就的命运,为毛利氏的发展创造了重要契机。陶晴贤死后,大内氏完全失势,大内义长无力回天。毛利元就乘胜进入周防国,攻克岩国,招降周防国的将士。在大内氏的部下中,仓挂城城主上杉氏等迫于形势不得不暂时归顺陶晴贤,而今陶晴贤已死,大家都来归顺毛利元就。陶晴贤的儿子陶长房依然占据富田、若山等小城。这些小城被毛利元就攻陷后,陶长房自杀身亡。内藤隆世拥立大内义长为主君，占据山口。在毛利元就的进攻下，内藤隆世支撑不住，退到了胜山城。内藤隆世打算在大友氏的援助下苟延残喘。然而，在大友氏的援军尚未赶到时，毛利元就的部将福原贞俊等前来进攻，内藤隆世在城中自杀，大内义长在城外的长福院自杀。大内义长之死意味着大内氏的灭亡，陶长房之死意味着陶氏的灭亡。毛利元就不出两个月就平定了周防国、长门国，毛利氏的势力扩张至整个中国地方。

二、毛利氏和尼子氏

毛利元就占据周防国、长门国、安艺国和备后国，要取代大内氏。长期以来，大内氏在中国地方的敌人尼子氏和毛利元就发生冲突是不可避免的，更何况毛利元就曾经为大内氏牵制尼子氏。尼子氏趁毛利元就入侵周防国和长门国，与大内义长相争时，进入石见国，进攻大内氏的城堡。毛利元就派口羽通良说服山内隆通归顺自己，与尼子氏对抗，防止尼子氏入侵石见国。尼子氏认为这是入侵石见国的最好时机。因此，毛利元就和尼子氏的冲突在所难免。

（一）毛利氏入侵石见国

石见国位于中国地方的西北端，和尼子氏的根据地出云国接壤，很久以来尼子氏就想吞并石见国。大内义长死后，这一地区大内氏的势力衰落了，尼子氏认为这是一个侵占石见国的良机。石见国的西部津和吉见正赖与毛利元就结成了攻守同盟。毛利元就在战胜陶晴贤之后，厚待吉见正赖。弘治二年（1556年）二月，吉川元春在毛利元就转战长门国、周防国之际，率兵五千人进入石见国。石见国的服屋、周布、三吉、山内等都前去迎接吉川元春。吉川元春还招降了大森城城主刺贺长信、银山城城主高畠远言等，得到了银山城。尼子晴久听说吉川元春荡平了石见国，打算出兵，但最终没有出兵。到了弘治二年五月，尼子氏终于出兵，和吉川元春的部队在银山城激战，尼子氏败北。吉川元春进一步占据石见国的大部分地区之后暂时回到吉田。

永禄元年（1558年）二月，吉川元春出兵进攻温汤城城主小笠原长雄。小笠原长雄和尼子氏结盟，对抗毛利元就。在吉川元春再次出征之时，出羽元实、福原隆包援助吉川元春，在出羽国安营。小笠原长雄与须佐城城主本庄敬兴会合，在得到尼子氏的援军后攻击出羽国，但小笠原长雄被吉川元春打败。小笠原长雄和本庄敬兴退守各自的城堡，尼子氏的援军回到自己的领地。毛利元就和长子毛利隆元、三子小早川隆景前来援助，吉川元春士气大振，要攻打小笠原长雄，首先攻克了赤城和青岩城，包围了温汤城。小笠原长雄向富田告急。尼子义久率领援军前来救援，但洪水泛滥不能渡河，尼子义久转而进攻松山城。尼子义久让本庄氏封锁银山城的交通，让银山城处于绝境。温汤城没有等来援军陷落了，银山城却归尼子氏所有，银山城暂时由本庄常光来管理。后来，银山城又被毛利氏吞并。这样，石见国归毛利氏所有。

（二）尼子氏的灭亡

毛利氏打算乘势灭掉尼子氏，双方进行了激战。征夷大将军足利义辉听说此事后，遣使为双方调停，规劝毛利元就罢兵，结果没有成功。毛利元就打算进攻尼子氏的根据地富田城。永禄五年（1562年）七月，毛利元就率领大军从石见国进入出云国。毛利元就在富田城和白鹿城之间设立堡垒，切断了两座城堡的联系，之后包围了白鹿城，断绝了水路的交通，围点打援。白鹿城的粮食吃光之后，于永禄六年（1563年）十月陷落。之后，毛利元就将全军包围了富田城。富田城是尼子氏的根据地，易守难攻。于是，毛利元就断了富田城四面的粮道，打算困死尼子氏。毛利元就围困富田城长达二年，富田城中粮食断绝，士气低沉。永禄八年（1565年）四月十七日，毛利元就从三个方向对富田城发起总攻。毛利元就亲自率领一部分人马从小森口进军，吉川元春从盐谷口入侵，小早川隆景从菅谷口进军。两军进行了殊死搏斗，尼子义久率军抵挡毛利元就，尼子伦久抵挡吉川元春，尼子秀久抵挡小早川隆景，双方互有伤亡。富田城依然没有攻陷，毛利元就暂时退兵，在石源山等地修建堡垒，设置守军，一点一点进逼富田城。尼子氏的老将鹈山飞弹派人到但马国、丹后国、若狭国买米运到八杉森山，然后偷偷运到城中。毛利元就听说此事后，在八杉森山筑城，阻止敌军运粮。这样一来，富田城中日益饥渴，城中将士中有很多人逃出城中向毛利元就请降。富田城中只剩下决死之士三百余人。永禄九年（1566年）十一月二十一日，尼子义久向毛利元就请降。毛利元就答应此事，让尼子义久与尼子伦久、尼子秀久一起带着城中所有的士兵迁至安艺国长田。毛利元就攻陷富田城的前后六年时间里，手下将士很少睡过一天踏实觉。毛利元就留下天野隆重率领军队把守富田城，自己则于永禄十年（1567年）二月回到安艺国。

三、毛利氏和大友氏

大友氏占据九州北部，国力强盛，称雄九州。大友义镇的弟弟大内义长继承了大内氏的家业，和土佐国一条氏是姻亲关系。因此，大友氏想在中国地方扩张势力。毛利元就刚刚战胜陶晴贤，就进攻大内义长的山口城。大内义长败逃至丰浦的胜山，向大友义镇请求援助。然而，大友义镇没有前去救援，大内义长在丰浦自杀。这样一来，大友氏和毛利氏彻底反目。更何况在筑后国的武将中很多人都支持毛利元就，从领地上来说毛利氏和大友氏属于敌对关系。为了援助肥后国、筑后国的豪族，毛利元就效仿大内氏的老办法，在丰前国门司城设置武将镇守，负责管理这一带，抵御大友氏的进攻。毛利元就派小早川隆景攻克门司城，让仁保隆慰把守门司城，管理九州。

之后，大友义镇和尼子义久约好夹击毛利元就。大友义镇派手下攻打毛利元就在丰前国的各座城堡。毛利隆元和小早川隆景一同防御大友义镇的部下。足利义辉对大友氏和毛利氏互相争斗非常担心，遣使西下为二人调停。当时，毛利元就正和尼子氏作战，围攻尼子氏的富田城。因此，毛利元就答应与大友氏和解，把松山城让给了大友义镇，毛利元就得到了门司城和香春城，保住了丰前国的二郡，其余归大友氏所有。永禄七年（1564年）二月，大友义镇将女儿嫁给毛利隆元的儿子毛利辉元，和约成立。尼子氏灭亡后，毛利氏没有必要再和大友氏和解了，二者的关系破裂只是时间问题而已。永禄十一年（1568年）四月，筑前国的立花城城主立花鉴载和原田、秋月等一起与毛利元就结盟，约好夹击大友氏的各座城堡。毛利元就答应了这件事情。于是，毛利氏和大友氏的盟约被撕毁了。清水左近将监率军帮助立花城。吉川元春和小早川隆景攻克了三岳城。立花城被大友氏攻陷，立花鉴载自杀。永禄十二年（1569年）四月，吉川元春、小早川隆景攻陷立花城。大友义镇闻报，亲率

户次鉴连

军队进入筑后国,派户次鉴连等在多多良滨打败吉川元春等。吉川元春等帮助立花城,与户次鉴连等形成对峙之势。

(一)大内辉弘入侵山口

大友义镇为了牵制吉川元春等在九州的势力,让大内辉弘乘虚而入,入侵山口。此外,大友义镇还打算召集大内氏的旧部入侵毛利氏的领地。大内辉弘是大友义隆的弟弟,是庶出,起初是僧人,后来还俗。大内氏灭亡时,大内辉弘寄寓于大友氏。永禄十二年(1569年),在大友义镇的帮助下,大内辉弘入侵山口,杀死毛利元就的部将。大内辉弘以龙福寺为根据地,召集大内氏的旧部。石见国的吉见正赖讨伐大内辉弘,吉川元春、小早川隆景离开筑前国，回到周防国，和大内辉弘的部队作战，打败了大内辉弘的部队。大内辉弘败走秋穗浦，最后辗转来到佐波郡富海。大内辉弘在当地遭到了毛利氏部队的追杀，腹背受敌，最后逃到茶臼山自杀。大友义镇的策略虽然没有奏效，但在一定程度上牵制了毛利元就的势力。

（二）尼子氏的复兴与毛利元就去世

尼子氏灭亡后，尼子氏的遗臣山中幸盛、立原久纲等流亡各国，一直打算乘毛利氏之虚，恢复尼子氏的家业。尼子氏的遗臣听说毛利氏和大友氏对

山中幸盛

尼子胜久

立，觉得有机可乘，便召集旧部。同时，尼子诚久的儿子尼子孙四郎在京都东福寺出家。尼子氏的遗臣让尼子孙四郎还俗并改名为尼子胜久，将他拥立为主君。山中幸盛等在出云国得到三千人马，修筑新山、末次两座城堡，并与备前国的宇喜田氏结盟，得到了宇喜田氏的援助。尼子胜久和大友氏结盟，进击毛利氏的富田城，守将天野隆重死守，尼子胜久、山中幸盛等很难攻陷。不过，尼子胜久等攻克了其他城堡，声威大振，伯州的豪族归顺尼子胜久的人很多。毛利元就听说尼子氏死灰复燃，便让内藤隆春提防大友氏，派毛利隆元的儿子毛利辉元与吉川元春、小早川隆景进入出云国。吉川元春等打败了尼子胜久的部队，尼子胜久等败走新山，吉川元春等攻克末次城。这样一来，富田城解了围。毛利辉元等攻克了牛围城、十仓城、熊野城、高佐城、平田城等。尼子氏日益衰落，几近灭亡。

当时，毛利元就在安艺国吉田患病，毛利辉元、小早川隆景等回去探病，吉川元春一人留下来与尼子氏作战。元龟二年（1571年）六月十四日，毛利元就不治身亡，享年七十五岁。灭亡尼子氏是毛利元就毕生的事业，尼子氏余党尚未铲除，毛利元就就去世了。吉川元春为毛利元就感到遗憾。这时，伯耆国大山教护院响应尼子胜久的呼吁，出兵支援。吉川元春声东击西，扬言要进攻伯耆国大山，却趁山中幸盛收复末次城后等待伯耆国大山教护院援军之际，包围并猛攻末次城。山中幸盛支撑不住请降，吉川元春囚禁了山中幸盛。山中幸盛诈称痢疾，上厕所时逃走。吉川元春直接攻打新山的尼子胜久。尼子胜久弃城逃亡京都。山中幸盛也紧跟着去了京都。尼子氏败逃后，出云、伯耆之地复归毛利氏。永禄六年（1563年），毛利元就的长子去世，孙子毛利辉元继承家业，吉川元春、小早川隆景辅佐毛利辉元。毛利元就在世期间不断扩张领地，与大友氏、宇喜田氏争斗。不幸的是，事业未竟，毛利元就便撒手人寰。好在有吉川元春、小早川隆景辅佐毛利辉元，可告慰毛利元就的在天之灵。

四、毛利氏入侵伊予国

日本战国初年，西园寺实宣为了躲避京都战乱来到伊予国。当时，伊予国四分五裂，很难统一。因此，西园寺实宣被推选为国司，坐镇宇和岛。到了西园寺公广时期，伊予国大乱。伊予国的旧家族河野通宣是宣汤月城城主，年老后由儿子河野通直继承家业。当时河野通直年纪尚幼，由老臣辅佐。河野通直长大后和大津城城主宇都宫丰纲发生冲突。西园寺公广等帮助宇都宫丰纲，河野通直孤立无援。河野通直的夫人是毛利元就的外孙女，所以河野通直向毛利元就求救。永禄十一年（1568年）二月，毛利元就派部将前去救援。河野通直得到援助后和宇都宫丰纲发生激战。然而，一条氏从土佐国赶来援助宇都宫丰纲，毛利元就又派吉川元春、小早川隆景等率领二万五千人援助河野通直。河野通直和援军一起攻打大津城，打败了来自土佐国的部队。西园寺公广和毛利元就的援军一道进攻宇都宫丰纲，宇都宫丰纲支撑不住，出城投降。吉川元春等将宇都宫丰纲迁至备后国三原，任命河野通直为伊予国守护，镇守大津。于是，伊予国完全成为毛利氏的附庸。此时，长宗我部氏的援军虽然赶到了，但大津城已经陷落，长宗我部氏的援军只好撤退。

五、宇喜多氏的势力

毛利氏在中国地方西部扩张势力时，宇喜多氏在中国地方东部的播磨国、备前国、美作国等地扩张势力，取代了浦上氏。宇喜多直家刚愎自用，有智谋，会讨主君浦上宗景的欢心，跋扈弄权。当时，赤松清政在置盐城，势力很小，受到浦上氏的压制。西备前的松田氏也比浦上氏弱小，很难自立。因此，松田氏作为尼子氏的附庸苟延残喘。尼子晴久屡屡进入美作国，蚕食浦上氏的领地，和浦上宗景对立。然而，尼子氏的领地距这里很远，而且受到毛利氏的压制，尼子氏未能在这里建立根据地。当时，浦上氏之所以有势力，是因为宇喜多直家策划有方。宇喜多直家进谗言，让浦上宗景杀了岛村丰后守、中山备中守等老臣。宇喜多直家吞并且占有沼城，权势超过了主君浦上宗景。宇喜多直家为了进一步扩张势力，把女儿嫁给松田元贤，统一了备前国。于是，宇喜多直家势力越来越大。永禄四年（1561年），宇喜多直家将主君浦上宗景包围在天神山城。浦上宗景冲出重围，逃到了室津。后来，浦上宗景以备前国儿岛为根据地，和织田信长结盟，当上了播磨国、备前国、美作国的领主。浦上宗景要恢复原来的领地，和宇喜多直家发生冲突，最终被宇喜多直家打败，浦上宗景也战死了。

之后，宇喜多直家出兵，铲除异己，和四国的长宗我部氏结盟，二人约好消灭阿波国、赞岐国的领主。宇喜多直家吞并美作国、浦上氏原来的领地备中国。永禄二年（1559年），毛利隆元征服备中国后，将备中国分给了三村氏。宇喜多直家要进攻备中国时，三村家亲向毛利氏求救，并打算借助毛利氏的势力征服美作国。宇喜多直家意识到敌不过三村家亲和毛利氏的同盟军，于是让远藤河内到美作国阻击并杀死了三村家亲。三村家亲的遗孤三村元祐和三村元亲十分痛恨宇喜多直家，打算夺取备前国妙善寺城，但被宇喜多直家打败了。三村元亲等含恨回到备中国。天正二年（1574年），三村元亲和织田信长联手，准备进攻在备后国的足利义昭。结果，足利义昭让毛利氏抵挡三村元亲。小早川隆景进攻三村元亲的松山城，三村元亲战死，松山城归宇喜多直家所有。天正元年（1573年），宇喜多直家迁至冈山城，冈山城位于交通要道，繁荣热闹。宇喜多直家和毛利氏结盟并听从毛利氏的命令，这才避免了冈山城被毛利氏吞并的命运。

六、尼子氏梅开三度

尼子胜久、山中幸盛等虽然逃往京都，但一旦有机会就想恢复故国。当时，在京畿之地，织田信长占优势，有统一天下的气势。尼子胜久和山中幸盛一起请求织田信长帮助他们恢复故国，织田信长答应了尼子胜久的请求。从元龟末年到天正初年，征夷大将军足利义昭和织田信长不和，互相对立。天正元年七月，足利义昭和织田信长发生军事冲突，足利义昭战败，请求议和。织田信长把足利义昭驱逐到河内国若江，后来足利义昭又迁移到纪伊国。足利义昭和本愿寺联手，经常给武田氏、上杉辉虎、毛利氏、大友氏等领主写信，要求结盟。织田信长对毛利氏和足利义昭结盟十分不满。织田信长在尽最大努力不得罪毛利氏的同时，想方设法切断足利义昭和毛利氏的联络。吉川元春、小早川隆景也经常和织田信长保持书信往来。织田信长讨伐本愿寺时，毛利氏虽然没有答应出兵救援本愿寺，但偷偷给大阪城的本愿寺送粮食。这是织田信长对毛利氏最不满意的地方。织田信长认为毛利氏是将来的心腹大患，不希望毛利氏强大。为了削弱毛利氏的势力，织田信长援助尼子氏夺回出云国的故地，让尼子氏不断侵扰毛利氏，不让毛利氏安宁。这样一来，毛利氏就无暇插手京畿的事情，织田信长就可以巩固京畿，最后消灭毛利氏。不过，织田信长为了不惹怒毛利氏，只在暗地里援助尼子胜久和山中幸盛。

天正元年，吉川元春从富田城出发，和儿子吉川元长一起占领因幡国，入侵但马国。于是，小早川隆景写信给织田信长和羽柴秀吉，请求他们出兵协助吉川元春。在织田信长的授意下，羽柴秀吉承诺小早川隆景在平定京畿之后出兵。吉川元春意识到自己不能长期在外作战，加之织田信长延迟了出兵日

吉川元长

期，于是回到了富田城。而这时尼子胜久得到了织田信长的援军，和山中幸盛一起入侵但马、因幡、隐岐三国。起初，鸟取城城主山名丰国投降了吉川元春，但后来变卦了，又和尼子氏勾结，给尼子胜久送粮，最终把尼子胜久迎入鸟取城。过了不久，山名丰国害怕有后患，又和吉川元春联手，赶走了尼子胜久。尼子胜久等占据若佐城，抵御山名丰国和毛利氏的进攻。天正三年（1575年）七月，吉川元春和小早川隆景进入因幡国，和山名丰国一起攻打尼子胜久的若佐城，若佐城危在旦夕。织田信长给但马国的豪族及山名丰国写信，让他们援助尼子胜久。这时，织田信长和毛利氏的对立关系还没有显现出来，而毛利氏早就知道织田信长援助尼子胜久，对织田信长非常不满。从天正三年正月开始，毛利氏答应足利义昭的请求，和织田信长对抗。虽然织田信长和毛利氏在暗地里不断对抗，但表面上依然没有表现出来。天正四年（1576年），吉川元春写信给织田信长，致以问候。同时，吉川元春给圣护院道澄写信，指责织田信长保护尼子氏。在织田信长的授意下，道澄说这是子虚乌有的事情。吉川元春出兵攻打若佐城，尼子胜久和山中幸盛支撑不住，到京都投靠织田信长。尼子氏和毛利氏一直对立，由于毛利氏势力很强，尼子氏为恢复故地付出再多的努力都是徒劳。

第 12 章

织田信长征讨四方

织田信长是日本战国时代的弄潮儿，他的领地距离京畿很近。织田信长打败了实力较弱的斋藤氏，拥立足利义昭，名正言顺地入京称霸。织田信长入京后驱逐了三好氏、松永久秀一党，打着征夷大将军足利义昭的旗号，号令天下。之后，织田信长平定了让白河上皇都蹙眉的比叡山僧徒，灭掉了浅井氏、朝仓氏，镇压了一向宗暴动。织田信长与实力强大的德川家康结盟，没有让武田晴信称霸的野心得逞。织田信长一方面与上杉辉虎联合，另一方面让能登等国的豪族牵制上杉辉虎，阻止上杉辉虎西上入京，上杉辉虎的命运与武田晴信的命运相同，都以失败告终。在此期间，织田信长在京畿巩固了自己的地位，驱逐了足利义昭，替代征夷大将军号令天下。

当时，甲斐国和信浓国有武田胜赖；越佐之地有上杉景胜；关东有北条氏政；四国有长宗我部氏；中国地方有毛利辉元、吉川元春、小早川隆景；九州有大友氏、龙造寺氏、岛津氏；山阴道有波多野氏等。织田信长想平定这些势力，统一天下。织田信长兵多将广，部下都愿意替他卖命。织田信长有远见卓识，善于用人。织田信长有织田信忠、织田信雄、织田信孝等儿子，一族中有织田信澄、织田长益等。织田信长的部下有柴田胜家、佐久间信盛、林信盛、前田利家、池田信辉、蜂屋赖隆、羽柴秀吉、明智光秀、泷川一益等。织田信长要率领这些勇将完成统一天下的大业。与此同时，织田信长和德川家康结盟，制订征讨四方的计划。织田信长派泷川一益平定上野国厩桥城，进而消灭北条氏，统一关东。柴田胜家在北庄攻打上杉氏，统一北越。织田信长派羽柴秀吉从播磨国出发，征讨中国地方的毛利氏；派明智光秀前往山阴，征讨波多野氏；派佐久间信盛征讨南海；派惟住长秀征讨四国。

一、上杉景胜和上杉景虎的嗣位之争

上杉辉虎去世时没有定下继承人，于是发生了嗣位之争。起初，上杉辉虎收姐夫长尾政景的二儿子长尾喜平次为养子，将他的名字改为上杉景胜。元龟元年（1570年）四月，上杉辉虎和北条氏议和，收北条氏康的儿子北条氏秀为养子，让北条氏秀用上杉辉虎的旧名，称上杉景虎。上杉辉虎去世后，群臣商议后立上杉景胜为主君。大概是因为上杉景虎是北条氏康的儿子，与上杉辉虎没有血缘关系，群臣害怕北条氏得势。于是，上杉氏的家臣分为两派，上杉景胜住在春日山内城，上杉景虎住在外城，和上杉宪政联手。镇守厩桥城的北条长国将上杉景虎迎至厩桥城，劝谏上山景胜，二者相争是不利的，建议

上杉景胜

把越后国、上野国给上杉景虎，把能登国、越中国给上杉景胜。上杉景胜不听。因此，北条长国离开上杉景胜，去帮助上杉景虎。上杉宪景和本庄繁秀也帮助上杉景虎。北条氏政和武田胜赖都派来援军援助上杉景虎。上杉景胜和上杉景虎二人在国内相争。上杉景胜看到自己的势力日益衰落，便采纳斋藤朝信的建议，请求与武田胜赖议和。上杉景胜娶武田胜赖的妹妹为妻，承诺把上野国给武田氏。因此，武田胜赖退兵，一边窥伺北条氏的动静，一边做准备。北条氏的援军不能抵达越后国，所以上杉景虎的实力不断衰落。天正七年（1579年）四月，上杉景胜终于杀死了北条长国，又进攻上杉宪政、上杉景虎所在的北河馆，上杉宪政、上杉景虎战死。上杉景胜统一了越后国。北条氏政派兵援助上杉景虎，但途中听说上杉景虎已经自杀，就原路退回。

二、征讨越后国

越后国之乱一事传到了京都，织田信长意识到征讨越后国的时机已经到来。天正六年（1578年）四月，织田信长命佐佐木成政帮助神保氏征讨越中国。富山的旧城主神保氏春被上杉辉虎驱逐后逃到京都。此次，织田信长让神保氏春一起出征，趁上杉氏内讧无暇西顾时，入侵越中国，恢复神保氏春的故地。佐佐木成政和神保氏春等进入越中国，斋藤新五郎也接到织田信长的命令，来到越中国。佐佐木成政和斋藤新五郎打败了上杉氏的守将河田长亲，攻克了多座城堡。天正七年，佐佐木成政攻克富山城。天正七年六月，柴田胜家和佐久间盛政、前田利家等一起从越前国进入加贺国，攻克多座城堡。天正八年（1580年），柴田胜家和佐久间盛政、前田利家等攻打一向宗的各个寺院，进入能登国，攻陷末森城。上杉辉虎一去世，温井景隆、三宅长盛就夺取了能登国。鹿岛郡的长连龙和佐久间盛政联手，打败了温井景隆和三宅长盛。三宅长盛悄悄到安土城向织田信长谢罪，从织田信长那里得到了间州。于是，越后国、能登国、加贺国、三河国归织田信长所有。

天正九年（1581年）二月，河田长亲趁织田信长的守将柴田胜家、前田利家等入京的时候，联络上杉景胜一起夺取了小出城。加贺国的一向宗也发动暴动进行响应，攻克了别宫等城堡。佐久间盛政闻报后，收复了别宫城。柴田胜家等得到战报，赶紧返回，和上杉景胜的部将激战。能登国的温井景隆、三宅长盛畏罪潜逃至越后国。织田信长将能登国分给前田利家，召回菅屋福富，让菅屋福富管理七尾城。当时，河田长亲已经去世，上杉景胜以鱼津城、松仓城为根据地，打算夺取织田信长的城堡。天正十年（1582年）夏，织田信长命令柴田胜家、前田利家等征讨上杉景胜的鱼津城、松仓城，命令泷川一益等从上野国、信浓国牵制越后国。织田信长和上杉景胜的部队会战数次，未分胜负。这时，泷川一益率军翻越三国岭，森长可的部队攻克芋川城，进入越后国，打算袭击春日山。上杉景胜闻报，不能再留在越中国，赶紧退却。柴田胜家等乘机攻克鱼津城、松仓城。这样，上杉景胜在越中国的根据地完全崩溃，柴田胜家长驱直入越后国，泷川一益和森长可的部队进逼春日山。上杉景胜进退维谷，痛感越后一国无法与织田信长遍布天下的士兵抗衡。天正十年六月二日，明智光秀弑杀了织田信长，柴田胜家等慌忙撤离阵地，森长可也班师回到信浓国。于是，上杉景胜这才化险为夷。

第13章

征讨甲斐国

一、武田氏的势力

在长筱之役中,武田氏的宿将几乎死伤殆尽,之后武田氏一蹶不振。然而,武田晴信在世时,威名远扬,震慑四方。因此,虽然武田胜赖的实力大大衰落了,其他领主还是不敢小觑武田氏的实力。而且武田氏的城堡遍布远江国、三河国,称雄天下。不过,德川家康在三河国不断扩张地盘,蚕食了武田氏的多座城堡,并逐渐蚕食武田氏在远江国的城堡,而今只剩高天神城易守难攻,还未攻陷。冈部长教对武田胜赖忠心耿耿,把守着高天神城。武田胜赖经常派援军支援,并且经常运送粮食。这样,冈部长教抵挡住了德川家康的攻势。

上杉景胜和上杉景虎竞争继承人的地位时,武田胜赖援助上杉景胜,从上杉景胜那里得到了上野国的一部分。天正七年(1579年)七月,武田胜赖进入厩桥城,接着攻克了上野国的多座城堡,以此来防备北条氏的进攻。这是因为武田胜赖援助上杉景胜就意味着和北条氏绝交。在长筱之役之后,武田胜赖与北条氏缔结的攻守同盟就此破裂,在上野方面和骏河方面都要与北条氏为敌。北条氏政开始与德川家康、织田信长结盟,夹击武田胜赖。天正七年九月,武田胜赖大举入侵骏河国,攻克沼津。北条氏政在伊豆三岛与武田胜赖对峙。这时,德川家康从背后进攻武田胜赖,武田胜赖让武田信丰对付北条氏政,自己去迎战德川家康。这时,德川家康已经退到色尾城,武田胜赖未能和德川家康交战。于是，武田胜赖命人修建用宗城、丸子城，派人镇守，牵制府中城，抵挡德川家康的进攻。

二、毛利氏和武田氏

武田胜赖不仅和上杉景胜建立了攻守同盟，还和毛利氏、本愿寺及征夷大将军足利义昭联手，共同对抗织田信长。足利义昭一贯主张让毛利氏和武田氏联合对抗织田信长。此外，足利义昭还写信给上杉氏、岛津氏、长宗我部氏、相良氏、大友氏等，与毛利氏和武田氏一道对抗织田信长。在足利义昭的劝说下，天正二年（1574年），武田胜赖承诺在毛利氏东上时，一定出兵尾张、美浓、三河、远江四国。天正七年（1579年），荒木村重在摄津国的伊丹城反叛织田信长，请求毛利氏援助，吉川元春和武田胜赖决定联手。武田胜赖要求毛利氏先东上，以攻为守，牵制织田信长，自己则乘机西上。而毛利氏要求武田胜赖先西上，在织田信长兵力空虚之际，毛利氏将会援救荒木村重和本愿寺，从中渔利。武田胜赖和毛利氏各怀心事，都想利用对方，尽管双方制订了对抗织田信长的计划，但根本无法实施。

三、武田氏的灭亡

（一）韭崎新城

高天神城对于武田胜赖来说极其重要，为了避免高天神城被德川家康攻陷，武田胜赖派援军，还送粮食，加强防御。然而，天正九年（1581年）三月，高天神城内断粮，城堡陷落，守将冈部长教战死。于是，远江之地尽归德川家康所有。武田胜赖凭借着武田晴信在世时的余威苟延残喘。在这种情况下，武田氏三面受敌，穴山信君向武田胜赖提出如下建议：

> 最好与北条氏政、织田信长、德川家康修好。武田氏虽然与上杉景胜结盟，但上杉景胜的实力不及上杉辉虎，很难作为坚强的后盾。武田晴信在世时，智勇双全，以攻为守，不用筑城。而今，需要修筑坚固的城堡。

武田胜赖采纳了修筑城堡的建议，在韭崎筑城。韭崎城位于要害之地，易守难攻。武田胜赖担心织田信长大举入侵甲斐国、信浓国，便把织田信长的小儿子织田胜长放还安土城，以此来取悦织田信长。武田晴信在世时，为了和织田信长结盟，收织田胜长为养子。尽管如此，织田信长并不领情，在给武田胜赖的书信中措辞傲慢。武田胜赖的臣下感觉到武田氏的厄运不远了。

（二）征伐木曾

武田晴信在统一信浓国时，经常和木曾义昌发生冲突。木曾义昌敌不过武田晴信，双方议和，武田晴信娶了木曾义昌的女儿。武田胜赖经常给木曾课以徭役，木曾义昌对此十分不满，最终背叛了武田胜赖，与织田信长联手。木曾义昌承诺织田信长在征讨甲斐国之际，木曾义昌愿意做先锋。武田胜赖闻报大怒，派部下出兵征讨木曾义昌，杀死了身为人质的木曾义昌的母亲及妻子。天正十年（1582年）二月，武田胜赖和弟弟武田信丰、儿子武田信胜率兵两

武田胜赖

万人征讨木曾义昌，攻打诹访。木曾义昌坚守诹访，并遣使向织田信长求救。于是，织田信长下定决心征讨武田胜赖。

四、部署征讨计划

从天正九年（1581年）开始，织田信长就着手准备征讨武田胜赖了。他将大和、河内、和泉三国的将士留下，负责警卫畿内和防备高野山僧徒闹事。织田信长命令柴田胜家等牵制上杉景胜，防止上杉景胜援助武田胜赖。织田信长亲自率领儿子织田信忠及滝川一益等众将从信浓口进军，命令金森长近入侵飞驒国。同时，德川家康从骏河口进军，北条氏政从关东口进军。这样，对武

滝川一益

森长可

田胜赖就形成了三面合击的态势。织田信忠和森长可等先于织田信长一步进入信浓国。织田信忠的部队分为两路，一路去救援木曾义昌，另一路从伊那口进军。武田胜赖在泷濑设置鹿砦，派下条信氏父子守在这里，阻止来自伊那口的敌军。武田胜赖让小笠原信岭守住松尾城，还派其他人守住大岛城、高远城。武田胜赖坐镇诹访城，派金福昌弘等守住木曾口，负责抵挡木曾义昌的进攻。武田胜赖派穴山信君镇守骏河国。此外，武田胜赖还派冈部正纲、今福丹波等镇守用宗城、田中城。上杉景胜派丹波守长井等在长沼列阵，增援武田胜赖。然而，大体而言，武田胜赖的衰颓已经无法挽回。这是因为武田胜赖实行苛政，百姓怨声载道。武田晴信在世时以攻为守，城堡很少，长筱之役中武田氏的精锐丧失殆尽，而今甲斐国武士的战斗力已经远不如从前。

五、武田胜赖自杀身亡

武田氏大厦将倾，士气低沉。天正十年（1582年）二月十六日，织田长益、丹羽氏次等从木曾口方向协助木曾义昌打败武田氏的部将金福昌弘，占领鸟居岭，攻克深志城。天正十年二月六日，伊那口的武田胜赖的守将下条信氏被部下驱逐，防线崩溃。天正十年（1582年）二月十四日，武田胜赖的松尾城、饭田城被攻陷。织田信忠攻陷了大岛城、高远城，所向披靡。有的城堡的城主还没有看到织田信长部队的影子，就弃城逃跑。织田信忠攻打高岛城时，还未交锋，城兵便弃城而走。天正十年二月十八日，德川家康攻克了田中城。接着，德川家康招降了穴山信君。清水城、久能城、丸子城等骏河国的各城陷落，德川家康进军甲斐国。北条氏政虽然和织田信长结盟了，但在进攻武田胜赖的问题上依然狐疑不决，只是派北条氏邦打探甲斐国的动静而已。听说织田

穴山信君

信忠进入信浓国，攻克了数座城堡，北条氏政也于天正十年（1582年）二月二十八日，攻克了户仓城，杀死了城主笠原范贞。战争形势对武田氏十分不利，天正十年二月二十八日，武田胜赖退到甲斐国。

这时，信浓国大半已经落到敌人手中，武田胜赖派武田信丰守住小诸，召集众将商议对策。真田昌幸劝武田胜赖暂时退到上野国沼田城再做他图。而小山田信茂劝武田胜赖退到自己所在的岩殿城，武田胜赖采纳了这一建议。岩殿城地形险要，易守难攻，而且山顶上面平坦，能够容纳很多士兵，城内有两眼井，如果召集旧部，的确能够延续武田氏的血脉。然而，小山田信茂并非真心为武田胜赖效力，只不过自己的母亲在新府做人质，他为了救母亲而欺骗武田胜赖。武田胜赖根本看不透这一点，在驹饲驿石见的家中等着小山田信茂来接自己。然而武田胜赖等了七天，除近臣之外，将士都散去了，小山田信茂还不来接自己。于是，武田胜赖前往岩殿山，小山田信茂设置了关卡不让武田胜赖通过。武田胜赖这才知道自己被欺骗了，于是又去了天目山。织田信忠一直在到处搜索武田氏的余党，很多人被杀。武田胜赖已经没有其他地方可去，只有到天目山的麓田野藏身。天正十年三月十一日，织田信长的部将滝川一益等率兵来进攻麓田野，土屋昌恒等拼命厮杀抵挡敌军，武田胜赖和嫡子武田信胜也一起防守。最后，武田胜赖及夫人北条氏、武田信胜自尽。武田胜赖当时年仅三十七岁，北条夫人年仅十九岁，武田信胜年仅十六岁。三十三名侍从、十六名侍女、两名僧人也自杀殉节。至此，武田氏延续了二十八代，终于灭亡。得到前锋的捷报之后，织田信长从安土城出发，踏上征程。前锋部队进入信浓国，势如破竹。由于战事过于顺利，织田信长告诫织田信忠、河尻秀隆等不要轻举冒进，其实这纯属过虑。实际上，织田信忠出兵以来不到一个月，武田氏就灭亡了。甲斐国和信浓国归织田信长所有。织田信长于天正十年四月二日进入甲斐国，天正十年四月二十一日回到安土城。

在征讨武田胜赖之后，织田信长论功行赏，将甲斐国分给了河尻秀隆，将信浓国川中岛四郡高井、水内、更级、埴科分给了森长可，将伊那郡分给了毛利秀赖，将上野国及忻州的小县、佐久二郡分给了滝川一益，将骏河国分给了德川家康。而降将木曾义昌得到了原来的领地外安云郡。小笠原信岭及穴山信君、真田昌幸等维持了原来的领地，小山田信茂被杀。滝川一益作为关东管领坐镇厩桥城，统率上野国的兵马，防备北条氏政的进攻。本能寺之变爆发后，滝川一益打算东上，故意将这个消息泄露给北条氏政。北条氏政认为有机可乘，便派北条氏邦前往上野国，派北条氏直前去帮助北条氏邦。北条氏政的部队在神流川和滝川一益的部队发生激战，滝川一益被打败。滝川一益率领败兵，翻越碓冰岭，经信浓国回到京都。

第14章

征伐中国地方

一、足利义昭和毛利氏

为了对付织田信长，足利义昭呼吁天下豪杰一起攻击织田信长。从元龟、天正年间的战乱来看，足利义昭的势力不可小觑。天正元年（1573年），足利义昭离开若江，前往纪伊国。足利义昭屡次写信给毛利氏，请求毛利氏援助自己，并建议毛利氏和本愿寺结盟，共同扳倒织田信长。足利义昭打算通过这个方法恢复足利氏的权势。然而，当时织田信长不愿意与毛利氏为敌，相互之间书信、使者往来密切。吉川元春出兵因幡国、但马国时，写信给羽柴秀吉，请求织田信长予以援助。羽柴秀吉向织田信长反映了此事，但因为京畿有事需要处理，织田信长没有派援军。

毛利氏也曾尝试为织田信长和足利义昭居中调停，让足利义昭恢复征夷大将军之位。毛利氏派安国寺惠琼到京都拜见织田信长。安国寺惠琼经羽柴秀吉引荐，见到了织田信长，讲了调停之事。织田信长答应此事，派羽柴秀吉和安国寺惠琼一起劝说足利义昭。足利义昭要求织田信长把儿子送来做人质，表示诚意，然后才能议和。结果，议和这件事不了了之。安国寺惠琼依然劝谏足利义昭，但足利义昭不听。安国寺惠琼担心足利义昭投靠毛利氏，但足利义昭告诉安国寺惠琼自己不愿意投奔毛利氏，而是打算去纪伊国。这样，羽柴秀吉回到京都向织田信长汇报，安国寺惠琼回到安艺国向毛利氏复命。足利义昭在纪伊国时写信给武田氏、上杉辉虎、毛利氏等，要求他们讨伐织田信长，但事与愿违。不过，从领地角度来看，织田信长和毛利氏发生冲突是不可避免的。而且织田信长和毛利氏交好只不过是因为京畿战乱尚未平定，武田氏、上杉辉虎等还有很大的势力。在织田信长处理完这些事情之后，与毛利氏维护友好关系是不可能的，织田信长一直在等待机会灭掉毛利氏。

天正三年（1575年）二月，足利义昭离开纪伊国前往备后国，打算说服毛利氏恢复足利氏的权势。毛利氏决定拥立足利义昭，与织田信长绝交。毛利氏写信给四国的河野通直、九州的岛津义久、宗像氏贞等，约好征讨织田信长。然而，九州领主周围有敌人虎视眈眈，他们无法劳师远征，毛利氏也要提防四周的敌人。在本愿寺势力尚未衰落期间，织田信长也无法征讨中国地方。而足利义昭接连写信给上杉辉虎，告诉上杉辉虎毛利氏及京畿的动向，敦促上杉辉虎入京。毛利氏及本愿寺也一直在等待上杉辉虎入京，届时一起出兵。毛利氏及本愿寺写信敦促上杉辉虎入京。织田信长在二条城当着德川家康的面羞辱松永久秀，因此，松永久秀怨恨织田信长，便和上杉辉虎联手，与织田信长对抗。松永久秀估计上杉辉虎会入京，于是在大和国志贵多门城反叛织田信长，并和本愿寺结为攻守同盟。天正五年（1577年）八月，织田信忠等征讨松永久秀，松永久秀战败，在城中的天主阁自焚而死。上杉辉虎没有入京就去世了，有实力的领主只剩下毛利氏了。

二、征伐播磨国

毛利辉元借着祖父、父亲的余威，在山阴、山阳十国颇有势力。备前国的宇喜多直家也支持毛利辉元，防备着来自京畿方向的进攻。播磨国的豪族赤松义祐、别所长治、浦上宗景、小寺政职等都受制于宇喜多氏，所以他们遣使至安土城，请求织田信长派一员大将来领导他们抵挡宇喜多氏。毛利氏容留了足利义昭，并于天正四年（1576年）六月援助本愿寺，给大阪城中的本愿寺送粮食。毛利氏在大阪湾和织田信长的海军发生激战，织田信长的海军战败。自那时起，织田信长和毛利氏的关系完全断绝。而今播磨国豪族们提出请求，织田信长抓住这个机会派才华出众的羽柴秀吉任主将。羽柴秀吉奉命于天正五年十月进入播磨国，播磨国的豪族纷纷来投奔羽柴秀吉。小寺政职的手下黑田

黑田孝高

孝高才略非凡，舍弃主君，将羽柴秀吉迎入姬路城。羽柴秀吉以姬路城为根据地，攻克了多座城堡，几乎统一了播磨国。羽柴秀吉乘胜进入但马国，攻克了岩州城、竹田城，让弟弟羽柴秀长镇守这里。天正五年（1577年）十一月，羽柴秀吉进攻宇喜多氏的上月城。上月城城主上月十郎防守严密，宇喜多直家派来援军援助上月城，被羽柴秀吉打败。上月城的守军杀死上月十郎后投降。羽柴秀吉攻克佐用郡的福冈城之后，回安土城复命。

不出一个月，播磨国归织田信长所有。为了嘉奖羽柴秀吉，织田信长任命羽柴秀吉为播磨国领主，负责播磨国的军事。为了防备毛利氏的进攻，羽柴秀吉任命尼子胜久为上月城的主将，让山中幸盛等辅佐尼子胜久。尼子氏和毛利氏是不共戴天的仇敌，羽柴秀吉庇护了尼子胜久，并让尼子胜久镇守上月城，毛利氏必定会派大军前来攻打。更何况，宇喜多直家一直请求毛利氏前来援助。于是，毛利辉元派两位叔父吉川元春、小早川隆景率大军进军播磨国。

当时，三木城城主别所长治血气方刚，他打算在叔父别所贺相、老臣三宅治忠的辅佐下干一番事业。然而，别所贺相、三宅治忠于天正六年（1578年）二月在加古川城拜见羽柴秀吉，并一起召开了军事会议。结果，二人对羽柴秀吉不满，劝说别所长治与毛利氏结盟，对抗织田信长。在播磨国，别所氏兵多将广，势力最大，有三木城、野口城等多座城堡。别所长治的向背关系重大，羽柴秀吉派人劝说别所长治，别所长治根本听不进去。于是，羽柴秀吉计划攻克野口城，进逼三木城。然而，吉川元春、小早川隆景率兵三万五千人，再加上宇喜多直家的一万四千人的援军攻打上月城。羽柴秀吉闻报，赶赴上月城，在高仓山扎营，抵挡吉川元春和小早川隆景的部队，同时请求织田信长派援军

别所长治

来。织田信长接到羽柴秀吉的战报后，立刻派滝川一益等率领两万余人前来救援，织田信长还派织田信忠率军直逼三木城。这样一来，织田信长和毛利氏的部队对峙，不断发生小规模的军事冲突，但两军还没有进行决战。织田信长派来的援军和羽柴秀吉的部队协调性较差，而且吉川元春和小早川隆景加强了防守，从不出战。羽柴秀吉回到京都，向织田信长献策，主张舍去上月城，直接进攻三木城。在得到织田信长的允许后，羽柴秀吉于天正六年（1578年）六月二十六日，让众将转而进攻三木城，让上月城中的守军冲出重围和大部队会合。援军已经撤走，上月城中的粮食已经快吃完了，不可能再坚守了。于是，天正六年七月三日，尼子胜久自杀，山中幸盛请降。大概吉川元春看出山中幸盛打算刺杀自己，便不让他靠近，中途在备中国阿部杀死了山中幸盛。之后，吉川元春回到安艺国。尼子氏没有子嗣，至此灭亡。

　　羽柴秀吉为了攻克三木城，先派织田信忠攻克了三木城的附属城神吉城和志方城，之后全军进攻三木城。羽柴秀吉让织田信忠的部队回安土城复命，自己率领部队在平井山扎营，从四面将三木城团团围住。羽柴秀吉担心毛利氏的海军从南面输送粮食进城，于是设置栅栏阻拦。羽柴秀吉采取的策略是长期围困三木城。天正七年（1579年）二月六日，三木城中的别所长治兵分两路袭击平井山的羽柴秀吉的部队，无功而返，别所长治的弟弟别所治定战死。毛利氏将粮食运到了鱼住，但无法送进城里。摄津国的荒木村重在伊丹城造反，与织田信长对抗，高槻城、茨木城等也响应荒木村重。荒木村重这样做是为了牵制织田信长，解救三木城的别所长治。别所长治在摄津国丹生山筑城，留下二千人把守这里，通过淡河城和花隈城联络。毛利氏的海军将粮食运到花隈城，再转运到三木城。羽柴秀吉得知这一消息后，于天正七年五月二十五日趁着夜里下雨突袭攻克丹生山，切断了三木城与其他城的联系。然而，羽柴秀吉在攻打淡河城时被打败了。小早川隆景担心三木城的粮道被断，和吉川元春一起来到鱼住，想和三木城里应外合，把粮食送进去。然而，羽柴秀吉防守严密，这个措施没有奏效。之后，三木城再无外援，粮食供应断绝，孤立无援，周围两座堡垒也被攻克，城中士气低落。天正八年（1580年）正月十五日，别所长治遣使向羽柴秀吉递书称："我和弟弟别所友之、叔父别所贺相自杀谢罪，希望饶了城中将士的性命。"羽柴秀吉答应了这个条件。天正八年（1580年）正月十七日，别所长治、别所友之自杀，别所贺相被守城士兵杀死，三木城陷落。士卒解散。为时一年半，三木城陷落。鱼住、高砂、端谷等城堡也都请降，织田信长答应了这些请求。美作国、备前国归织田信长所有。

三、荒木村重造反

起初，荒木村重是池田胜政的部将。永禄十一年（1568年），荒木村重攻克茨木城后，占有了茨木城。荒木村重进而与三好氏结盟，占有了尼崎城。

荒木村重

中川清秀

足利义昭举兵时，荒木村重跟着织田信长攻打芥川城，荒木村重的外甥中川清秀斩杀了城主和田惟政。织田信长把摄津国分给荒木村重。荒木村重趁池田胜政无所作为时，夺了池田胜政的部队，荡平摄津国，占据伊丹城。荒木村重豪爽勇猛，在跟随织田信长征讨播磨国时立下了战功。织田信长的部队在围攻本愿寺的石山城时，荒木村重的手下贪利，偷偷与石山城交易，被织田信长的亲兵抓住了。织田信长的亲兵就说荒木村重勾结一向宗本愿寺派。明智光秀嫉妒荒木村重有功，在织田信长面前进谗言。织田信长命令荒木村重前来说明情况，荒木村重的手下劝他不要去。天正六年（1578年）十一月，荒木村重终于造反。羽柴秀吉和细川藤孝是荒木村重的好友，他们好言规劝，但荒木村重不听。荒木村重的属城高槻、茨木、尼崎、三田、大和田等的守将响应荒木村重。荒木村重又与毛利氏、别所氏、杂贺氏、本愿寺联手。毛利辉元写信给武田胜赖，相约：

> 毛利氏和武田氏东西同时起兵讨伐织田信长，毛利氏海陆两路进兵至摄津国、和泉国之间，和一向宗本愿寺派联手协助荒木村重，迎接征夷大将军足利义昭入京。

武田胜赖写信给吉川元春，约好武田氏出兵尾浓国。由此可见，荒木村重造反对织田信长的打击很大。天正六年（1578年）十一月，织田信长亲征荒木村重，走山阳道，攻打高槻城和茨木城。高槻城的高山友房是基督教信徒，羽柴秀吉让佐久间信盛和传教士帕德尔一起去劝降高山友房。接着，茨木城的中川清秀、大和田城城主阿部仁右卫门也投降了。织田信长的部队长驱直入，包围了荒木村重所在的伊丹城。荒木村重被围十个月后，天正七年（1579年）九月，城中有暗地里私通织田信长的士兵，士气低落，而且粮食匮乏，有的人逃到了尼崎城。滝川一益诱降了伊丹城中的部分士兵，让他们做内应，然后攻入城中。天正七年十一月十九日，伊丹城陷落。织田信长抓住在城中的荒木村重的妻女，并将她们杀掉。荒木村重暂时逃到尼崎城，后来逃到花隈城。花隈城支撑不住后，荒木村重投奔毛利氏，寄居在备后国尾道。后来，羽柴秀吉召回荒木村重，分给荒木村重摄津国莵原作为领地。荒木村重死于天正十四年（1586年）。

四、本愿寺离开大阪城

本愿寺的显如在大阪城和一向宗一起与织田信长的部队作战。佐久间信盛跟随织田信长平定了大阪城一向宗暴动。当时，佐久间信盛在大阪城周围设置堡垒，持久围困。织田信长担心毛利氏、荒木村重从海上援助大阪城，便于天正六年派部将九鬼嘉隆率七艘战船封锁伊势湾到大阪湾的海面。海路受到封锁后，一向宗势力每况愈下。支持本愿寺的武田晴信、上杉辉虎相继去世，足利义昭也去了九州。杂贺一向宗、北越一向宗、长门国一向宗都被织田信长镇压下去了。本愿寺的势力日益衰落。荒木村重造反后，织田信长担心本愿寺与荒木村重勾结，请求朝廷居中调停，与本愿寺议和。朝廷遣使立入宗继到大阪城劝说显如。显如说本愿寺和毛利辉元有攻守同盟，如果一起赦免毛利辉元和本愿寺，就答应议和。立入宗继将这一条件告诉织田信长，织田信长答应了。不过，本愿寺留在摄津地区会妨碍织田信长征服四国地区、中国地方和九州地区。为此，织田信长需要与本愿寺和解，获得大阪城。

天正八年（1580年）三月，织田信长请正亲町天皇下诏，派庭田重信和与显如关系很密切的前关白近卫前久等为使者，向显如转达旨意，让本愿寺退出大阪城。最终，本愿寺和织田信长签订和约，和约规定：

> 织田信长宽恕大阪城中的将士，日本各地的本愿寺维持现状，从天正八年七月中旬起，本愿寺退出大阪城，为了使花隈城、尼崎城同时达成和解，本愿寺应将近亲送到织田信长那里做人质。织田信长将加贺国的两个郡割给本愿寺。

显如按照和约的规定于天正八年离开大阪城，抵达纪伊国的森林。镇守在花隈城、尼崎城的毛利氏的部队也回到了安艺国。然而，显如的儿子教如没有听父亲的命令，而是留在大阪城，准备和织田信长决一死战。显如闻报，和教如断绝父子关系，让准如继承自己的家业。之后，教如打算与织田信长对抗，但力量有限。教如只能与织田信长和解，之后退到了纪伊国。这时，足利义昭对显如离开大阪城表示遗憾，对教如与织田信长抗争表示满意。足利义昭写信给小早川隆景，要求小早川隆景援助教如。然而，教如最终与织田信长和解了，足利义昭对此也没有任何办法。织田信长采纳了水野信元的建议，与本愿寺和解，而佐久间信盛主张彻底铲除本愿寺势力，此举引得织田信长对佐久间信盛震怒不已，将其流放到了高野，佐久间信盛剃发出家，进了高野山。佐久间信盛三十余年戎马倥偬，骁勇善战，是一个不可多得的将才，因直言进谏，触怒了织田信长，功名化为乌有。织田信长不喜欢部下擅自做主，事无巨细，如果不请示，必然会受到织田信长的猜忌。

五、征服丹波国和丹后国

赤井氏、久下氏、长泽氏、波多野氏在丹波国割据。应仁之乱后，波多野氏征服了其他三人，坐镇八上城，称东波多野。波多野氏的分支坐镇冰上城，称西波多野。织田信长派明智光秀、细川藤孝征讨山阴的丹波国。明智光秀经常观察丹波国的动向，丹波、但马两国有很多人暗中与明智光秀往来，明智光秀建议织田信长派细川藤孝、滝川一益和自己一起攻打丹波国的龟山城，织田信长采纳了这一建议。龟山城的主将波多野秀尚逃走，龟山城陷落。接着，明智光秀等攻打条山城，条山城易守难攻。细川藤孝采纳当地人并河易家的建议，断绝条山城与其他城堡的联系，使之成为一座孤城，进而攻克条山城。波多野氏意识到形势日益危急，于是写信给大阪的本愿寺、别所长治、毛利氏等，请求他们援助。在毛利氏的救兵到来之前，波多野氏诈降织田信长，但织田信长没有接受波多野氏的诈降。

天正六年（1578年）三月，织田信长派自己的侄子织田信澄等和明智光秀一起征讨八上城。波多野秀尚和二阶堂秀香率兵两千人出城迎战，被明智光秀打败。明智光秀派一部分兵力包围八上城，派另一部分兵力包围园部城，断绝园部城的水源，园部城陷落。天正六年四月，八上城还未陷落，明智光秀采取了长期围困的办法，在八上城四周设置栅栏，派兵把守。天正六年八月，明智光秀再次进入丹波国，攻克小山城、高弘寺城等，进一步在八上城周围设置栅栏，等待波多野秀治投降。当时，播磨国的三木城久攻不下，是因为三木城和八上城互相联系、互相帮助。因此，织田信长要攻克播磨国三木城，攻克八上城是必要条件。于是，织田信长采取了三面合击的策略。天正七年（1579年）七月，羽柴秀吉从但马国出兵，明智光秀和细川藤孝从山城国出兵，惟住长秀和众将从摄津国出兵，攻克了多座城堡，八上城成为一座孤城。明智光秀派降将荒木氏纲劝波多野秀治投降。明智光秀以自己的母亲做人质为担保，让波多野秀治到自己的营中来见面。两人见面时，明智光秀抓住

波多野秀治

了波多野秀治，把他送到了安土城。波多野秀治死在途中，波多野秀尚被押送到安土城后，被织田信长枭首示众。八上城的将士对明智光秀使用诡计十分愤慨，杀死了明智光秀的母亲后，全部战死。最终，明智光秀统一了丹波国。织田信长把丹波国分给了明智光秀。

丹后国是一色氏的领地，一色义通不善于处理政务，领地内战乱频仍。一色义通死后，一色义有的统治更是糟糕，丹后国内更加混乱。织田信长派细川藤孝前去征讨，承诺攻克丹后国之后，将丹后国分封给细川藤孝。当时，一色义有占据弓木城，此外丹后国还有田边城、由良城、落合城、熊野城、八幡城、久美城。细川藤孝父子发现弓木城易守难攻，于是决定先攻克或者劝降其他城堡，最后再攻打弓木城。天正八年（1580年）八月，细川藤孝统一了丹后国，并负责治理丹后国。

六、征伐因幡国和伯耆国

山名丰国以因幡国为根据地，占有但马国，从属于毛利氏。羽柴秀吉的

羽柴秀长

弟弟羽柴秀长攻打但马国,镇守出石城的山名祐丰弃城回到因幡国。天正八年(1580年)五月,羽柴秀长和羽柴秀吉一起攻克因幡国的鹿野城,赶走了毛利氏的部队,进而进攻鸟取城。山名丰国镇守鸟取城,羽柴秀吉劝说山名丰国投降,答应将故地分封给山名丰国。山名丰国想答应羽柴秀吉的要求,但山名丰国的部将森下通兴、中村春次等不肯奉命。森下通兴、中村春次赶走山名丰国后,向毛利氏求援。出云国的吉川元春让同族的吉川经家前去援救,走海路为鸟取城运送粮食。丹后国细川氏的海军打探到这一消息之后,击败了吉川元春的海军。吉川经家意识到羽柴秀吉会率大军来进攻,便在鸟取城外修建丸山城,让雁尾城把鸟取城、丸山城联系起来,抵挡羽柴秀吉的部队。天正九年(1581年)六月二十五日,羽柴秀吉、羽柴秀长率军两万人包围鸟取城。鸟取城易守难攻,羽柴秀吉采用了长期围困的办法,设置堡垒和木栅,昼夜警戒，防止外援救援，也防止城中守军进行突击。吉川元春打算从海路为鸟取城运送粮食，但羽柴秀吉戒备森严，根本送不进去。鸟取城中的粮食日益匮乏，雁尾城也被羽柴秀吉攻陷，丸山城和鸟取城之间的联系被切断了。鸟取城中的几千人快要被饿死了，吉川经家实在不忍心看到这么多人饿死，便遣使面见羽柴秀吉，提出了投降方案：吉川经家、森下通兴、中村春次自杀，将鸟取城交给羽柴秀吉，以此来换取守城士兵的性命。羽柴秀吉答应了这个方案。天正九年十月（1581年）二十三日，吉川经家等自杀，鸟取城开城投降，羽柴秀吉如约解散了守城士兵。丸山城的主将也自杀了，守城士兵开城投降。于是，羽柴秀吉统一了因幡国，向安土城的织田信长报捷。之后，趁羽柴秀吉忙于入侵备中国时，吉川元春于天正十年（1582年）二月率兵夺回了多座城堡，包围了鸟取城。

　　伯耆国羽衣石城的南条元续及岩仓城的小鸭元清暗中与羽柴秀吉往来。吉川元春对此十分震怒，于天正七年（1579年）十二月进军伯耆国，修筑堡垒，防备南条元续和小鸭元清。伯耆城与织田信长的其他城堡没有联系，是一座孤城，被吉川元春围困，处境艰难。为了和伯耆城取得联络并援助伯耆城，羽柴秀吉进入因幡国，攻克鹿野城，在这里修建了龟井兹矩城。鸟取城归织田信长所有之后，吉川元春为了替吉川经家报仇，一直想和羽柴秀吉决战。羽柴秀吉担心羽衣石城和岩仓城的安全，但和吉川元春作战对自己不利，于是给羽衣石城和岩仓城补给粮食和兵力，加强防守，之后便撤兵了。吉川元春让儿子吉川元长阻止羽柴秀吉补给粮食，但收效甚微。看到羽柴秀吉撤兵，吉川元春也回到了富田。

七、水攻备中国高松城

　　宇喜多直家投降织田信长，毛利辉元非常震怒，命令手下将士入侵美作国和备前国。羽柴秀吉在因幡国、伯耆国作战之后回到安土城向织田信长汇报情况，之后又回到姬路。天正十年三月，羽柴秀长又进入备中国。小早川隆景向宫路山、冠山、加茂、松岛等城堡发出通知，让这几座城堡加强戒备。羽柴秀吉率兵三万多人攻克宫路山和冠山两城，又前去攻打高松城。高松城守军较多，四面环山，山都不太高。羽柴秀吉打算采用水攻，在高松城的西面门前村堵塞足守川，建了东南方向的堤坝。当时正值梅雨季节，堤坝内有大量积水，水位每天升高。毛利辉元听说高松城危急，亲自出马，吉川元春和小早川隆景也来增援，共凑了三万多人马前来支援高松城。羽柴秀吉隔着长良川与毛利辉元、吉川元春和小早川隆景的部队对峙，不让援军接近高松城。高松城的情况越来越糟，士气低落。高松城附近的日幡城的城主土原元将与羽柴秀吉秘密来往。当时，安国寺惠琼正好在安艺国。天正十年（1582年）六月二日，毛利辉元派安国寺惠琼和羽柴秀吉议和，希望割让备中、备后、美作、因幡、伯耆五国来换高松城守军的性命，羽柴秀吉不同意。于是，安国寺惠琼劝高松城的守将清水宗治自杀，以此来与织田信长、羽柴秀吉议和，换取城中士兵的生命。安国寺惠琼把此事告知羽柴秀吉，看看他是否同意。当时，京都发生了变故，明智光秀在本能寺弑杀了织田信长。天正十年六月三日，羽柴秀吉就听说了这一噩耗。羽柴秀吉十分焦急和愁闷，但举动和往常一样，不露声色。于是，羽柴秀吉决定与毛利氏议和，早日回到京都，平定叛乱。天正十年六月四日，羽柴秀吉叫来安国寺惠琼，答应了安国寺惠琼的建议，让清水宗治自杀，划定了双方在伯耆国和备中国的边界，双方和解。天正十年六月六日，羽柴秀吉离开高松城，冒着暴风骤雨赶到姬路城，开始全面撤军。毛利氏也撤军了。

第15章

本能寺之变

一、织田信长和织田信忠自杀

织田信长正要统一天下之时，突然发生了一个重大变故。究其原因，织田信长暴戾、傲慢、警惕性较差，这才遭遇横祸。织田信长志在四方，把精力放在了外部敌人那里，对内部敌人注意得不够，最终命丧自己人手里。羽柴秀吉在攻打高松城时，和毛利氏的大军对峙，向织田信长请求援助。织田信长打算亲征并歼灭毛利氏，进而征讨九州。织田信长打算任命明智光秀、细川忠兴、池田信辉等为先锋。当时，德川家康、穴山信君也来到安土城，对织田信长增封领地表示感谢。织田信长让明智光秀接待德川家康和穴山信君。明智光秀让奈良商人及寺院、神社贡献珍宝古玩，又让人到京都和堺搜寻奇珍异宝，盛情款待德川家康等。由于战备已经就绪，织田信长命令明智光秀出征，明智光秀回到丹波国做准备。长谷川长一和菅屋赖隆替代明智光秀接待德川家康。天正十年（1582年）五月十五日，德川家康到达安土城，织田信长热情款待。天正十年五月二十一日，织田信忠陪着德川家康到了京都。长谷川长一带着德川家康到寺庙和堺港游玩。之后，织田信长于天正十年五月二十九日到达京都，下榻本能寺。为了征讨中国地方，织田信长一直在等待各地将士赶来召开军事会议，也没有考虑自己的安全问题。

天正十年五月十七日。明智光秀离开安土城回到坂本，准备出征。天正十年五月二十七日，明智光秀住在爱宕山。天正十年五月二十八日，明智光秀住在西坊,和里村绍巴等饮酒赋诗,席间明智光秀委婉地问本能寺护城河的深度。由此可见,这时明智光秀造反之心毕露。天正十年(1582年)六月一日,明智光秀向部下明智左马助、明智次右门、藤田传五等透露了心事。按照织田信长的命令,明智光秀率领二万余名骑兵,从龟山出发经过三草越,前往中国地方。然而,明智光秀突然命令部队向东,从山崎向摄津、京都方向疾驰。士兵们对这样的行军路线非常不解,明智光秀告诉部下,想让织田信长检阅一下军容。天正十年六月二日黎明,明智光秀率领部队入京,袭击了本能寺。在天正十年六月一日夜,织田信长叫来儿子织田信忠,讲起了自己壮年时

明智左马助

本能寺之变

期的事情，感慨万千。到了深夜，织田信忠回到妙觉寺，织田信长也回后房休息。织田信长睡得正酣之际，明智光秀的士兵就杀了进来。织田信长看见明智光秀领着数百人杀了进来，知道他们造反了，勃然大怒，但已经无能为力。织田信长身边的卫士拼死力战，织田信长张弓搭箭，射死了若干敌兵，弓弦断了之后，织田信长依然挥舞着十字锤与敌人搏斗。然而，织田信长最终寡不敌众，放火自焚，年仅四十九岁。

奥平贞胜听到本能寺周围动静很大，来到寺门一看，才知道明智光秀造反了，赶紧到妙觉寺报告织田信忠，织田信忠闻报后意识到自己人单势孤，即便去本能寺也于事无补，于是逃到了二条御所，将诚仁亲王和皇孙转移到内宫，并担负保卫工作。在京都的众将都来守卫皇宫。明智光秀的手下在本能寺得手后，乘胜包围二条御所，侍卫三百余人奋力抵抗。明智光秀让手下爬上二条御所旁边的近卫前久的府邸屋顶上，居高临下用火枪射击，很多卫士被打

前田玄以

死。织田信忠意识到很难支撑下去，嘱咐前田玄以将儿子织田三法师送到岐阜城，之后织田信忠自杀身亡，年仅二十六岁。织田信忠的侍从都英勇战死。明智光秀派兵四处搜查织田信长一党，格杀勿论。

　　织田信长替代足利义昭掌权以来仅仅十年，就被明智光秀杀害了。织田信长不懂得如何处理与部下的关系，部下一朝犯错，织田信长就一直记着，一有机会就惩罚部下。佐久间信盛、林信盛就被织田信长辞退了。荒木村重造反实际上也是因为他知道织田信长对部下严苛。织田信长对待近臣和一国的领主的态度如出一辙，这样做是不合适的。一国领主在势力弱小的时候，会对织田信长俯首帖耳，但随着实力的增强，他们不会永远对织田信长唯命是从。明智光秀原本就是狡诈的危险分子，他不可能一直心甘情愿地侍奉冷酷的织田信长。这是本能寺之变发生的根本原因。

二、本能寺之变以后的京畿

前田玄以离开京都回到安土城，将本能寺之变的经过讲给留守的众将听，众将都大吃一惊。蒲生贤秀及其儿子蒲生氏乡保护着织田信长的夫人和幼子离开安土城，进入蒲生贤秀的日野城。众将都认为织田信长苦心经营的安土城如果落到敌人的手里太可惜了，主张烧掉安土城。蒲生贤秀不忍烧掉安土城，没让部下这么做。前田玄以到了岐阜城之后，按照织田信忠的遗嘱，将织田信忠的儿子迁至清洲城。

德川家康在和泉国游玩之后要回京都，走到河内国饭盛城时，先锋本多忠胜等将本能寺之变的经过告诉了德川家康。德川家康要进京和明智光秀决一雌雄。酒井忠次等建议德川家康先回自己的领地，集合人马之后再讨伐明智光秀，德川家康采纳了这一建议，辗转回到了三河国。细川忠兴正在调兵遣将，

蒲生氏乡

要和西征中国地方的大军会合时,听说了本能寺之变。本来在征讨丹波国、丹后国时,细川忠兴一直和明智光秀一起行动,细川忠兴还按照织田信长的命令,娶了明智光秀的女儿。因此,明智光秀想要让细川藤孝、细川忠兴父子加入自己的阵营。然而,细川藤孝父子不答应。织田信孝和津田信澄等在征讨四国的半路上听说了本能寺之变,就回到了大阪。津田信澄是明智光秀的女婿,织田信长杀了津田信澄的父亲,津田信澄对织田信长不满,与明智光秀勾结。织田信孝听说此事后,和惟任长秀一起杀死了津田信澄。织田信雄当时正在伊势国,听说本能寺之变后,织田信雄打算集结伊势国的兵马讨伐明智光秀。当时,蒲生氏在日野城,以自己的女儿为人质请求织田信雄派兵援助,织田信雄答应了这一请求。

由于外敌当前,明智光秀致力于巩固自己的基础,收揽京都的人心,设立所司代①,处理政务。明智光秀下令免除京都地区的地租,还向寺院、神社捐赠金银,以此来收揽人心。诚仁亲王遣使警告明智光秀不要劫掠京都,明智光秀听从了命令。明智光秀占领了胜龙寺、近江国的坂本城、安土城。安土城中金银财宝堆积如山,明智光秀将这些财宝分给了将士。近旁各城堡的主将都出征四国了,所以明智光秀很容易就攻占了这些城堡。为了巩固京畿地区,明智光秀又回到了京都,拉拢筒井顺庆入伙。然而,筒井顺庆中途变卦,观察动静。中川、高山、盐川等地的武将还未采取行动,只是厉兵秣马,等待统帅下令。值此之际,对织田信长感恩的人一直在等待与明智光秀决战的时机。羽柴秀吉迅速东上,召集织田信长的旧部,准备与明智光秀决战。

---

① 所司代,室町幕府的职务,是统领侍所的所司的代官,后来转变成了管辖京都治安的职位。

第16章

织田信长和宗教

织田信长曾火烧比叡山，杀死了很多僧侣。此外，他一直致力于讨伐本愿寺。织田信长并非讨厌佛教，他只是希望僧侣恪守本分，研究学问。然而，很多僧侣利用佛教干预政治，妨碍了织田信长统一天下，因此，织田信长对僧侣恨之入骨。相比之下，基督教不干预政治，织田信长鼓励传教，善待基督教传教士。由此可见，只要宗教不干预政治，织田信长对宗教还是很宽容的。

一、安土城宗教大辩论

天正七年（1579年）五月，净土宗的灵誉从关东来到安土城传教，日莲宗信徒建部绍智等听完后表示质疑。灵誉回应说："你等太年轻，让你们的师傅前来答话。"建部绍智请来京都长命寺的日光、妙觉寺的常光院、堺妙国寺的普传等日莲宗的长老来到安土城。织田信长听说此事后，派人为两派调停。日莲宗信徒不肯让步，请求进行辩论。因此，织田信长请五山的泰斗南禅寺秀长老做裁判，让因果居士做副裁判，在安土城净严院进行辩论。日莲宗专横跋扈，织田信长对此十分厌恶，有意识地袒护净土宗。日莲宗的秀长老等意识到即便在宗教大辩论中战胜净土宗，但由于织田信长保护净土宗，日莲宗也无法压倒净土宗。日莲宗对此十分不满，写请愿书向织田信长提出抗议。织田信长袒护净土宗是因为日莲宗势力过大，织田信长想让净土宗牵制日莲宗。

二、来自高野山的威胁

高野山位于险要之地,弘仁年间以来一直是真言宗的主要道场,高野山僧徒的势力不可小觑。不过,和比叡山僧徒及一向宗本愿寺派不同的是,高野山僧徒从未反对过织田信长,也从未在土地问题和政治问题上与织田信长发生过争执。因此,织田信长和高野山僧徒双方相安无事。另外,如果有人犯了罪之后逃到高野山出家,就可以得到庇护。基于这一习惯,武士政权和朝廷都对高野山鞭长莫及,高野山俨然是一块拥有治外法权之地。因而,三好氏、松永久秀、荒木村重、细川氏、佐久间信盛等都曾在高野山避难。天正九年(1581年),荒木村重一党都来高野山避难。织田信长遣使至高野山,让高野山僧徒将荒木村重一党中的二三十人交出来。高野山僧徒斩杀了织田信长的使者,表明了庇护谋反者、干预织田信长政务的态度。织田信长对此十分震怒。天正九年八月,织田信长命令近畿各州搜查、捕杀高野山的托钵僧。自那时起,高野山僧徒一直担心织田信长会入侵高野山,织田信长也派部下防范高野山僧徒闹事。由于织田信长征讨毛利氏等,戎马倥偬,无暇征讨高野山,高野山才得以免受战乱之苦。如果没有本能寺之变,高野山或许会遭殃的。

三、织田信长保护基督教

织田信长对比叡山、本愿寺等痛下杀手,但对外来的基督教采取了保护措施。织田信长这样做的动机有:其一,织田信长想在政治上利用基督教对抗自己的敌人——本愿寺等宗教势力;其二,织田信长想从外国获得新知识;其三,织田信长想让外国人服从自己的命令。基督教传教士哈比耶尔离开日本之后,基督教在周防国的山口、丰后国的府中、肥前国的平户、筑前国的博多广为传播。特别是山口的大内义长、大友氏保护基督教,基督教广泛传播,有两千多名信徒。然而,毛利氏在征服周防国、长门国之后,禁止传播基督教,基督教传教士无法在山口立足,都去了丰后国。外国船经常来丰后国做贸易,这里的外国人也很多,大友义镇保护外国人,允许基督教传教士在自己的领地内传教,基督教信徒人数增加,修建了教堂。基督教也开始在京都地区传播。比叡山的一个僧人邀请丰后国的基督教传教士到京都讲法。因此,基督教传教士入京并赠送《圣经》给那个僧人，但那个僧人已经死了。于是，基督教传教士站在京都街头，手持十字架，宣传基督教教义。

三好长庆也开始信仰基督教，让传教士维利拉拜见天皇。维利拉要求朝廷给毛利氏下诏，让毛利氏允许传播基督教。由于三好长庆开始信仰基督教，基督教开始在京畿地区传播，信徒人数不断增加，受洗礼者达两万多人。三好长庆死后，信仰日莲宗的松永久秀弄权，排斥基督教。之后，织田信长和足利义昭入京，在织田信长的保护下，基督教又开始传播。基督教信徒能够接近织田信长主要是因为和田惟政信仰基督教，从中撮合。和田惟政在摄津国与足利义昭、织田信长响应，打败了三好氏。在织田信长论功行赏时，和田惟政提出的要求就是允许传播基督教。织田信长和足利义昭都答应了这个要求。于是，在织田信长的保护下，基督教又开始在京畿地区传播。当时在京畿地区传播基督教的是珀尔和佛罗埃。珀尔和佛罗埃拜见织田信长时宣扬灵魂不灭，和朝山日乘发生争执。朝山日乘要斩杀珀尔和佛罗埃二人，来验证一下灵魂是否不灭，织田信长阻止了朝山日乘。此外，织田信长也允许在安土城传播基督教，允许基督教信徒修建名为南蛮寺的教堂，还为传教士修建住宅。织田信长还让很多少年跟传教士学习神学、拉丁语、葡萄牙语和写作方法。织田信长还选拔任用懂医术的传教士，在军中做医生。据《日本基督宣教史》讲，天正九年（1581年）左右，日本全国分为三个教区：其一是安土城；其二是京都；其三是高槻城。在各个教区有牧师二人，基督教教徒在美丽的教堂中举行仪式。织田信长让基督教传教士在京都和安土城自由传教，并予以保护，其目的是加强国内的治理，牵制领主，向外国宣扬日本的国威，而且可以从基督教传教士那里获取新知识。在信仰基督教的高山友房跟随荒木村重造反时，织田信长让传教士劝降了高山友房。然而，织田信长并不信仰基督教。

第 17 章

九州的形势

一、龙造寺隆信的势力

龙造寺隆信以肥前国佐贺城为根据地,一步步征服了肥前国的各座城堡,扩张领地,建立了九州的雄藩。在毛利元就占领了大内氏的领地之后,龙造寺隆信和毛利元就结盟,攻打绫部城的少贰冬尚。少贰冬尚支撑不住,败走山蒲城,最后又败逃至筑后国。于是,龙造寺隆信占据了少贰氏的领地。少贰冬尚的部将绫部镇幸、犬冢镇直等都投靠了龙造寺隆信。少贰冬尚在逃到筑后国之后和仁比山城城主江上武种、山冈城城主神代胜利、大友义镇等结盟,于永禄三年(1560年)在千叶胤赖的邀请下迁居晴气城,打算恢复原来的领地。千叶胤连请求龙造寺隆信援助自己攻打晴气城,千叶胤赖战死,少贰冬尚逃到势福寺城。龙造寺隆信攻打势福寺城,少贰冬尚兵败自杀。江上武种投降了龙造寺隆信,而神代胜利继续与龙造寺隆信抗争。神代胜利在八田原与龙造寺隆信决战后,败给龙造寺隆信。神代胜利在大村纯忠的援助下进入山内城。永禄七年(1564年),神代胜利病死。龙造寺隆信趁此机会攻克了神代胜利的儿子神代长良所在的千布城,占领了神代氏的领地。

(一)大友氏和龙造寺氏

九州的名门望族少贰氏势衰,少贰冬尚被龙造寺隆信逼迫自杀。少贰氏一族流浪四方,少贰冬尚的弟弟少贰政兴流落民间。大友义镇和肥后国、筑前国的豪族联手,打算征讨龙造寺隆信,为少贰政兴恢复原有领地。龙造寺隆信攻打西岛城失利。永禄十一年（1568年）大友义镇让肥后国的菊池镇贞、臼杵式部攻打龙造寺隆信的佐贺城，结果被龙造寺隆信打败，菊池镇贞及臼杵式部战死。永禄十二年（1569年）正月，大友义镇率领大军包围佐贺城，佐贺城危在旦夕，龙造寺隆信向毛利氏求救。毛利元就派兵攻克筑前国立花城，之后进逼筑后国。大友义镇撤兵，龙造寺隆信这才转危为安。之后，大友义镇和龙造寺隆信屡次交兵，未分胜负。龙造寺隆信和毛利氏结盟，对抗大友义镇。元龟元年（1570年）十一月，大友义镇和龙造寺隆信最终和解。

（二）龙造寺隆信入侵肥前国西部

龙造寺隆信与大友义镇议和后，开始出兵肥前国西部，攻击杵岛郡武雄城的后藤贵明父子和须古城的平井经治。之后，龙造寺隆信攻克了松浦郡的数座城堡。天正四年（1576年），龙造寺隆信开始入侵有马氏的领地。当时，有马晴纯占有高来、彼杵、藤津、鹿岛、鹫巢等地，横泽、后藤、大村、岛原等都是有马晴纯的附庸。龙造寺隆信先后攻克了横泽、鹫巢、鹿岛、伊万里等地。天正五年（1577年），龙造寺隆信又大举入侵肥前国西部，平户城城主松浦镇信、有田城城主松浦丹波守等归降龙造寺隆信。龙造寺隆信在进攻贝冢城时，城主大村纯忠防守严密，很难攻克，有马晴纯也派援军援助大村纯忠。龙造寺隆信采取了围点打援的办法，大村纯忠支撑不住，请求议和，双方和解。天正六年（1578年），龙造寺隆信攻打高来郡各城。岛原城城主岛原纯丰等投降龙造寺隆信，有马晴信支撑不住，向龙造寺隆信请求议和，龙造寺隆信让嗣子龙造寺政家娶了有马晴信的女儿。于是，龙造寺隆信统一了肥前国西部，壹岐国的豪族也与龙造寺隆信密切往来。

（三）龙造寺隆信入侵肥后国

大友义镇的筑前国和龙造寺隆信的领地之间夹着筑紫氏、原田氏、秋月氏的领地。筑紫氏、原田氏、秋月氏与龙造寺隆信联手，对抗大友义镇。天正七年（1579年），龙造寺隆信进军筑后国，征服蒲池氏、田尻氏、三池氏等，想进一步征服筑后国。于是，龙造寺隆信进军肥后国玉名郡，攻克小代氏的筒岳城。然而，龙造寺隆信担心筑后国的豪族切断自己的归路，暂且收兵。

休整一段时期后,龙造寺隆信再次出兵筑后国,一路上所向披靡。此时,大友义镇打算救援筑后国各城堡,结果与岛津氏在日向国发生了冲突,大友义镇战事不利。龙造寺隆信乘机攻打蒲池氏的山下城,山下城易守难攻。龙造寺隆信采取围困策略,山下城的粮食吃完后,蒲池鉴广于天正七年(1579年)十一月出城投降龙造寺隆信。天正九年(1581年)四月,龙造寺隆信让儿子龙造寺政家率领三万人走海路入侵肥后国,攻克山鹿郡,进而进入菊池郡,攻打赤星亲隆的隈府城。赤星亲隆烧掉隈府城之后退到合志山。龙造寺政家进而攻克内久我城,抵达八代。当时,岛津氏正在入侵肥后国的南部,派部下镇守隈本城。龙造寺政家担心被岛津氏切断了归路,退到水俣。之后,龙造寺氏和岛津氏在肥后国发生冲突。

龙造寺政家

龙造寺隆信南征北战，领地日益扩大。大友氏被岛津氏打败，势力日益衰落。龙造寺隆信趁此机会占领了丰前国、筑前国的一部分，吞并了筑后国，还占有了肥后国的大部分。筑前国的秋月种实、筑紫广门等归顺了龙造寺隆信，与大友氏的部下立花城的户次鉴连、高桥镇种对抗。

二、岛津义久的势力

岛津义久是岛津贵久的长子，起初岛津义久的名字叫岛津忠良。岛津义久文武全才，继承父亲遗志，统一萨隅地区，与伊东氏对抗。永禄十年（1567年），大隅国的蒲生为政、萨摩国的涩谷良重等和肥后国的相良义阳联手反叛。岛津义久将相良义阳驱逐至球磨，蒲生为政和涩谷良重都归顺了岛津义久。之后，岛津义久统一了大隅、萨摩两国，进一步谋划入侵日向国和肥后国。

（一）岛津义久攻打日向国

伊东氏和岛津氏的领地接壤，所以双方连年交兵。伊东氏的兵力占优势，日向国南那珂郡、沃肥归伊东氏。岛津贵久想夺回这片领地。岛津义久派弟弟岛津义弘驻守日向国范野城，防备伊东氏。菱刈氏造反时，在沃肥的伊东义祐得到相良义阳的援助，打算攻打饭野城，首先袭击加久藤城。结果伊东义祐失利撤军，准备寻找时机卷土重来。之后，高原城的伊东勘解由经常出来骚扰雾岛山的祭祀。天正四年（1576年），岛津义弘切断水路，攻克高原城。天正五年（1577年），岛津义弘攻克野尻城，和岛津义久一起攻克佐土原城。伊东义祐刚愎自用，不采纳部下的合理建议，叛离者很多。在岛津义久逼近伊东义祐的根据地儿汤郡时，伊东义祐无法在这里立足，弃城逃往丰后国，投奔大友氏。岛津义久和岛津义弘进而一同进军都于乡，征服了伊东氏的余党，日向国归岛津氏所有。岛津义久让桦山忠知镇守佐土原，自己则于天正六年（1578年）三月十八日回到鹿儿岛。

大友义镇以丰后国为根据地，占据着丰前、筑前、肥后、筑后四国。大友义镇信仰基督教，喜欢新奇事物，经常打破常规，毁坏寺院、神社，还重用小人田原绍忍。田原绍忍弄权，政务废弛，民怨沸腾。伊东义祐希望借助名门望族大友氏的力量恢复自己原来的领地。于是，伊东氏和岛津氏的矛盾转化为大友氏和岛津氏的矛盾。伊东义祐不断给旧部写信，鼓励他们把守城堡，抵制岛津氏的蚕食，但以失败告终。天正六年（1578年）冬十月，大友义镇率兵八万人替伊东义祐收复儿汤郡高城，岛津家久等负责守卫高城。大友义镇围困高城，高城易守难攻。这时，三纳乡的土兵①与伊东义祐响应，攻克了平野城。岛津义久闻报，和岛津义弘一起率军前来救援，来到佐土原。岛津义弘作为先锋在儿汤郡财部城和大友氏的部队作战。岛津义弘设伏，打败了大友氏的部队，进而为了援救高城，在高城城外与大友氏的部队再战，并联合守城部队里外夹攻，打败了大友氏的部队。岛津氏的部队乘胜追击，在耳川重创大友义镇的部队。在这场战斗中，大友义镇的很多宿将阵亡，大友氏从此一蹶不振。

当时，足利义昭正打算攻打织田信长，于是写信给毛利氏求援。岛津义久写信

岛津义弘

---

① 土兵，当地的士兵或武装。

给毛利氏的大将吉川元春、小早川隆景，称自己打算征讨大友氏，以便保障毛利氏无后顾之忧。然而，当时织田信长委托在九州的近卫前久给岛津氏传话："尽快打败大友氏，然后率军东上，帮助我讨伐毛利氏。"然而，岛津氏当时的势力不够强大，无法满足织田信长的要求。

（二）入侵肥后国

肥后国本来是菊池氏的领地，后来大友氏取代菊池氏占有了肥后国。在日向国耳川之役之后，大友氏的势力一落千丈，背叛大友氏的人很多。宇土城的名和显孝、隈本城的城亲贤背叛了大友氏，与萨摩勾结入侵饭田、河尻等城堡，守将向大友氏告急。岛津氏派佐多久政、川上忠智领兵援助宇土城的名和显孝、隈本城的城亲贤。因此，岛津氏的势力扩展到了肥后国。佐多久政等为了入侵肥后国，攻打阿苏惟则。阿苏惟则的同盟中村氏占据宇土郡的矢崎、纲田二城，切断了隈本城和鹿儿岛的联系。佐多久政先攻克矢崎、纲田二城，再攻克合志城，不断扩张势力。这时，大友义镇也出兵阻止岛津氏扩张。然而，在耳川之役失败之后，大友义镇对岛津氏有畏惧心理，进兵缓慢。

相良氏占据球磨、苇北二郡，经常伺机入侵岛津氏的领地。相良氏和伊东氏联手，攻打伊佐郡大口城，被新纳忠元挫败。新纳忠元一有机会就征讨相良氏，相良义阳以岛津氏为敌，深感势单力薄，于是与阿苏氏结盟。天正八年（1580年）到天正九年（1581年），岛津义久攻陷相良义阳的室河内城，入侵苇北郡。相良义阳支撑不住，退到左敷，防备来自隈本城的进攻。相良义阳意识到无论如何也抵挡不住岛津氏的猛攻，于是割让土地并把自己的幼子送到岛津氏那里做人质，请求议和。岛津义久答应和解。于是，相良义阳为了在岛津氏面前立新功，维护自己的面子，领兵征讨阿苏氏。然而，相良义阳的部队被阿苏氏打败，相良义阳战死。于是，相良氏的领地大乱。岛津义弘平定了相良义阳领地的叛乱，谋划和肥后国、筑后国的豪族联手，共同征讨龙造寺氏。

第18章

四国的形势

细川氏的部将在阿波国、赞岐国、淡路国割据。当时，细川氏的势力衰落，三好氏占有阿波、香川等地。西园寺氏、宇都宫氏、河野氏等占据伊予国。一条氏、安喜氏、吉良氏、本山氏、长宗我部氏等占据土佐国，其中长宗我部氏的势力最大。

一、长宗我部氏占据土佐国

永禄三年（1560年）六月，长宗我部国亲去世，其子长宗我部元亲嗣位。长宗我部元亲谋划统一土佐国，驱逐了本山氏，征服了片冈氏、中村氏等豪族。之后，长宗我部元亲灭掉了同族的秦泉寺，占据了土佐郡。吉良氏虽然在土佐郡，但其领地最终被长宗我部元亲吞并了。长宗我部元亲让弟弟长宗我部亲贞姓吉良氏，占据弘冈城。于是，仁淀川以东都归长宗我部氏所有，以西归一条氏所有。为巩固东部的根据地，长宗我部元亲和香美郡的香宗我部氏议和，让弟弟长宗我部亲泰做香宗我部氏的养子，继承香宗我部氏的家业。长宗我部元亲又和安艺郡的安喜氏议和，后来安喜氏和一条氏联手夹击长宗我部氏。长宗我部元亲攻陷了安喜氏的安艺城。安喜氏处在危急时刻，一条氏未派援军，因此，一条氏遭到了时人的嘲讽。长宗我部元亲的势力日益扩大，如日中天，大有吞并土佐国之势。权中纳言一条兼定性格暴戾，家臣不服，实力不断衰落。一条氏曾经有恩于长宗我部氏，但长宗我部元亲要想统一土佐国，必须消灭一条氏。

长宗我部元亲

　　元龟元年（1570年）十一月，长宗我部元亲的弟弟长宗我部亲贞通过谋略夺取了高冈郡莲池城，接着和与一条氏有姻亲关系的津野定胜的手下联手将津野定胜驱逐至伊予国。长宗我部氏立津野定胜的弟弟津野定兴为莲池城城主，将长宗我部元亲的妹妹嫁给津野定兴。尽管如此，一条兼定依然我行我素，不采纳老臣的意见，最终杀死了老臣土居宗珊。于是，老臣们计划驱逐一条兼定，让一条兼定的儿子一条内政继承家业。一条兼定是大友义镇的女婿，于是老臣们把一条兼定驱逐至丰后国。一条兼定被驱逐之后，老臣们争权夺势，一条氏的家业日益衰败。一条氏同族的东小路、西小路等逃往他国。长宗我部元亲趁一条氏内乱之际，干涉一条氏的家务，将一条内政迁至大津城。长宗我部元亲将自己的小女儿嫁给一条内政。天正二年（1574年），长宗我部元亲统一了土佐国。之后，长宗我部元亲不断向阿波国、伊予国扩张势力。

二、长宗我部元亲入侵阿波国

三好氏一族中投降织田信长的有三好康长、十河一存。三好康长镇守河内国，十河一存镇守堺这个地方。三好长治在阿波国的胜瑞城，骄奢淫逸，又无法驾驭臣下，经常和赞岐国的领主征战。阿波、赞岐两国的旧守护细川真之在伊泽亲俊、一官成相等的拥立下，和三好长治决裂。细川真之、一官成相向长宗我部元亲请求援军，攻打三好长治。三好长治离开胜瑞城，前往淡路国。天正五年（1577年）三月，细川真之的部队在别宫浦追上三好长治，逼迫三好长治自杀了。

在此之前，长宗我部元亲前去援助三好长治、一官成相，出兵占领阿波国南部的海部、吉田城等城堡和海部、那贺两个郡。三好氏的遗臣三好存保、矢野骏河守、三好越后守等集结赞岐国的兵力，伊泽氏在坂西筑城，矢野骏河守等袭击并杀死了伊泽氏及其余党。之后，矢野骏河守、三好越后守等将三好存保迎至赞岐国，让他做了胜瑞城的城主。之后，他们召集淡路国的兵力，加强防守。由于一官成相还在，三好存保、矢野骏河守、三好越后守等讨伐一官成相。一官成相与长宗我部氏联手，三好存保、矢野骏河守、三好越后守等打算先把长宗我部氏从阿波国赶走，但结果被一官成相打败。三好存保、矢野骏河守、三好越后守腹背受敌，败退回胜瑞城后，向纪伊国求救。后来，三好存保、矢野骏河守、三好越后守又攻克一官成相的一官城，一官成相败退至大粟山烧山寺。之后，一官成相又借助长宗我部氏的力量，趁三好存保衰弱之时，回到一官城。之后，长宗我部氏连年出兵阿波国，蚕食阿波国。天正七年（1579年），长宗我部元亲攻克重清城，打败了三好存保的援兵。三好存保退回胜瑞城。长宗我部元亲乘胜攻打岩仓城，三好式部少辅献城投降。天正八年（1580年）十二月，长宗我部元亲将三好存保引诱出胜瑞城，予以重创。三好存保的实力每况愈下，担心阿波国会落入敌手，于是请求织田信长援助。织田信长和长宗我部氏发生冲突在所难免。

三、入侵赞岐国

天正三年（1575年），阿波国大西城的大西觉养投降长宗我部元亲。然而，大西觉养中途改变主意，长宗我部元亲讨伐大西觉养。大西觉养看到大西城保不住，于是逃到了赞岐国。长宗我部元亲诱降了部分赞岐国的将士，并于天正六年（1578年）攻克三野郡财田城，守将财田和泉守战死。天正七年（1579年），长宗我部元亲出兵攻克藤尾城、长尾城、鹫山城、北条郡西庄等，赞岐国东部大部分归长宗我部元亲所有。

四、攻占伊予国

伊予国美间郡[①]是一条氏的领地，因此，土佐一条氏和长宗我部氏之间的冲突由来已久。永禄九年（1566年），伊予国的来岛、平冈等遭到一条氏入侵，向长宗我部氏求救。之后，一条氏又攻打西园寺氏的宇和郡多田。河野道直得到毛利元就的援兵后去救助多田，和一条氏的部队发生冲突。结果，一条氏的部队战败。之后，西园寺氏征讨一条氏的幡多郡，一条兼定得到了大友氏的援助，西园寺氏请求议和，双方和解。之后，一条兼定被长宗我部元亲赶走。天正三年，一条兼定在伊予国豪族的支持下入侵土佐国，攻克幡多郡宿生城，占据栗本城。长宗我部元亲在渡川河与一条兼定决战，一条兼定战败。一条兼定一直想恢复故地，但都以失败告终。而长宗我部元亲将领地扩展至伊予国，占有南部二郡。宇都宫元纲的部下大津城城主菅田直之也归降了长宗我部元亲。宇都宫元纲因而大怒，从河野通直那里借来援军，攻打大津城。菅田直之向长宗我部元亲求救，于是长宗我部氏的部队和宇都宫元纲、河野智之的部队发生了冲突，两败俱伤，都撤兵了。尽管如此，长宗我部元亲在阿波国、赞岐国的势力日益增强，在伊予国也有不少豪族支持长宗我部元亲。

五、长宗我部元亲和织田信长

长宗我部元亲之所以能够早日统一四国，是因为他具有雄才伟略，在才干上远远超过其他领主。在策划西上入京称霸之时，武田晴信拉拢足利义昭、本愿寺和四国的豪族，以此来牵制织田信长。武田晴信是通过本愿寺和四国豪

---

① 疑为野间郡。

族联系上的。元龟二年（1571年），本愿寺将武田晴信的信转交给四国的豪族，约定一同讨伐织田信长。本愿寺派来的使者首先来到赞岐国，劝说赞岐国的豪族和伊予国的豪族联盟。本愿寺还派使者到土佐国劝说长宗我部元亲加盟，一道讨伐织田信长。阿波国的三好氏也加入了反织田信长联盟。长宗我部元亲起初加入了反织田信长联盟，后来看到足利义昭失势，织田信长的势力越来越强大，于是改变了初衷，打算和织田信长结盟统一四国。天正六年（1578年）十月，长宗我部元亲遣使拜见织田信长，织田信长允许长宗我部元亲的嗣子长宗我部信亲占有阿波国。长宗我部元亲又遣使联系备前国的宇喜多氏，让宇喜多氏承诺不派兵援助阿波国、赞岐国。此外，长宗我部元亲还和毛利氏结盟，以入侵伊予国。天正七年（1579年），岩仓城的三好式部少辅投降长宗我部元亲之后，三好式部少辅的父亲三好笑岩也请求长宗我部元亲保护三好式部少辅。长宗我部元亲将势力扩张至阿波、赞岐、伊予三国时，条原氏、香西氏、安富氏、西园寺氏、宇都宫氏、河野氏等向织田信长求救，请求织田信长阻止长宗我部元亲的侵略。本来，织田信长只允许长宗我部元亲占据整个土佐国和阿波国的两个郡，不允许长宗我部元亲侵略其他地方。于是，长宗我部元亲和织田信长绝交，与纪伊国的杂贺氏结盟。而织田信长也打算征讨四国，织田信长和长宗我部元亲的冲突在所难免。天正十年（1582年），羽柴秀吉攻打淡路国，拉开了征讨四国的帷幕，同时加强了山阳道的海上交通。织田信长让三好存保和三好笑岩等入侵阿波国，恢复他们的故地。与此同时，织田信长让织田信孝负责指挥四国地区的战事。正在这个时候，本能寺之变爆发。阿波、赞岐、伊予三国又落到了长宗我部元亲的手中。

第19章

奥羽的形势

陆奥国平原面积很大，领主林立。出羽国耕地少，人口也少，领主割据。从镰仓时代开始，奥羽地区就与日本中央政府有着密切的联系。奥羽地区领主割据，其中势力最大的领主是山形的最上氏、米泽的伊达氏、会津的芦名氏。其他都是小领主，苟延残喘而已。

一、芦名氏的势力

芦名盛氏继承父亲芦名盛舜的家业之后，坐镇会津，是陆奥国的大领主。弘治元年（1555年），芦名盛氏将自己的女儿嫁给结城义亲，芦名盛氏的儿子芦名盛兴娶了会津的伊达晴宗之女，结为同盟。因此，芦名氏的势力日益强大。芦名盛氏攻占葛西、南部、大崎等地，将势力渗透到北条氏及佐竹氏的领地内，此外还对越后国虎视眈眈。白河结城氏占据了佐竹义昭的陆奥南乡，佐竹义昭时刻想夺回此地。永禄三年（1560年）二月，佐竹氏率兵攻打结城晴纲。于是，芦名盛氏援助结城晴纲，和佐竹义昭在松山决战，打败了佐竹义昭。那须资胤和弟弟那须资安以攻打白川来援助佐竹义昭。于是，芦名盛氏和结城晴纲收兵，到小田仓原和那须资胤决战，但被那须资胤打败。佐竹义昭乘胜攻打芦名盛氏的寺山城。结城晴纲遣使拜见足利义氏和北条氏，请求他们居中调停，议和条件是："结城晴纲将南乡让渡给佐竹义昭之后，佐竹义昭撤军。"芦名盛氏虽然被佐竹义昭打败了，但一心想与北条氏结盟灭掉佐竹义昭，所以芦名氏和佐竹氏的争斗不会停止。

结城晴纲去世后,结城义亲取代了宗家,将幼主结城义显驱逐出去。田村隆显和芦名氏结盟,田村隆显的儿子田村清显则与佐竹义昭结盟,和佐竹义昭的儿子佐竹义重一起与芦名盛氏及其子芦名盛兴对抗。二阶堂盛义帮助芦名氏,相马盛胤与田村氏结盟。天正二年(1574年)三月,芦名盛氏打算和佐竹氏、田村氏议和,只有田村清显同意议和,佐竹义重不同意议和。因此,芦名盛氏请求伊达辉宗从中调停,但收效甚微。因此,田村清显和佐竹义昭断交,再次和芦名盛氏结盟。那须资胤支持芦名盛氏,与佐竹义重对抗。佐竹氏多次攻打结城氏的赤馆,因此,芦名盛氏不得不与二阶堂氏、田村氏反目,背后又有北条氏这个敌人。①由于腹背受敌,下总国的结成晴朝劝说佐竹

伊达辉宗

---

① 芦名盛氏反复无常。

义重与白河的结城氏和芦名氏和解。佐竹义重答应了这个提议,于天正二年(1574年)十月与白河的结城氏和芦名氏达成和解,佐竹义重撤军。芦名氏和佐竹氏和解之后,田村清显撕毁合约,与芦名氏在越久交战数次,芦名氏经常被打败。佐竹义重在打退两个敌人之后,于天正三年(1575年)攻克赤馆,之后赤馆又被结城氏夺回。这样一来,佐竹氏和芦名氏因为结城氏经常交战。天正二年六月,芦名盛氏的儿子芦名盛兴去世,芦名盛氏将二阶堂盛义的长子二阶堂盛隆收为养子,并将之前约好嫁给芦名盛兴的伊达氏的女儿嫁给二阶堂盛隆。于是,芦名氏、伊达氏、二阶堂氏形成巩固的同盟关系。二阶堂氏和田村氏的领地接壤,二者的关系并不和睦。伊达氏基于与二阶堂盛隆的翁婿关系和芦名氏、二阶堂氏结盟,田村氏对此不满,背叛了伊达氏。不过,天正七年(1579年)冬天,田村清显将女儿爱姬嫁给了伊达辉宗的儿子伊达政宗,伊达氏和田村氏和解了。然而,二阶堂氏和田村氏依然是对立关系,二阶堂氏有时也与伊达氏不和。芦名盛氏不仅在南面和西面经常与其他领主争斗,还经常出兵越后国,但从未获得成功。

二、最上氏的势力

最上氏原来就是足利氏,足利高经的弟弟足利家兼的儿子足利兼赖于延文元年(1356年)镇守山形,直到最上义守,世代占据羽前的一部分。天正二年,最上义守和儿子最上义光不和,最上义守得到了大部分部下和女婿伊达辉宗的支持,父子二人经常发生争执。最上义光意识到支持自己的人很少,无法战胜父亲。于是,最上义光假装与父亲和解,伊达辉宗也由此撤军。最上义光抓住这个机会,率军袭击父亲的北条庄。伊达辉宗闻报,急忙进入最上郡,和最上义守的部下一起攻打畠谷城。最上义光终于服软,和父亲最上义守和解,最上义守退居二线。天正十八年(1590年)五月,最上义守去世。

最上义光继承家业后,对待部下非常刻薄。东根、西根的众将及天童赖贞、白鸟长久等不服,经常与最上义光发生争执。伊达辉宗居中调解,但收效甚微。东根、西根的众将及天童赖贞、白鸟长久等连年与最上义光交战。最后,部下与最上义光达成和解,天童赖贞把长女嫁给最上义光。天正五年

最上义光

（1577年），天童赖贞的儿子天童赖澄和最上义光发生矛盾，最上义光攻打天童氏的天童城。天童赖澄等拼命抵抗，但城中有人做最上义光的内应，天童赖澄无法立足，前去投奔宫城的国分盛氏，这是因为天童赖澄的母亲是国分盛氏的女儿。国分盛氏是千叶氏一族，占据着宫城、名取、黑川三郡。国分盛氏把天童赖澄安顿到八幡乡，让他想办法夺回山形。小国宗次、白鸟长久等帮助天童赖澄攻打山形。然而，天童赖澄最倚重的草刈将监被最上义光派的刺客杀死，天童赖澄的实力暂时受挫。国分盛氏患病，没有儿子。国分盛氏将妹妹嫁给伊达辉宗的弟弟伊达宗重，让伊达宗重继承自己的家业。之后，国分盛氏去世。天童赖澄失势，无法夺回山形。

谷地的白鸟长久颇有势力，劫掠郡邑，与最上义光抗衡。最上义光让儿子最上义康娶了白鸟长久的女儿，二人和解。然而，最上义光趁白鸟长久来到最上城时，刺杀了白鸟长久，吞并了谷地。接着，最上义光打败了寒河江的羽柴氏，吞并了羽柴氏的领地。之后，最上义光打败了细川三河守等，不断扩张势力。

三、伊达氏的势力

（一）伊达晴宗、伊达辉宗的时代

伊达晴宗经常遣使到京都，京都的圣护院、细川氏纲、伊势贞孝等也经常遣使到陆奥国。足利氏征夷大将军曾任命伊达晴宗为奥州探题。永禄五年（1562年），相马氏和田村氏发生争执，伊达晴宗居中调停，两家和解。另外，盐松不尊奉足利尚义为主君，自成一派，权臣大内备前想取代主君。因此，足利尚义来到米泽请求伊达晴宗的帮助。伊达晴宗想为足利尚义铲除这些不臣之辈，但心有余而力不足。伊达氏坐镇米泽，作为陆奥国的盟主管理着各豪族，其势力在陆奥国无人能及。

永禄八年（1565年），伊达晴宗将米泽城让给儿子伊达辉宗，自己退居杉目城。伊达晴宗和父亲伊达稙宗不和，伊达辉宗和父亲伊达晴宗的关系也很紧张。最上义守、二阶堂盛义等居中调停，伊达氏父子才和解了。伊达晴宗的子女都在陆奥国各地当养子或者儿媳妇，为伊达氏的扩张做出了贡献。伊达亲隆是岩城重隆的养子，伊达政景是留守显宗的养子，伊达昭光是石川晴光的养子，伊达盛重是国分盛氏的养子。伊达氏的女儿们分别嫁给了二阶堂盛氏、芦名盛兴、佐竹义重。而且伊达辉宗起用身份卑贱的远藤基信为荡平陆奥国出谋划策。大正二年（1574年），伊达辉宗派叔父伊达实元征讨二本松的畠山义继。天正二年四月，伊达实元攻克了畠山义继的八町目城。畠山义继通过田村清显请求归顺伊达氏。伊达辉宗尚未应允，田村清显就通过已经退居二线的伊达晴宗让伊达氏和畠山义继议和成功。芦名盛兴死后，二阶堂盛义的儿子二阶堂盛隆继承了芦名氏的家业，而且也成为伊达氏的女婿。田村清显和二阶堂氏不和，因此，田村清显也与伊达氏不和。畠山义继打算和田村清显联手对抗伊达氏，但心有余而力不足。于是，畠山义继归顺伊达氏。伊达氏在征服二本松的畠山义继之后，开始兴兵讨伐宿敌相马氏。天正四年（1576年）五月，伊达辉宗来到伊达郡东根和相马盛胤交战。二本松氏、芦名氏和伊达辉宗的父亲伊达晴宗也出兵帮助伊达辉宗。伊达实元率军在伊达郡打败了相马氏的部队，伊达氏的部队和相马氏的部队处于相持阶段。田村清显是相马盛胤的女婿，因此，田村清显与北条氏商量为伊达氏和相马氏进行调停。然而，这一企图以失败告终。伊达氏和相马氏之间的战争一直持续着。天正五年（1577年）十一月，伊达辉宗将大本营的军事指挥权暂时交给弟弟伊达政景，自己则到杉目城照顾生病的父亲伊达晴宗。天正五年十二月，伊达晴宗去世。这时，伊达氏和相马氏的战争仍在持续着。天正九年（1581年），伊达辉宗的儿子伊达政宗在伊俱郡与相马义胤作战，两家的战争没有终止的迹象。

（二）伊达氏和织田氏的关系

伊达氏经常遣使与幕府往来，征夷大将军足利义昭回到京都后，向伊达氏征税。与此同时，伊达氏也和织田信长通信往来。织田信长打算在征讨关东和越后国时利用伊达氏，便经常向伊达氏夸耀自己的实力。在和上杉辉虎争斗时，织田信长遣使联系伊达氏，让伊达氏攻击越后国的背后。然而，伊达氏还未出兵，上杉辉虎就于天正六年（1578年）三月去世了。之后，伊达辉宗入侵越后国，攻克了多座城堡，并把这一情况向织田信长做了汇报。织田信长遣使表彰了伊达辉宗。天正九年五月，柴田胜家征讨越后、能登二国，遣使联系伊达氏，让伊达氏从东面进攻越后国。天正十年（1582年）六月，滝川一益来到上野国厩桥城时遣使拜见伊达辉宗，要求伊达辉宗出兵协助。伊达辉宗也与北条氏政和德川家康互通书信。由此可见，伊达辉宗采取了远交近攻的策略，为在陆奥国的崛起打下了坚实的基础。

第一编
桃山时代

桃山时代是日本历史上最耐人寻味的时代，丰臣秀吉出身卑贱，开启了桃山时代，可以说是一个伟大的人物。丰臣秀吉南征北战，戎马倥偬。丰臣秀吉非常了解自己的主君织田信长的优点和缺点，和织田信长性情相投，得到了织田信长的重用。丰臣秀吉从一介走卒爬到近江国长滨城城主的高位，进而占有播磨国，和毛利氏争锋。本能寺之变后，丰臣秀吉志得意满，意气风发，开创了一个新型社会，让人们耳目一新。丰臣秀吉雄才大略，抓住机会获得了成功。

日本战国时期，社会动荡，生灵涂炭，值此之际，出现了一缕光明，为新社会的到来打下了基础。天下大乱，乱世出英雄，在中央不得志的人来到地方，在地方上得势的人和中央政府联手。这样一来，中央的文化传播到地方，促进了文化和交通的发展，地方城市快速发展起来。由于群雄割据，地方的政治经济也发展起来。因此，出现了丰臣秀吉那样举世罕见的奇才，开启了桃山时代，为德川幕府将近三百年的太平盛世打下了坚实的基础。

毋庸置疑，桃山时代的文明是在丰臣秀吉的指导下出现的，但其功劳的一半应归属于织田信长。织田信长胸怀大志，却中道崩殂。丰臣秀吉继承了织田信长的遗志，取得了成功。也就是说，安土时代为桃山时代打下了基础，这一点不能忘记。丰臣秀吉征讨九州、四国地区、小田原，以及修筑大阪城，实际上也是织田信长的心愿。此外，桃山时代的政治、财政制度都是以安土时代为基础的。

第20章
木下秀吉的幼年

一、木下秀吉的生平

丰臣秀吉是一个举世罕见的大英雄，关于他的生平有各种说法，详情包括：①私生子；②公卿的私生子；③皇室的私生子；④竹阿弥的儿子；⑤木下弥右卫门的儿子。在这五种说法中，第一种和第二种没有任何史料佐证，是后人的凭空捏造。第三种说法是对丰臣秀吉有知遇之恩的松永贞德写的《戴恩记》中记载的。当时的日本社会非常注重门第，为了能够驾驭部下，丰臣秀吉需要讲故事提高自己的身份门第。在写给朝鲜和琉球的国书中，丰臣秀吉称："自己的母亲梦见太阳入怀，之后生下了自己。"也就是说，这些传闻性质是一样的，都是为了抬高丰臣秀吉的出身和门第，都是出于政治目的。第四种说法主张丰臣秀吉的母亲嫁给了竹阿弥，所以丰臣秀吉就是竹阿弥之子。第五种说法有可信的史料佐证。按照第五种说法，丰臣秀吉的父亲是在织田信长手下当步兵的木下弥右卫门，木下秀吉的母亲是尾张国爱知郡的农民之女。木下秀吉出生之后，父亲木下弥右卫门在战场上被火枪打成了残疾而退役，于天文十二年（1543年）去世。之后，木下秀吉的母亲再嫁给织田氏的奴仆竹阿弥，生有一子，这就是后来的权大纳言丰臣秀长。木下秀吉的母亲和竹阿弥又生了一个女儿，这就是德川家康的夫人。而木下秀吉的姐姐是三好吉房的夫人。

如上所述，木下秀吉的生父是木下弥右卫门，继父是竹阿弥。木下秀吉

木下秀吉

对生母十分孝敬，照顾得无微不至。相比之下，木下秀吉没有祭祀过生父和继父，也没有给他们做过法事。这大概是因为丰臣秀吉想让世人知道他是皇室之后或者公卿的后代，或者是母亲梦见太阳入怀后出生的。坊间传闻丰臣秀吉出生在天文五年（1536年）正月一日辰时，这一说法不太可信。丰臣秀吉应该是天文六年（1537年）二月六日出生的。坊间还传闻丰臣秀吉的幼名叫日吉丸，恐怕这也有点牵强附会，丰臣秀吉真正的幼名应该是"猿"，也就是猴子。这是因为丰臣秀吉的相貌像猴子。

二、木下秀吉出人头地

天文二十年（1551年）春天，木下秀吉离开了出生地中村，前往清洲。木下秀吉的父亲木下弥右卫门在临死的时候，留下了一贯永乐通宝。木下秀吉拿了其中一些钱做盘缠，来到了远江国滨松城的河边。滨松城近旁的久能城城主松下之纲来滨松城办事，看到了穿着破棉袄、长相奇特的木下秀吉。松下之纲见木下秀吉可怜，就让木下秀吉做了奴仆，跟随自己到了滨松城。之后，木下秀吉专门负责给松下之纲提草鞋，木下秀吉动作利索，也会见机行事，颇得松下之纲的赏识，松下之纲提拔木下秀吉做了出纳。其他奴仆非常嫉妒木下秀吉，便偷了刀和盔甲之类后嫁祸于木下秀吉。松下之纲看到木下秀吉来自外乡，经常受别人欺负，就给了木下秀吉很多钱，让木下秀吉回到了尾张国。木下秀吉回到尾张国之后，见到了父亲的熟人一若。一若告诉木下秀吉，木下秀

松下之纲

吉离家三年期间，母亲不知道木下秀吉到了哪里，整天担惊受怕。木下秀吉回到中村，见了母亲。后来，木下秀吉在一若的引荐下，负责给织田信长提草鞋。织田信长给木下秀吉改名为藤吉郎，并开始把木下秀吉带在身边。木下秀吉非常了解织田信长的脾气秉性，颇得织田信长的喜爱。在织田信长和斋藤氏作战时，木下秀吉立下战功，得到了织田信长的提拔，地位和柴田胜家、丹羽氏、佐久间信盛相同。在织田信长和浅井氏、朝仓氏作战时，木下秀吉也立了大功。元龟三年（1572年），木下秀吉改名为羽柴秀吉。浅井氏灭亡后，羽柴秀吉占有江北，坐镇长滨城。之后，织田信长命羽柴秀吉征讨中国地方，与毛利氏作战。

第 21 章

决战山崎

一、明智光秀平定京畿

明智光秀在本能寺杀死了织田信长,在二条城杀死了织田信忠。紧接着,明智光秀打算攻打织田氏的根据地,对织田氏一族斩草除根。明智光秀让明智胜兵卫留在胜龙寺扼守京都的南大门,自己则打算前往安土城。天正十年（1582年）六月二日正午,明智光秀遣使召势田的山冈景隆来见自己。山冈景隆斩杀来使,烧毁势田桥,表现出敌意。天正十年六月六日,明智光秀进入安土城,将城中的金银财宝分给部下。明智光秀让明智光远镇守安土城,让荒木行重镇守佐和山城,之后回到京都。明智光秀四处拉帮结派,拉拢被织田信长侵略过的毛利氏、本愿寺、长宗我部氏、上杉氏,打算打退织田信长的余党,统一天下。然而,明智光秀派去给毛利氏送信的使者半路被羽柴秀吉抓获,信没有送到。长宗我部氏和上杉氏也不能劳师远征,无法与明智光秀配合。明智光秀通过传教士联络高山友房,一直杳无音讯。明智光秀的支持者津田信澄也被织田信孝和惟住长秀杀死了。明智光秀深感形势危急,急忙修筑淀城,想联合大和郡山的筒井顺庆,但筒井顺庆拒绝与明智光秀结盟。羽柴秀吉迅速与毛利氏和解,回到姬路城,谋划讨伐明智光秀。这大大出乎明智光秀的意料。明智光秀要攻克河内、摄津两国,必然要和织田信孝和惟住长秀在摄津国展开激战。天正十年六月十二日,羽柴秀吉直接率军来到摄津国天神马场,与明智光秀进行决战。

二、山崎会战

山崎位于入京的要道上，位于男山和天王山之间。如果扼守住山崎，外敌则不易进入京都。如果山崎丢掉了，京都会落入敌人手中。山崎会战的成败足以影响天下大势。羽柴秀吉抵达天神马场时，惟住长秀、堀秀政、池田信辉、高山友房、织田信孝等已经率军来到这里。明智光秀没有想到羽柴秀吉东上的速度这么快，他当时正在与部下商量攻克摄津国，继而进入播磨国攻击羽柴秀吉的背后。天正十年（1582年）六月十二日，羽柴秀吉给明智光秀下战书，要求于天正十年六月十三日在山崎进行会战。明智光秀即刻进入胜龙寺城，做好了与羽柴秀吉作战的准备。天正十年六月十三日黎明，羽柴秀吉从天神马场兵分三路向明智光秀的部队发起进攻，中路军由中川清秀、堀秀政、高山友房带领，池田信辉、加藤光泰、中村一氏等从南面进攻，羽柴秀长、黑田

池田信辉

加藤光泰

孝高等沿着山边进攻。明智光秀带着斋藤利三、柴田胜定等进行防御。高山友房、中川清秀的部队进行突击,池田信辉、加藤光泰、中村一氏等南面的部队袭击明智光秀的背后,明智光秀全军溃败。就这次战役而言,以前都认为夺取天王山决定这次战役的成败,其实这一说法没有史料佐证。

明智光秀在山崎战败后,带着三千余名骑兵进入胜龙寺,思考防御之策。没有进入胜龙寺的明智光秀的败兵在逃往丹后国的途中被杀。而胜龙寺也被羽柴秀吉的部队包围了,危在旦夕,明智光秀打算逃往坂本城。明智光秀出了胜龙寺城之后,在路过小栗栖时,被当地人杀死。明智光秀刚离开胜龙寺城,城堡就陷落了。守城士兵有的投降,有的被杀。之后,堀秀政率军前往近江国,消灭明智光秀的残余势力。留守安土城的明智光远要去山崎救援明智光秀,但在大津被堀秀政的部队拦住,无法前进。于是,明智光远进入坂本城,和明智光秀的妻儿一起死守坂本城,竭力为明智光秀尽忠。羽柴秀吉看到抓了大量俘虏,而且明智光秀也被杀了,非常高兴。天正十年(1582年)六月十四日,羽柴秀吉率军包围坂本城。天正十年六月十五日,明智光远得知明智光秀已死,便杀了明智氏一族,之后在坂本城的天主阁放火自焚。在山崎会战时,织田信雄来到安土城。这时,明智光远已经离开安土城前往大津。织田信雄为了搜索明智光秀的残余势力,放火烧毁街道,火势蔓延到城郭、殿堂,织田信长多年的心血毁之一炬。羽柴秀吉和织田信孝来到安土城和织田信雄会师后,夺回了尾张国、美浓国及其他织田信长的地盘。明智光秀的残余势力被诛杀,战乱暂时结束。

三、山崎会战以后的羽柴秀吉

(一)清洲会议

羽柴秀吉和织田信雄、织田信孝平定尾张国、美浓国之后前往清洲城,拜见织田信忠的儿子织田三法师。前田玄以在二条城奉织田信忠的遗嘱保护着

织田三法师

柴田胜家

织田三法师来到了清洲城。与此同时，柴田胜家、滝川一益、森长可等宿将听说了本能寺之变后也都来到清洲城。天正十年（1582年）六月十八日，新来的宿将及羽柴秀吉、丹羽长秀、池田信辉等众将一起议事。会议的主题是确定织田信长的继承人问题。织田信孝和织田信雄都是织田信长的儿子，是织田信忠的弟弟，都争着当继承人。然而，织田信雄和织田信孝都当了其他人家的养子，继承了其他家族的家业，因此，立织田信长的嫡系孙子织田三法师为继承人最合理。然而，宿将中有人主张立织田信孝，也有人主张立织田信雄，争吵不休，商量了数日，一直确定不了继承人选。最终大家决定立织田三法师为织田信长的继承人，由织田三法师坐镇岐阜城，织田信雄迁至清洲城，织田信孝留在岐阜城辅佐织田三法师。柴田胜家、羽柴秀吉、丹羽长秀、池田信辉四人轮流在京都六条处理庶务。之后，织田三法师和众人决定论功行赏，将明智光秀的领地和织田信长的领地分给有功的将士。战功排第一的羽柴秀吉得到了山城国，柴田胜家得到了近江国长滨，池田信辉得到了大阪、尼崎、兵库等，丹羽长秀得到了近江国的高岛、滋贺二郡。柴田胜家分到的长滨本来是羽柴秀吉的领地，但柴田胜家为了牵制羽柴秀吉，要求得到长滨。羽柴秀吉虽然功劳很大，但他并未争抢领地，以此博得天下的同情。之后，众将交换誓约，约定亲密相处，之后各回领地。

（二）缅怀织田信长

清洲会议之后，羽柴秀吉来到京都本能寺，缅怀织田信长，为织田信长做法事。本来羽柴秀吉应该和织田信孝、织田信雄或者柴田胜家、滝川一益等宿将一起来做法事。然而，织田信长的亲属或者宿将都回到了各自的领地，顾不上为织田信长做法事。羽柴秀吉出于一片赤诚，于天正十年（1582年）十月为织田信长做法事。朝廷为了嘉奖羽柴秀吉，给羽柴秀吉叙从四位下，任羽柴秀吉为左近卫中将。羽柴秀吉坚辞不受，最终叙从五位下，任左近卫少将。从天正十年十月十一日开始，羽柴秀吉在紫野大德寺为织田信长做法事，为期十七天，排场很大，前所未闻。当时，织田信长受赠的法号是总见院殿赠大相国一品泰严大居士。之后，为了守卫京都，羽柴秀吉在山崎山上建了城堡。

第 22 章

织田信孝、柴田胜家、滝川一益与羽柴秀吉的关系

柴田胜家、滝川一益都是织田信长的宿将,很有势力。织田信孝做事欠考虑,但他是织田信长的儿子,是一个将才。而今,羽柴秀吉坐镇京畿,权势无出其右者。因此,织田信孝和柴田胜家、滝川一益都嫉恨羽柴秀吉,一有机会就想削弱羽柴秀吉的势力。然而,柴田胜家和滝川一益的领地偏远,他们很难向羽柴秀吉发难。而且北越地区冬季寒冷,无法南征。于是,柴田胜家让自己的外甥柴田胜丰把守长滨城,保持着与北越的联系,并将北越作为出兵近畿的根据地。织田信孝对羽柴秀吉也不满。于是,柴田胜家联合织田信孝,对抗羽柴秀吉。柴田胜家准备在阳春雪融之际向羽柴秀吉发难。在此之前,柴田胜家派人到京都与羽柴秀吉交好,稳住羽柴秀吉。羽柴秀吉看穿了柴田胜家的企图,暂时与柴田胜家和解。不久,羽柴秀吉征讨长滨城,打败了织田信孝,和滝川一益对抗,并进攻柴田胜家。

一、征讨岐阜城

清洲会议决定织田信孝和织田三法师坐镇岐阜城,安土城修复之后,织田三法师作为织田信长的继承人,必须迁至安土城。这是因为岐阜城是分封在美浓国的织田信孝的城堡。当时,织田信长的余威还很强大,拥立织田三法师为继承人对于织田信孝来说是必要的策略,他可以通过织田三法师发号施令,因此,他不想放走织田三法师。而羽柴秀吉抓紧时间修复了安土城,再三劝说织田信孝让织田三法师回到安土城。织田信孝不肯答应羽柴秀吉的这一要求。

这成为织田信孝和羽柴秀吉发生争执的直接原因。羽柴秀吉屡次劝说织田信孝为织田氏尽忠,羽柴秀吉和织田信孝的关系无法保持融洽。冬季,柴田胜家无法南征,羽柴秀吉趁此机会,于天正十年(1582年)十一月,征讨近江国长滨城。长滨城是羽柴秀吉修建的,羽柴秀吉对里面的地形很熟悉,他加紧攻城。长滨城守将柴田胜丰虽然和佐久间盛政都是柴田胜家的养子,但佐久间盛政得到的好处很多,柴田胜丰对此不满,而今长滨城是一座孤城,很难守住。于是,柴田胜丰投降了羽柴秀吉。之后,羽柴秀吉进攻美浓国。惟住长秀、筒井顺庆、细川忠兴、池田信辉、蜂屋赖隆跟随羽柴秀吉率兵三万余人,攻克沿路的城堡,直逼岐阜城。织田信孝支撑不住,交出老母和织田三法师后请求议和。羽柴秀吉答应了织田信孝的请求,迎接织田三法师回到安土城。天正十年

蜂屋赖隆

十二月九日，羽柴秀吉加强长滨城的防守之后，回到了山崎。不到一个月的时间，羽柴秀吉平定了美浓国，近畿的众将都听从羽柴秀吉的领导，羽柴秀吉的势力如日中天。

二、羽柴秀吉征讨伊势国

天正十一年（1583年）正月，羽柴秀吉和织田信雄在安土城会师，打算征讨伊势国的滝川一益。羽柴秀吉让惟住长秀、柴田胜丰把守越前国边境，防止柴田胜家入侵。然后，羽柴秀吉兵分三路，于天正十一年正月二十八日进军伊势国。而滝川一益提前在长岛设防抵挡羽柴秀吉的进攻。羽柴秀吉下令烧毁桑名近旁区域，又让羽柴秀长、三好秀次进攻峰城的滝川义太夫，羽柴秀吉亲自攻打佐治新助的龟山城。佐治新助经过顽强抵抗后退至长岛。羽柴秀吉将龟山城献给织田信雄，进一步攻打滝川一益的其他城堡。天正十一年二月七日，羽柴秀吉接到战报，得知柴田胜家出兵近江国北部。羽柴秀吉在各城堡留下将士守卫，自己挥师近江国，与柴田胜家一决雌雄。

三、贱岳之役

柴田胜家在越前国镇守北陆地区，负责防备上杉氏。然而，看到羽柴秀吉的势力如日中天，他决定征讨羽柴秀吉。柴田胜家与滝川一益、织田信孝结盟，打算攻打羽柴秀吉。然而，羽柴秀吉先走了一步棋，织田信孝被迫议和，滝川一益也快要被羽柴秀吉打败了。因此，柴田胜家出兵近江国。此前，柴田胜家在越中国各城留下守备人马防御上杉氏的进攻。德川家康在甲府安营，打算趁羽柴秀吉那里发生变故之际，进攻甲斐国。于是，柴田胜家遣使和德川家康结盟。柴田胜家遣使拜见备后国的足利义昭，又写信给毛利氏，计划拥立足利义昭为主君入京夺权。羽柴秀吉在征讨伊势国的途中写信给上杉氏，希望结盟，并让上杉氏攻打柴田胜家的背后。这样一来，羽柴秀吉和柴田胜家都希望和毛利氏、上杉氏、德川家康结盟。足利义昭也想利用这一机会入京，恢复自己的权力。于是，足利义昭劝说毛利氏出兵，毛利氏无动于衷。上杉氏和德川家康既不与柴田胜家结盟，也不与羽柴秀吉结盟。天正十一年二月七日，前田利长、佐久间守次等在柳濑附近安营，进逼羽柴秀吉的城堡。前田利长等进一步进军美浓国，火烧关原后回到柳濑。柴田胜家和前田利长会师，在中打尾山安营。天正十一年（1583年）二月十日，羽柴秀吉率军在天神山与柴田胜家的部队对峙，没有发生冲突。羽柴秀吉亲自察看地形，侦察敌情，配置人马。之后，羽柴秀吉打算在贱岳与柴田胜家打持久战，然后再寻找机会歼灭柴田胜家。安排好这些事情之后，羽柴秀吉坐镇长滨城，指挥全局。柴田胜丰生病后，柴田胜丰的部下山路将监替代柴田胜丰守卫同木山堡垒。山路将监暗中与柴田胜家的部队勾结，羽柴秀长察觉之后，让木村隼人佐把守堡垒。山路将监想杀掉木村隼人佐之后投靠柴田胜家，结果没有得逞，只好逃到了柴田胜家的军营。

在柴田胜家的部队和羽柴秀吉的部队对峙期间，织田信孝在岐阜城与柴田胜家遥相呼应，打算袭击羽柴秀吉的背后。因此，天正十一年四月十七日，羽柴秀吉从长滨城出发，进入美浓国，想一举攻克岐阜城。柴田胜家从山路将监那里获悉中川清秀的贱岳尾崎堡垒守备松弛，与羽柴秀吉的其他大营距离较远。因此，柴田胜家想趁羽柴秀吉不在期间袭击中川清秀的堡垒。天正十一年四月二十日，柴田胜家命令佐久间盛政袭击贱岳尾崎堡垒，柴田胜家自己率军袭击同木山堡垒和左祢山堡垒。佐久间盛政在黎明时分趁敌人不备，袭击中川清秀的堡垒。中川清秀奋力厮杀，高山友房也前来援助。尽管如此，依然抵挡不住佐久间盛政的进攻，中川清秀便舍去堡垒，与大部队会合了。佐久间盛政连夺两个堡垒，想乘胜夺取更多的堡垒。柴田胜家不同意这样做，数次遣使召回佐久间盛政，佐久间盛政不听命令。

羽柴秀吉在大垣听说战事不利，留一部分人防御岐阜城的敌军，之后亲自率军来到贱岳，想趁佐久间盛政不备进行袭击。佐久间盛政听说羽柴秀吉已经到了，便听从柴田胜家的命令，准备在天正十一年四月二十一日黎明撤军。这时，羽柴秀吉命令部下追击佐久间盛政的部队。羽柴秀吉看到时机成熟了，命令近臣福岛正则、加藤清正等加快进军速度，惟住长秀也从侧面袭击佐久间盛政的部队，佐久间盛政的部队大败，四散奔逃。柴田胜家拼命抵抗，但大势已去，无可奈何。柴田胜家只好逃到北庄福井。佐久间盛政逃到了敦贺，被当

賤岳之役

地百姓抓住，交给了羽柴秀吉。前田利家也北归，回到府中城。羽柴秀吉攻克府中城后，长驱直入，直接杀向越前国。天正十一年（1583年）四月二十三日至二十四日，羽柴秀吉的部队包围了北庄城，柴田胜家知道自己的最后时刻到了，便在城中放火之后和自己的夫人织田氏及侍臣一起自杀。

柴田胜家灭亡后，羽柴秀吉乘胜出击，攻克加贺，来到金泽。能登国、越中国的将士都投降了羽柴秀吉，上杉景胜也献上人质请求议和，羽柴秀吉答应了上杉景胜的请求。羽柴秀吉将石川、河北两郡加封给前田利家。天正十一年五月一日，羽柴秀吉前往北庄，加封惟住长秀越后国和加贺国二郡、近江国二郡及若狭国。佐久间盛政被捕后，由浅野长政押送到京都。佐久间盛政在六条河原被斩，羽柴秀吉征讨北越大功告成。织田信孝在岐阜城与羽柴秀吉的部队对抗，镇守清洲城的织田信雄出兵攻打岐阜城。听说柴田胜家败亡，织田信孝士气低落。织田信雄派人规劝织田信孝迁至尾张国。织田信孝出城乘船到知多郡内海。织田信雄又派臣下中川氏劝织田信孝自杀。天正十一年五月二日，织田信孝自杀。滝川一益看到同党柴田胜家、织田信孝已死，士气低落，请求投降。羽柴秀吉答应了这一请求，将滝川一益迁至越前国大野城。然后，羽柴秀吉将长岛城给了织田信雄。

第23章

羽柴秀吉的成功

一、大阪筑城

羽柴秀吉打败柴田胜家、滝川一益之后，织田信长的宿将惟住长秀、池田信辉、前田利家等都为羽柴秀吉效命，为羽柴秀吉吞并天下打下了坚实的基础。羽柴秀吉写信给毛利氏、结城氏、北条氏等，暗示自己有统一天下的决心。为此，羽柴秀吉需要确定自己的根据地。当时，中国地方的毛利氏，四国的长宗我部氏，九州的岛津氏、龙造寺氏，东海的松平氏、北条氏，东北的伊达氏、芦名氏、结城氏等，以及北陆的上杉氏等并未完全服从羽柴秀吉的统治。羽柴秀吉需要选择一个有利的位置，控制这些领主。此前，羽柴秀吉占据的山崎城是一个守卫京都的好地方，但地域比较狭窄，无法成就大事。于是，羽柴秀吉选择大阪一带作为自己的根据地，大兴土木。大阪河流纵横，地势开阔，位于海陆交通要道，四通八达，周围有大山拱卫，非常安全。天正八年（1580年）八月，本愿寺的显如离开大阪时，大阪失火，城郭化为乌有。织田信长派兵把守大阪，将来打算重修，至此尚未实施。清洲会议之后，池田信辉得到大阪，在这里修建城郭。羽柴秀吉把大阪又收回来，作为自己的根据地。天正十一年（1583年）五月三十日起，羽柴秀吉征集各地民夫，寻找大小石头，由海路陆路运输到大阪，开始动工。羽柴秀吉命人造八层天主阁，瓦上都有金箔，金碧辉煌。大阪成为武士的首都，各国武士云集大阪，在这里修建宅邸，非常气派。城郭和护城河的规模之大史无前例，显示了羽柴秀吉气吞山河之势，大阪城的修筑成功为统一日本打下了坚实的基础。

二、羽柴秀吉分封众将

羽柴秀吉在修建大阪城的同时,开始分封众将。羽柴秀吉这样做的目的是巩固自己的统治基础,防御四方的敌人。表面上,羽柴秀吉非常尊重织田信雄,将伊贺、伊势、尾张、三河四国给了织田信雄,让织田信雄镇守长岛城。羽柴秀吉还让织田信雄的部下织田信良镇守穴津城,让冈田长门守镇守星崎。羽柴秀吉让羽柴秀长坐镇姬路城,镇守播磨、但马两国;让织田信长的儿子、自己的养子羽柴秀胜镇守丹波国龟山城;让惟住长秀镇守越前国、若狭国及加贺国二郡;让蜂屋赖隆镇守敦贺城;让前田利家镇守半个加贺国、能登国金泽城;让前田利家的儿子前田利长镇守越中国。此外,池田信辉镇守美浓国大垣

前田利家

前田利长

城，池田信辉的儿子池田腾九郎镇守岐阜城；森长可镇守金山城；浅野长政镇守势多城；杉院家次镇守坂本城；加藤光泰镇守高岛城；宇喜多秀家镇守备前国、美作国；筒井顺庆镇守大和国；三好秀次镇守摄津国；中川秀政镇守茨木城。三好秀次、中川秀政的城堡作为大阪的外围，负责保卫大阪，羽柴秀吉则坐镇大阪城，统辖天下的军事。

　　山崎会战后，毛利氏采取了袖手旁观的策略。羽柴秀吉打败了柴田胜家、滝川一益之后，毛利氏发现没有可乘之机，就开始支持羽柴秀吉。小早川隆景和羽柴秀吉的关系很好。本愿寺的显如因为厌恶织田信长，于是与明智光秀结盟，对抗羽柴秀吉。在山崎会战后，显如与羽柴秀吉结盟了。长宗我部氏趁京畿战乱之际，大致平定了四国。织田信孝在岐阜城造反后，长宗我部氏遣使与织田信孝结盟，打算一起对抗羽柴秀吉。然而，羽柴秀吉很快就平定了动乱。长宗我部氏遣使与羽柴秀吉议和，羽柴秀吉不答应。羽柴秀吉只是和十河氏、安富氏等三好氏的余党结盟，打算日后征服四国。

三、羽柴秀吉的官位

羽柴秀吉消灭柴田胜家之后入京，朝廷给羽柴秀吉叙从四位下，任命羽柴秀吉为参议。天正十二年（1584年）十一月二十二日，羽柴秀吉叙从三位、任权大纳言。当时，正亲町天皇年事已高，打算让位于皇太子诚仁亲王，结果没有如愿。羽柴秀吉为正亲町天皇营造仙洞御所①，为让位做准备。羽柴秀吉任命前田玄以为民政部卿法印，负责此事。为此，正亲町天皇嘉奖羽柴秀吉，于天正十三年（1585年）三月十日，升任羽柴秀吉为内大臣。本来清洲会议决定由柴田胜家、滝川一益、池田信辉、羽柴秀吉四人轮流在京都处理庶务，而今只有羽柴秀吉一人留在京都处理庶务。前田玄以被任命为京都所司代，具体办理羽柴秀吉交代的事情。前田玄以按照明智光秀的先例处理寺院、神社事务，然后盖上羽柴秀吉的大印，予以实施。前田玄以考虑周全，无欲无求，很有威名，受百姓拥戴。

---

① 仙洞御所，指的是太上天皇居住的宫殿。

第 24 章

德川家康、织田信雄和羽柴秀吉的关系

羽柴秀吉征服了三十余国，势力很大。然而，羽柴秀吉本来是和惟住长秀、池田信辉、前田利家等属于同一地位的人物。相比之下，德川家康则和羽柴秀吉的主君织田信长平起平坐。而织田信雄是织田信长的儿子，羽柴秀吉无法把织田信雄当作部下对待。因此，如何对待德川家康和织田信雄是令羽柴秀吉最头疼的事情。羽柴秀吉给惟住长秀、池田信辉、前田利家三人加封领地，就可以将他们作为部下来使用，而对德川家康和织田信雄无法采用这个办法。特别是德川家康实力雄厚，一有机会就想和羽柴秀吉分庭抗礼。德川家康和织田信雄关系密切。由此可见，羽柴秀吉和德川家康及织田信雄之间早晚会有一场较量，只不过他们都在等待时机而已。这是小牧战役爆发的根本原因。

一、德川家康的势力

本能寺之变后，德川家康回到了冈崎。德川家康召集领地内的众将，打算前往京都讨伐明智光秀，成就霸业。当德川家康从冈崎来到鸣海时，他接到报告说羽柴秀吉已经诛杀了明智光秀。于是，德川家康只好回到冈崎，观察形势。德川家康在入京的时间上比羽柴秀吉晚了一步，因此，德川家康打算再寻找其他机会。这时，镇守甲斐国的河尻镇吉打算上京称霸，德川家康遣使至甲斐国，打探是否可以结盟。然而，河尻镇吉斩杀了德川家康的使者后，从甲斐国出发。甲斐国人都对河尻镇吉不满，甲斐国内各地发生暴动，河尻镇吉被斩杀。德川家康派大须贺康高率军征伐甲斐国，招纳武田氏的故旧，来投奔德川家康的武田氏旧部摩肩接踵。此外，甲斐国的横田氏等也来投奔德川家康。德川家康又派信蕃①去攻打信浓国。镇守信浓国的森长可此前已经西上，信浓国内部大乱。上杉景胜乘机掠夺了川中岛四郡，甲斐国人大村氏趁甲斐国、信浓国大乱，打算勾结北条氏进攻甲斐国、信浓国。于是，北条氏邦、北条氏胜打算出兵甲斐国、信浓国。德川家康让归顺自己的甲斐国豪族杀了大村氏。因为没有了内应，北条氏无法出兵甲斐国、信浓国。

为了尽快统一甲斐国，德川家康派大久保忠世、石川康通、本多广孝等荡平甲斐国、信浓国。小笠原信峰、诹访赖忠等归降德川家康。天正十二年（1584年）七月，德川家康进入甲府，指挥征讨甲斐国、信浓国的战斗。

大久保忠世

---

① 查无此人，疑为德川家康的亲信。

石川康通

北条氏政听说这个消息后，命令北条氏直率军四万八千人入侵甲斐国。德川家康率军在浅生原与北条氏的部队对峙。之后，德川家康和北条氏政达成协议，北条氏占领上野国，武田氏占领甲斐国，德川家康承诺把女儿嫁给北条氏直。之后，德川家康集中精力征服信浓国，招降信浓国众将，让降将镇守原来的地方。天正十二年（1584年）十月，平定信浓国之后，德川家康回到滨松，派人镇守甲府、都留郡。德川家康担心信浓国会出乱子，便派大久保忠世等留在甲斐国进行防范。于是，甲斐国、信浓国大部分归德川家康所有，德川家康的势力已经不亚于羽柴秀吉了。在羽柴秀吉打败柴田胜家、滝川一益之后入京时，德川家康派人给羽柴秀吉送茶壶表示祝贺。羽柴秀吉为了讨好德川家康，建议朝廷给德川家康叙从三位，任命德川家康为参议，官位在羽柴秀吉之上。然而，德川家康和羽柴秀吉的这一关系不可能保持很久，双方将来必然会发生冲突。

二、羽柴秀吉和织田信雄的关系

羽柴秀吉和织田信雄的关系紧张，势不两立。因此，一有机会，羽柴秀吉就想办法削弱织田信雄的势力。羽柴秀吉和津川玄蕃允、冈田长门守、浅井田宫丸、滝川雄亲等织田信雄的部下往来密切，还把他们叫到大阪城热情款待，对津川玄蕃允、冈田长门守、浅井田宫丸三人特别好。羽柴秀吉单独对滝川雄亲说："你们不要担心，我对织田信雄没有二心。"滝川雄亲悄悄告诉织田信雄羽柴秀吉对津川玄蕃允、冈田长门守、浅井田宫丸特别好一事。天正十二年（1584年）三月，织田信雄把津川玄蕃允、冈田长门守、浅井田宫丸叫到长岛后杀掉了。之后，织田信雄和羽柴秀吉断绝关系。可见，织田信雄中了羽柴秀吉的离间计，实力被削弱了。织田信雄为了嘉奖滝川雄亲，把津川玄蕃允的松岛城给了滝川雄亲，津田玄蕃允的部下拒绝滝川雄亲进城。滝川雄亲在木造具安的帮助下终于攻克了松岛城。经过一番周折，织田信雄攻克了冈田长门守和浅井田宫丸的城堡。

之后，羽柴秀吉发兵征讨织田信雄。织田信雄向德川家康求援，德川家康让大久保忠世镇守滨松。德川家康担心羽柴秀吉和上杉氏、北条氏联手，便派鸟居元忠、平岩亲吉防御上杉景胜，又派松平康亲防御北条氏。之后，德川家康率军八千人从滨松出发，向尾张国进军。织田信雄闻报，十分高兴，从长岛来到清洲城迎接德川家康。织田信雄与德川家康商议之后，向四方派出使者，寻求支援。织田信雄和佐佐成政联手，让佐佐成政进攻加贺国、越前国。织田信雄又与长宗我部氏联系，让其进攻淡路国，进而攻打大阪城。此外，织田信雄与纪伊国的本愿寺门徒联系。本愿寺门徒离开大阪之后，占据了加贺、越前两国，而加贺、越前两国被前田利家和惟住长秀吞并，大阪也被羽柴秀吉占领。本愿寺门徒对此十分不满。织田信雄和德川家康利用这一点，向本愿寺门徒承诺，如果本愿寺门徒与他们结盟并攻占越前、加贺两国，他们就会把加贺国的本愿寺故地还给本愿寺门徒，而且会帮助本愿寺门徒夺回大阪城。羽柴

鸟居元忠

秀吉觉察到织田信雄、德川家康采取的外交策略，于是让上杉景胜牵制佐佐成政，让惟住长秀和前田利家从正面进攻佐佐成政，让上杉景胜威胁德川家康在甲斐国和信浓国的领地。羽柴秀吉又让中村一氏等对抗纪伊国的本愿寺门徒。

冈山的宇喜多秀家担心西面的毛利氏和德川家康联手，便加强了防御。淡路国的仙石秀久防御长宗我部元亲的进攻。羽柴秀吉又让池田信辉、森长可进攻德川家康在信浓国的领地。在伊贺、伊势两国，羽柴秀吉和织田信包、田丸具直等联手。同时，羽柴秀吉承诺将伊势国的五个郡给滝川一益，让滝川一益替自己效力。滝川一益召集故旧，攻打伊势国的各座城堡，对织田信雄造成威胁。德川家康出兵尾张国后，担心北条氏反复无常，便加强与北条氏的联系，厚待北条氏。与此同时，德川家康还和佐竹氏联手。德川家康和北条氏结成了姻亲关系，而佐竹氏是北条氏的敌人。德川家康和佐竹氏联手是因为羽柴秀吉和佐竹氏结盟，让佐竹氏从上野方面牵制德川家康和北条氏。佐竹氏与德川家康和羽柴秀吉都联手，是想从中得到好处。德川家康和羽柴秀吉都运用外交策略，拉帮结派，战争一触即发。德川家康和羽柴秀吉的战争是从羽柴秀吉的力量比较薄弱的伊势国爆发的。

三、德川家康、羽柴秀吉积极备战

（一）伊势战役

织田信雄在伊势国致力于征服小城堡。天正十二年（1584年）三月九日，织田信雄命部将佐久间正胜率领五千名骑兵攻打关信盛父子镇守的龟山城。龟山城易守难攻，佐久间正胜在城下放火，之后进行围城。与此同时，佐久间正胜在附近修建峰城，防御羽柴秀吉的进攻。羽柴秀吉派滝川一益等率领一万多名骑兵进攻峰城。织田信雄闻报，让部将前去救援佐久间正胜。虽然援军到了，但佐久间正胜担心新修的城墙不够坚固，于是率兵出城作战，结果被羽柴秀吉的部将打败而撤退。佐久间正胜打算和三百余人的败军一起守城，敌军却紧追不舍。佐久间正胜总算逃入城中，但他担心坚持不到晚上。于是，佐久间正胜率军逃出峰城，打算逃往长岛，途中遇到敌军阻截。多亏酒井忠次率

酒井忠次

援军赶到，佐久间正胜等才逃到了长岛，羽柴秀吉的部队也撤退了。德川家康、织田信雄与羽柴秀吉的第一次战役，羽柴秀吉获胜，峰城落入羽柴秀吉手中。之后，羽柴秀吉率领众将从大阪城出发，准备在尾张平原和德川家康、织田信雄进行决战。

（二）犬山陷落

池田信辉对织田信长感恩戴德，起初为织田信雄效力。后来，在羽柴秀吉的拉拢下，池田信辉及自己的女婿森长可归顺了羽柴秀吉。池田信辉和森长可的城堡距离敌人最近，因此，他们想立功报答羽柴秀吉。池田信辉听说犬山城城主中川贞成前往峰城，就利用以前和犬山城的关系，和乡民约定夺取犬山城。池田信辉趁夜间袭击犬山城，中川贞成的叔父守城，抵挡不住池田信辉的进攻，中川贞成的叔父战死，犬山城陷落。之后，池田信辉又进军小牧附近放火。德川家康听说犬山城陷落，为了提振士气，进军小牧。池田信辉看到德川家康率军前来，便退守犬山城。德川家康将酒井忠次从桑名调出，负责守卫清洲城。

（三）羽黑之役

森长可从金山城出来，在尾张国羽黑设置鹿砦，烧掠近郊，向清洲城示威。德川家康闻报，于天正十二年（1584年）三月十七日，带着酒井忠次、奥平信昌等率五千余人攻打森长可的鹿砦，两军隔河对峙，奥平信昌率先渡河，大败森长可的部队。森长可受到重创败走。消息传到池田信辉那里，池田信辉要前去营救，被部将劝阻之后，池田信辉开始做防御准备。德川家康也召回酒井忠次等。

尾张国小牧是织田信长的旧城址，是耸立于尾张平原上的大丘陵，顶部平坦，距离犬山城、清洲城很近。德川家康在小牧顶设营。这里位于交通要道上，阻截了前往三河国的道路。德川家康派本多广孝把守这里，防御羽柴秀吉入侵。

（四）和泉国之役

天正十二年三月十九日，羽柴秀吉从大阪城出发，经过美浓国前往尾张国。德川家康在织田信雄的劝说下，率领纪伊国根来寺一向宗的士兵入寇和泉国，但晚了一步。羽柴秀吉知道兵贵神速的重要性，早了德川家康一步。根来寺一向宗的士兵是一群乌合之众。德川家康率领根来寺一向宗的士兵从海陆同时进攻大阪，从海路进攻的人马占据淡路国，进攻大津，这部分人马被城主真锅员成打败了。从陆路进攻的人马兵分两路，一路进攻堺，另一路进攻岸和田城。岸和田城城主中村一氏在黑田孝高等的援助下打败了根来寺一向宗士兵。紧接着，中村一氏和黑田孝高等众将一起打败了从堺进攻的根来寺一向宗士兵。之后，根来寺一向宗再也不敢打大阪城的主意。

中村一氏

四、在小牧对峙

听说根来寺一向宗战败了，羽柴秀吉就率领十二万五千人马从大阪城出发。天正十二年（1584年）三月二十七日，羽柴秀吉率大军来到犬山城，巡视羽黑近旁，决定在小牧周围修筑岩崎山、小松寺等堡垒，与小牧对峙，新修的堡垒分别由森长可等把守。德川家康在小牧制订了抵挡羽柴秀吉大军的计划，打算引诱羽柴秀吉出兵。羽柴秀吉和德川家康虽然对峙，但双方都不轻易出兵，而是在静观形势的变化。当时，池田信辉、森长可在备战时没有特殊的表现，所以想在对峙战中一展身手。池田信辉主张攻击德川家康的老巢三河国。起初羽柴秀吉不同意，池田信辉再三请求，羽柴秀吉这才答应派三好秀次为主

三好秀次

将，和池田信辉、森长可一起前往三河国。德川家康获悉这一情报后，在长久手设下了伏兵。

（一）长久手会战

为了不让德川家康获悉池田信辉等的动向，羽柴秀吉把大营从犬山城迁至乐田，做出与德川家康决战的样子。三好秀次、池田信辉及儿子池田之助与森长可、堀秀政等于天正十二年（1584年）四月六日从乐田出发，取道东南，袭击三河国。沿路乡民将这一动向详细汇报给了德川家康。德川家康让酒井忠次、本多忠胜、松平家忠等把守小牧，亲自和水野忠重等率领四千人马于薄暮时分，离开小牧进入小幡城，观察敌人的动静。池田信辉包围岩崎城，

本多忠胜

松平家忠

守将丹羽次郎是丹羽氏次的弟弟，寡不敌众战死，岩崎城落到了池田信辉的手中。德川家康的部将神原康政等于天正十二年（1584年）四月八日，跟踪三好秀次等至长久手，趁三好秀次等不备，发动袭击，三好秀次等大败。池田信辉和三好秀次、森长可一起在岩崎城外的长久手列阵，两军开始作战，尚未分出胜负。这时，德川家康从小幡城出来，向长久手进军。德川家康的先锋井伊直政打败了堀秀政的部队。池田信辉、森长可奋力与德川家康的部队作战，森长可中流弹而亡，池田信辉也被打死。羽柴秀吉一方的主将已死，军心大乱，败走乐田。在乐田的羽柴秀吉听说部队在长久手战败，打算趁德川家康部队不备，到长久手袭击德川家康。镇守小牧的本多忠胜等尾随羽柴秀吉的部队，发动突袭。羽柴秀吉到了龙泉寺时听说德川家康已经撤到小幡城，于是又回到乐田。德川家康和织田信雄、本多忠胜等返回小牧。德川家康等知道羽柴秀吉用兵谨慎，所以只是观察羽柴秀吉部队的动静，不敢轻举妄动。羽柴秀吉加固堡垒，与小牧驻军对峙，两军没有发生冲突。

（二）羽柴秀吉攻克美浓国的城堡

德川家康、织田信雄在小牧固守不出。因此，羽柴秀吉打算通过攻打织田信雄在美浓国的城堡，引诱德川家康、织田信雄出战。天正十二年（1584年）五月一日，羽柴秀吉派堀秀政把守乐田，派加藤光泰把守犬山城，羽柴秀吉则亲率大军前往美浓国。小牧的众将建议追击羽柴秀吉，德川家康害怕中计，没有追击。羽柴秀吉攻克了加贺井城、竹鼻城。德川家康留下部分人马守卫小牧，进入清洲城，织田信雄进入伊势国长岛城，抵御羽柴秀吉的进攻。

（三）伊势战役

织田信雄派佐久间正胜把守尾张国蟹江城，派前田长种等把守前田城，派前田与平次把守下市场城，派山口重政把守大野城。此外，织田信雄还让佐久间正胜修筑萱生砦。佐久间正胜派前田与十郎把守蟹江城。滝川一益在木造城听说佐久间正胜不在蟹江城，遣使劝降了前田与十郎、前田长种、前田与平次，但山口重政没有答应。于是，滝川一益攻打大野城。德川家康闻报，让井伊直政前去救援，滝川一益退守蟹江城。德川家康和织田信雄共同出兵

井伊直政

收复了前田城、下市场城,进攻蟹江城。泷川一益支撑不住,于天正十二年(1584年)七月三日杀了前田与十郎之后,出城投降。当时,羽柴秀吉已经回到大阪城,听说蟹江城危在旦夕,便出兵援救。羽柴秀吉在半路听说泷川一益已经投降,又回到了大阪城。泷川一益自惭形秽,离开了蟹江城,闲居京都妙心寺,后来寄居在越前国的惟住长秀之处,最终病死。

(四)羽柴秀吉再次出兵尾张国

羽柴秀吉一直在大阪城窥探德川家康、织田信雄的动静。德川家康非常谨慎,不敢轻举妄动。天正十二年八月十五日,羽柴秀吉从大阪城出发,进入尾张国。天正十二年八月二十一日,羽柴秀吉在羽黑等地设置堡垒牵制小牧的部队。德川家康来到岩仓城,与小牧的部队遥相呼应,防御羽柴秀吉的部队。羽柴秀吉几次引诱德川家康出战,但德川家康按兵不动。羽柴秀吉没有办法,最终于天正十二年九月回到大阪。

(五)前田利家和佐佐成政

佐佐成政在越中国富山和织田信雄遥相呼应,而今想与德川家康、织田信雄会师。然而,向西的话,有前田利家、惟住长秀拦路;向东的话,有上杉景胜拦路。佐佐成政只好向南翻山越岭,于天正十二年七月来到东美浓,与德川家康、织田信雄会师。德川家康、织田信雄让佐佐成政在越中国和羽柴秀吉的部将对抗,承诺如果成功,佐佐成政可以得到越前、加贺、能登三国。之后,佐佐成政回到了越中国。为了欺骗前田利家,佐佐成政让前田利家的二儿子做自己的女婿,想趁前田利家不备袭击加贺国。由于有人告密,佐佐成政的计划泄露,前田利家在超日山设了堡垒。佐佐成政浑然不知,于天正十二年八月二十八日来袭击前田利家,结果受阻,只能退兵。天正十二年九月八日,佐佐成政攻击接壤能登国和加贺国的末森城,以便孤立能登国。末森城守将奥村永福坚守不出。前田利家在金泽听说此事后,和前田利长一起率军救援,大败佐佐成政的部队。于是,佐佐成政回到越中国,攻打金泽,结果也被前田利家打败。

五、羽柴秀吉与德川家康和织田信雄媾和

羽柴秀吉从浓尾方面向织田信雄发动进攻，但德川家康防御严密，几乎无懈可击。在长久手会战后不久，羽柴秀吉为了维护自己的面子，没有与德川家康媾和。羽柴秀吉打算攻克伊势国，挽回长久手之败的面子，之后再与德川家康媾和。天正十二年（1584年）十一月六日，羽柴秀吉率军从大阪城出发，向伊势国进发。德川家康闻报，于天正十二年十一月从冈崎城出发，来到清洲城，让酒井忠次等做先锋前往桑名。织田信雄也来到桑名，抵挡羽柴秀吉的部队。羽柴秀吉看到此次征战没有胜算，便派人劝说织田信雄议和，织田信雄答应了。天正十二年十二月十一日，织田信雄来到矢田河原与羽柴秀吉会面。羽柴秀吉见到织田信雄后屈膝垂泪，把剑献给织田信雄，发誓不再打仗，并承诺将犬山城还给织田信雄，于是两家和解。德川家康听说羽柴秀吉与织田信雄和谈成立，便遣使表示祝贺，之后回到了冈崎城，后来回到滨松城。羽柴秀吉也收兵回到大阪城，之后遣使至滨松城和德川家康议和。羽柴秀吉希望通过织田信雄把德川家康的儿子德川于义丸收作养子，织田信雄居中周旋，德川家康答应此事。德川于义丸当时十一岁，羽柴秀吉将他的名字改为羽柴秀康，任命他为三河守。

在德川家康与羽柴秀吉对抗时，杂贺一向宗催促长宗我部元亲一起袭击大阪城。长宗我部元亲尚未平定四国，所以没有答应。天正十二年十一月月末，长宗我部元亲大体上平定了伊予国，打算和杂贺一向宗一起袭击大阪城。羽柴秀吉获悉这一情况后，赶紧与德川家康、织田信雄媾和。羽柴秀吉担心和织田信雄、德川家康一起媾和会耽误时间，于是通过悔过等手段，说动了织田信雄，利用织田信雄，与德川家康也媾和了。而且德川家康刚答应媾和，羽柴秀吉就班师回到大阪城，不用在德川家康面前低三下四，保住了面子。羽柴秀吉还不放心德川家康，以收养子的形式，让德川家康送来了人质。可以说羽柴秀吉这个策略非常巧妙。德川家康明明知道羽柴秀吉这一策略还要将计就计，说明德川家康的谋略在羽柴秀吉之上。之后，德川家康并未在羽柴秀吉麾下听用，拜访羽柴秀吉也不出自己的领地。这是羽柴秀吉和德川家康的关系中需要

羽柴秀康

注意的地方。事实上，从一开始织田信雄就是羽柴秀吉和德川家康的傀儡，一直到最后都被二人利用着。

　　羽柴秀吉和织田信雄媾和之后，佐佐成政来到滨松城，劝德川家康再次起兵，德川家康没有同意。佐佐成政又去劝织田信雄再次起兵，织田信雄也没有同意。德川家康是不会和佐佐成政这样欠缺考虑的人共事的。织田信雄不同意再次起兵，是因为他相信羽柴秀吉已经服从了自己，其实这是一种错觉。佐佐成政被二人拒绝后，回到越中国。羽柴秀吉之所以媾和，是因为他想平定四国、纪伊国及佐佐成政，消除后顾之忧后，再消灭织田信雄和德川家康。然而，媾和使羽柴秀吉丧失了一个消灭德川家康的好机会。

第 25 章

羽柴秀吉征讨纪伊国、任关白、征讨四国及佐佐成政

一、羽柴秀吉征讨纪伊国

小牧战役之后,羽柴秀吉打算征讨纪伊国的杂贺一向宗,而杂贺一向宗和守护畠山贞政结成了同盟关系。畠山贞政占据有田郡岩室城,杂贺一向宗的根据地在葛城山中的大溪谷中,里面的大传法院是真言宗的大道场,是新义派的发源地。山里寺塔很多,僧侣人数众多,持有大量武器。杂贺一向宗信徒聚集在海草郡,在这里活动。天正五年(1577年),织田信长镇压杂贺一向宗,杂贺一向宗经常帮助一向宗本愿寺派。根来寺、杂贺一向宗与畠山贞政、德川家康结盟,共同对抗羽柴秀吉。因此,羽柴秀吉要征讨根来寺、杂贺一向宗。羽柴秀吉秘密收买畠山贞政的手下白坚氏,让他做内应,等待时机成熟进行讨伐。天正十三年(1585年)三月二十一日,羽柴秀吉率兵十万,分两路进军,一路走山路,另一路走海岸。羽柴秀吉亲率一路走山路,其部将细川幽斋、细川忠兴攻克积善寺。高山友房等走海岸,攻克滨城。天正十三年三月二十三日,羽柴秀吉、堀秀政等率军前往根来寺,一向宗信徒溃败逃走,寺中失火,僧房等化为乌有,只有大传法院保留下来。天正十三年三月二十四日,羽柴秀吉的部队进军杂贺,一向宗信徒聚集在太田村负隅顽抗。羽柴秀吉为了避免伤亡,采用了水攻。一向宗信徒请降,羽柴秀吉答应了这个请求,赦免了无罪的当地百姓,惩办了五十多名暴徒。之后,羽柴秀吉让中村一氏镇守杂贺。此前,由于白坚氏做内应,畠山贞政的岩室城陷落,畠山贞政逃走,这一

细川幽斋

带归羽柴秀吉所有。熊野新宫、木宫的神道神职人员畏惧羽柴秀吉的势力，出来投降，羽柴秀吉命人拆除这里的堡垒。此外，羽柴秀吉派人劝降汤川氏、玉置氏等。高野寺院的客僧兴山拜谒羽柴秀吉，请求宽恕，羽柴秀吉命令僧人们交出武器，专心研究佛法，既往不咎。于是，羽柴秀吉统一了纪伊国，命弟弟羽柴秀长做纪伊国、和泉国守护。天正十三年（1585年）四月八日，羽柴秀吉回到大阪城。

二、朝廷任命羽柴秀吉为关白

羽柴秀吉沿袭了织田信长的做法，尊重朝廷，恢复了很多旧式的朝廷礼仪。天正十三年正月十八日，羽柴秀吉举行仙洞御所开工仪式。这时，在朝臣中，右大臣今出川晴季经常与羽柴秀吉内外配合，关系融洽，对羽柴秀吉非常信任，各种事务都让羽柴秀吉办理。当时，军事大权归羽柴秀吉，羽柴秀吉出身卑微，想成为名副其实的征夷大将军。于是，羽柴秀吉拜托今出川晴季劝说在备后国的前任征夷大将军足利义昭收羽柴秀吉为义子,并把征夷大将军的职位让给羽柴秀吉。然而,足利义昭没有答应。羽柴秀吉对此颇感遗憾。左大臣近卫信尹想取代二条昭实做关白,二人水火不容。今出川晴季建议羽柴秀吉不要放过当关白的这一机会,羽柴秀吉大喜。于是,羽柴秀吉以前任关白近卫前久的干儿子的身份做了关白。从此时起,羽柴秀吉称自己为藤原氏。羽柴秀吉并非藤原氏的嫡系,却做了关白,这是史无前例的事。有良知的公卿仰天长叹。羽柴秀吉做了关白之后,朝廷允许羽柴秀吉拥有相应的仪仗,允许他乘牛车,允许羽柴秀吉选十二人作为近臣,石田三成等入选。天正十三年(1585年)七月十三日,羽柴秀吉入宫拜见天皇,举行关白的任命仪式。举行仪式时有猿乐表演,天皇坐在玉座上,命人宣读任命书。天皇的左面坐着诚仁

二条昭实

今出川晴季

亲王、近卫信尹、九条氏、二条氏,右面坐着羽柴秀吉、久我敦通等。此外朝廷还要求公卿、殿外诸大夫也参加关白的任命仪式,京都的百姓也可以旁观。举行仪式之后,羽柴秀吉可以正式参与朝政。其实,羽柴秀吉本来没有氏,自己对称藤原氏也不是很顺意。天正十三年(1585年)九月,经过与今出川晴季商议后,羽柴秀吉决定请求朝廷赐姓丰臣,之后羽柴秀吉改名为丰臣秀吉。

三、丰臣秀吉征讨四国

长宗我部元亲趁京都发生变故,成功地统一了四国。长宗我部元亲野心勃勃,还想称霸天下。为此,长宗我部元亲需要征服伊予国、阿波国、赞岐国中尚未服从自己的城堡。

(一)长宗我部元亲征讨阿波国、赞岐国

此前,三好笑岩作为织田信长的先锋,攻克了阿波国的瑞胜城、一宫恋山城,等待织田信长的大军到来。这时发生了本能寺之变。孤军作战没有胜算,三好笑岩只好东上。听说发生了本能寺之变,长宗我部元亲认为时机已经成熟，便率兵两万人进入阿波国，攻克了十河存保的瑞龙城、新开善的富冈城。之后，长宗我部元亲修建了牟岐城，专门负责镇守阿波国。此外，长宗我部元亲派部将镇守一宫、岩仓城、木津城、和气城，完全统一了阿波国。

　　进而，长宗我部元亲派兵征讨东赞岐，攻打三好隼人的十河城。十河城地势险要，易守难攻。十河存保从瑞龙城出来，占据虎丸城，与长宗我部元亲对抗。三好隼人遣使向丰臣秀吉求救。天正十一年（1583年）正月，丰臣秀吉派仙石秀久前去救援。仙石秀久进展不顺，直到天正十一年七月才占据大田郡引田城。长宗我部元亲率军打败了仙石秀久。长宗我部元亲进一步加强防范，断了十河城、虎丸城的粮道。三好隼人的十河城失去外援，于天正十二年（1584年）六月向长宗我部元亲投降。长宗我部元亲进一步攻克虎丸城，统一了赞岐国。

仙石秀久

（二）长宗我部元亲征服伊予国

伊予国的西园寺氏势力衰落，无法抵御长宗我部元亲的入侵。西园寺氏的宇和郡已经被长宗我部元亲吞并，西园寺公广及白木、冈本、土居、金山、高森、板岛等城堡的城主送人质给长宗我部元亲，表示服从。宇都宫氏离开松山城后去投奔毛利氏。河野氏也归顺了长宗我部元亲。天正十二年（1584年）年末，长宗我部元亲统一了伊予国。统一四国之后，长宗我部元亲一直在关注中央的情况，这时爆发了小牧战役。在小牧战役爆发时，长宗我部元亲来到阿波渡口，打算派长宗我部亲泰攻打大阪城，还派人和纪伊国的一向宗联络，做好了发兵的准备。这时，丰臣秀吉、织田信雄、德川家康已经媾和，因此，长宗我部元亲就撤军了。之后，在丰臣秀吉征讨纪伊国时，长宗我部元亲打算出兵增援一向宗，但群臣建议长宗我部元亲不要触怒丰臣秀吉，长宗我部元亲这才打消了增援一向宗的念头。之后，长宗我部元亲派谷忠兵卫到丰臣秀吉那里表示自己想得到四国。丰臣秀吉承诺把四国中的土佐国分给长宗我部元亲，让长宗我部元亲将其他三国给自己。结果，长宗我部元亲不答应丰臣秀吉的要求，于是，丰臣秀吉开始征讨四国。

（三）丰臣秀吉、长宗我部元亲在四国的军力部署情况

为了征讨四国，丰臣秀吉亲自来到岸和田城指挥。丰臣秀吉派给羽柴秀长、三好秀次六万人马，由仙石秀久做向导进攻阿波国。宇喜多秀家奉丰臣秀吉的命令率领备作的两万三千人马和黑田孝高等一起入侵赞岐国。毛利辉元率军四万余人和吉川元长、小早川隆景一起进军伊予国，和丰臣秀吉的部队一起三方合击长宗我部元亲的部队。当时，长宗我部元亲率领直属部队八千人在阿波国进行防御。与此同时，长宗我部元亲分派众将把守木津城、一宫城、岩仓城、牛岐等地。长宗我部元亲派嫡子长宗我部信亲率军一万多人驻扎甲浦，防止丰臣秀吉的部队进入土佐国。长宗我部元亲把二儿子长宗我部亲政送给赞岐国西部的香川氏作养子，让他负责这里的防务。长宗我部元亲还命令伊予国、赞岐国的各城城主严加防守。丰臣秀吉和长宗我部元亲双方的部署已经就绪，天正十三年（1585年）三月，双方终于爆发了战争。

（四）各方面的战斗情况

天正十三年（1585年）三月八日，羽柴秀长率军四万人进攻木津城，城主东条官兵卫善于防守，羽柴秀长遣使劝降了东条官兵卫。接着，羽柴秀长攻克一宫城，并试图让一宫城城主劝长宗我部元亲投降。天正十三年四月六日，宇喜多秀家等攻克喜冈城、由良山城、财田城等，向植田进军。当时，黑田孝高率领的四国部队的主力在阿波国。羽柴秀长说："如果和三好秀次会师，可以占领阿波国。然而，因为时机不成熟，之后不可以直接攻占赞岐国。"于是，羽柴秀长和三好秀次会师，一起攻打岩仓城，敌军丧胆，守将长宗我部扫部头献城投降。接着，协城也弃城而走。长期以来，赞岐国各城堡历经攻城野战，城墙坚固，但没有护城河，比较狭小，大军无法立足，众将解散。

毛利辉元在备后国三原，他派吉川元长、小早川隆景攻打高尾城。城主金子传兵卫奋力防守，城堡狭小，城破后，金子传兵卫被杀。之后，吉川元长、小早川隆景攻克帆柱、柴尾各城堡后，开始攻打赞岐国边境上的佛殿城。

一宫城城主谷忠兵卫听从羽柴秀长的吩咐，去劝长宗我部元亲投降。丰臣秀吉的大军乘势席卷阿波国，进入土佐国境内，长宗我部氏危在旦夕。谷忠兵卫对长宗我部元亲说："与其家破人亡，不如得到土佐一国，保全长宗我部氏。"长宗我部元亲和老臣们商量之后决定投降。天正十三年五月十九日，长宗我部元亲归顺丰臣秀吉，丰臣秀吉把土佐国分给长宗我部元亲，长宗我部元亲把三儿子津野孙次郎作为人质送到京都。于是，为时一个月的四国征讨圆满结束。丰臣秀吉论功行赏，把阿波国分给蜂须贺正胜，其中一万石产量的领地分给赤松则房，赞岐国产量二万石的领地分给十河存保，其余分给仙石秀久。丰臣秀吉将伊予国产量为三十五万石的领地分给小早川隆景，剩下的产量为二万三千石的领地分给安国寺惠琼。这是因为安国寺惠琼在毛利氏和羽柴氏之间往来联络，立下了功勋。

四、征伐佐佐成政

（一）前田利家和佐佐成政

越中国的佐佐成政对丰臣秀吉不满，在小牧战役中与德川家康、织田信

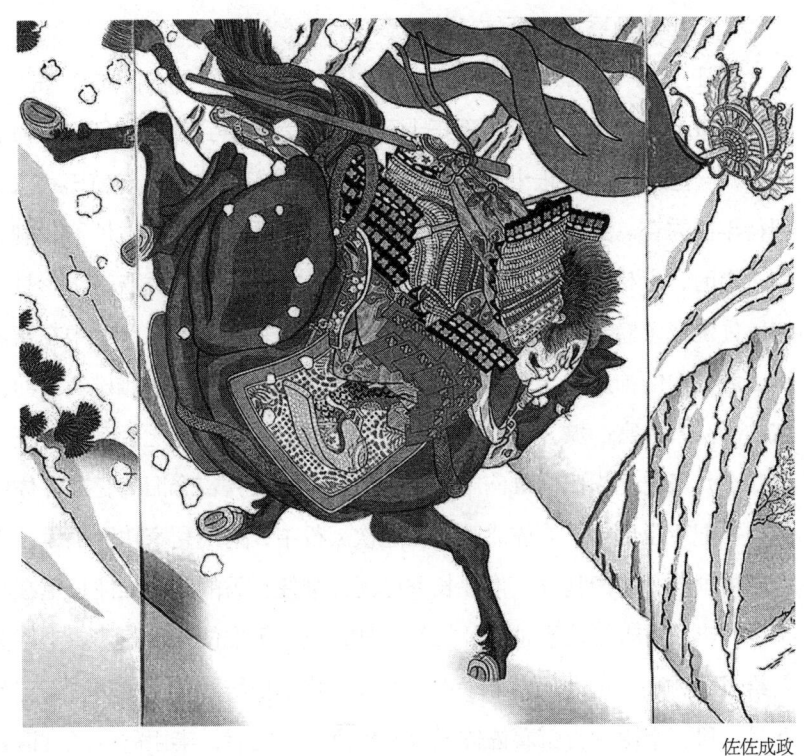

佐佐成政

雄遥相呼应。在佐佐成政与前田利家作战时，丰臣秀吉命上杉景胜袭击佐佐成政的背后。天正十二年（1584年）十月，上杉景胜来到越中国，攻克了新川郡境城。前田利家和佐佐成政的部队发生冲突，前田利家的部队夺取了佐佐成政的胜山城，又在罗龙峰打败了佐佐成政的部队。此前，前田利家被佐佐成政夺取了河北郡乌越城，前田利家一直在寻找机会雪耻。天正十三年（1585年）二月，前田利家采纳了村井长赖的计策，和儿子前田利长一起出兵进攻富庶的莲沼。莲沼是佐佐成政筹集军费的地方，前田利家于天正十三年二月十五日将莲沼付之一炬，居民四散奔逃。前田利家又打败了木舟、井波、城端、拓根等城堡的城主派来的部队。天正十三年三月二十一日，佐佐成政败逃至加贺国石川郡鹰巢，放火威胁前田利家。前田利家穷追不舍。这样一来，前田利家的势力横扫越中国，北越之地归前田利家和佐佐成政共有。征讨四国的战役刚刚结束，丰臣秀吉就出兵征讨佐佐成政。

（二）丰臣秀吉亲征佐佐成政

天正十三年（1585年）八月四日至五日，丰臣秀吉让先锋部队出发征讨佐佐成政。丰臣秀吉自己于天正十三年八月六日得到朝廷的征讨敕命后，和织田信雄一起出发。天正十三年八月十八日，他们抵达金泽。前田利家父子殷勤招待丰臣秀吉。天正十三年八月二十日，丰臣秀吉登山察看地形，制订作战计划。当时，上杉景胜也出兵边境，防御佐佐成政，丰臣秀吉对上杉景胜表示感谢。佐佐成政撤走木舟、井波、城端、拓根等城堡的部队，集中在富山城，以富山城前面的神通川为天然屏障，与丰臣秀吉的部队一决雌雄。然而，丰臣秀吉的部队直逼富山城，势如破竹。佐佐成政抵抗了七日之后，于天正十三年八月二十九日委托织田信雄向丰臣秀吉请降。丰臣秀吉念旧情，准许佐佐成政投降，并把新川郡给了佐佐成政。在这次战役中，前田利家功劳最大，丰臣秀吉把越中国给了前田利家。惟住长秀已死，惟住长秀的儿子惟住长重在军中违反军令，丰臣秀吉没收了越前及加贺二郡，只给了惟住长重若狭。丰臣秀吉把越前给了堀秀政，将大圣寺给了沟口秀胜，将小松给了村上义明。天正十三年闰八月六日，丰臣秀吉带着佐佐成政回到京都。之后，丰臣秀吉经常请佐佐成政喝茶叙旧，两人相处融洽。

第 26 章

丰臣秀吉的势力

丰臣秀吉战胜明智光秀是第一次成功；消灭织田信孝，降服滝川一益是第二次成功；在小牧战役中和德川家康、织田信雄媾和，消除后顾之忧，平定纪伊国一向宗，打败长宗我部元亲，降服佐佐成政是第三次成功。之后，丰臣秀吉就开始谋划如何对付德川家康和织田信雄了。织田信雄对丰臣秀吉俯首帖耳，而德川家康坐镇滨松城，不去京都，只遣使与丰臣秀吉往来，非常傲慢。丰臣秀吉对德川家康无可奈何。德川家康虽然不与丰臣秀吉对抗，但依然维持原来的样子。丰臣秀吉很清楚德川家康的武略、兵力是很难对付的。丰臣秀吉有心与德川家康一决雌雄，但一旦失败，前二次成功都会化为乌有。有鉴于此，丰臣秀吉对德川家康采取了怀柔政策，在不失威严的情况下，让德川家康服从自己的命令。通过这一手段，丰臣秀吉成就了统一大业。

一、丰臣秀吉分封领主

丰臣秀吉不断南征北战，分封领主的情况也比较复杂多变。分封领主对丰臣秀吉的政治战略至关重要。在天正十三年（1585年）分封领主时，位于丰臣秀吉权力中枢的有羽柴秀长、三好秀次及丰臣秀吉的直属将领。羽柴秀长的地位最重要，领有大和国、纪伊国，在大和郡山筑城，拱卫大阪城。长宗我部元亲占据土佐一国，筒井定次领有伊贺国及山城国、伊势国的一部分，二人都在羽柴秀长的麾下听用。本来大和国是筒井顺庆的领地，天正十二年（1584年）八月筒井顺庆死后，其侄子筒井定次以筒井顺庆养子的身份领有

堀尾吉晴

伊贺国及山城国、伊势国的一部分。三好秀次称羽柴姓，领有近江国，坐镇府中八幡山，牵制住京都、东海及北陆的领主。中村一氏、堀尾吉晴、山内一丰等归三好秀次指挥。胁坂安治、加藤嘉明领有淡路国。木下孙右卫门领有和泉国。播磨国西部归福岛正则，东部归中川秀政。摄津国归丰臣秀吉的左右近侍。这是因为播磨、淡路、摄津三国对大阪城的防御比较重要。丰臣秀吉把但马国分给了前野氏、赤松氏等，把若狭国分给了丹羽长重，把越前国分给了堀秀政、长谷川秀一、木村常陆介、金森长近、蜂屋赖隆。前田利家领有能登国、加贺半国及越中国。此外，中国地方的毛利氏、越后国的上杉景胜、美浓尾张伊势的织田氏、备作的宇喜多氏、丹波丹后的细川氏都是丰臣秀吉的附庸，听从丰臣秀吉的命令。丰臣秀吉的势力波及三河国、信浓国、越后国以西，四国、九州、东海及关东、东北地区还未臣服于丰臣秀吉。

二、丰臣秀吉和德川家康的关系

丰臣秀吉领地广阔，兵强马壮。尽管如此，丰臣秀吉依然畏惧德川家康的势力，不敢轻易冒险征讨德川家康。丰臣秀吉想兵不血刃地让德川家康服从自己的命令，于是丰臣秀吉采取了怀柔政策。为此，丰臣秀吉绞尽脑汁，进行了周密的思考。

三、德川家康与真田昌幸的关系

表面上，丰臣秀吉与德川家康一团和气，收了德川家康的儿子作为养子，将这名养子改名为羽柴秀康，并分给他河内国产量为一万石的领地。然而，德川家康不去大阪城，丰臣秀吉也不去滨松城，两雄面和心不和。而且德川家康和丰臣秀吉一直都想乘虚而入攻击对方。丰臣秀吉统一了四国、北越，无机可乘。德川家康也很稳重，从不轻举妄动，一直防备着尾张方面，窥伺着京都方面的动态。对于德川家康来说，丰臣秀吉是一个大敌，需要加倍小心。为此，德川家康和北条氏政议和，密切双方的关系。德川家康夺取了北条氏占有的信浓国佐久郡，占据了信浓国的大部分，北条氏占有上野国，以此来防御丰臣秀吉。

当时，信浓国还有真田昌幸，他领有上田城及上野国沼田城，听从德川家康的调遣。德川家康和北条氏议和时，约定让真田昌幸将沼田城让给北条氏，真田昌幸拒绝执行这一命令，与北条氏对抗。当时，爆发了小牧战役，德川家康无法强迫真田昌幸执行上述命令。小牧战役结束后，德川家康强迫真田昌幸执行上述命令。真田昌幸拒不执行。天正十三年（1585年）八月，德川家康亲自率领骏河国、信浓国众将征讨真田昌幸。真田昌幸让部将把守沼田城，自己和真田氏一族把守上田城，抵御德川家康。与此同时，真田昌幸遣使拜见丰臣秀吉，请求给予援助。丰臣秀吉命上杉景胜援助真田昌幸。上杉景胜命令部将率军六千人到川中岛安营，寻机支援真田昌幸。德川家康的势力波及甲斐国、信浓国，反抗德川家康的只有真田昌幸。德川家康的部将大久保忠世进攻上田城，进展很不顺利，最终被真田昌幸打得大败。德川家康召回大久保忠世，换井伊直政等攻城，但收效甚微。虽然德川家康作战勇敢，但真田昌幸有勇有谋，德川家康对真田昌幸无可奈何，只好与真田昌幸对峙。在丰臣秀吉的劝说下，天正十三年（1585年）十二月，小笠原贞庆攻打德川家康的部将保科正直的高远城。小笠原贞庆是小笠原长时之子，小笠原长时被武田晴信打败后，前往京都侍奉征夷大将军足利义辉，足利义辉死后，小笠原长时寄居在芦名氏那里。小笠原长时趁信浓国之乱，召集故旧夺取了深志城，改名为松本城。小笠原贞庆进攻高远城，被保科正直击退了。由此可见，丰臣秀吉通过结交信浓国豪族牵制德川家康。

四、丰臣秀吉和德川家康联盟

德川家康是丰臣秀吉背后的敌人，丰臣秀吉打算或者出兵三河国消灭德川家康，或者出兵威慑德川家康。然而，丰臣秀吉对和德川家康刀兵相见颇有顾虑，在小牧战役中丰臣秀吉已经领教了德川家康的本事，再次与德川家康交锋绝没有好果子吃。因此，丰臣秀吉需要想出一个避免动武就能降服德川家康的办法。丰臣秀吉通过织田信雄劝说德川家康入京。而德川家康总是找借口不入京。德川家康也意识到违抗丰臣秀吉的命令，丰臣秀吉必然会大举来犯，因而德川家康督促部将做好一切应战准备。当时，镇守冈崎城的德川家康的部将石川数政被丰臣秀吉策反后逃到大阪城，把德川家康这边的情况告诉了丰臣秀吉。德川家康运用武田氏的兵法加强练兵，让三河国等地的各城堡加固城墙，预防丰臣秀吉来攻。这样一来，如果丰臣秀吉大举侵犯，有可能会两败俱伤。

丰臣秀吉决定牺牲妹妹，把妹妹嫁给德川家康。这是因为德川家康的正妻早已去世了。当时，丰臣秀吉的妹妹已经嫁给了尾张国人副田甚兵卫，还没有生孩子。丰臣秀吉给了副田甚兵卫产量为五万石的土地，让副田甚兵卫休了妹妹。副田甚兵卫听从丰臣秀吉的命令，剃发隐居了。天正十四年（1586年）正月二十一日，丰臣秀吉派羽柴雄亲到冈崎城面见酒井忠次，他们商量此事之后，一同到滨松城去见德川家康，讲了结亲的事情。德川家康答应了这门婚事。然而，德川家康担心与丰臣秀吉联姻会引起北条氏的怀疑，于是给北条氏写信说明情况，约定会盟。天正十四年三月六日，德川家康赶赴北条氏境内的三岛与北条氏政、北条氏直会盟。这是自从德川家康把女儿嫁给北条氏直

丰臣秀吉的妹妹朝日姬

以来，双方第一次见面。北条氏设宴款待德川家康，双方互赠礼品，加深了友谊。丰臣秀吉屈膝结交德川家康，德川家康亲自到北条氏境内会盟，都是为了将来的霸业着想。德川家康在和北条氏会盟之后回到滨松城，派本多忠胜到大阪城和丰臣秀吉商量婚礼之事。起初，德川家康想派天野康景任聘礼使，而丰臣秀吉希望德川家康派酒井忠次或者本多忠胜任聘礼使。德川家康派天野康景到大阪城后，丰臣秀吉非常不满。织田信雄遣使至滨松城，让德川家康再派本多忠胜或者酒井忠次为聘礼使。德川家康接受了这一建议。丰臣秀吉接见天野康景后，和本多忠胜商议了婚礼事宜，本多忠胜先回滨松城。天正十四年（1586年）五月，丰臣秀吉的妹妹朝日姬在德川家康一方的天野康景和丰臣秀吉一方的浅野长政的陪同下，带着一百五十名婢女来到滨松城。酒井忠次的儿子到三河国西野迎接送亲的队伍。天正十四年五月十四日夜，德川家康与朝日姬在滨松城举行了婚礼。之后，浅井长政等回到大阪城复命，德川家康派神原康政到大阪城拜见丰臣秀吉。丰臣秀吉接见了神原康政，夸赞德川家康在小牧战役中作战勇敢，之后神原康政回滨松城复命。

虽然德川家康和丰臣秀吉联姻了，但德川家康依然没有西上入京。丰臣秀吉把德川家康的心腹井伊直政、本多忠胜、神原康政的儿子当作人质，催促德川家康西上，德川家康依然不去。丰臣秀吉把自己的母亲送到滨松城见朝日姬，敦促德川家康西上入京，德川家康这才于天正十四年（1586年）十月十四日从滨松城出发，前往大阪城。当时，三河国的将士都怀疑丰臣秀吉要杀德川家康，就把丰臣秀吉的母亲软禁起来，打算一旦德川家康有闪失，就杀掉丰臣秀吉的母亲。天正十四年十月二十六日，德川家康来到大阪城，住在羽柴秀长家里。第二天，德川家康拜见丰臣秀吉。礼毕，丰臣秀吉领着德川家康登上大阪城天守阁，眺望四方。之后，丰臣秀吉让千宗易表演茶道，把德川家康招待得无微不至。之后，丰臣秀吉和德川家康一起入京，丰臣秀吉为德川家康修建了新的府邸。天正十四年十一月，丰臣秀吉奏请朝廷给德川家康和羽柴秀长叙正三位，给井伊直政、本多忠胜、神原康政叙从五位下。天正十四年十一

千宗易

月十一日,德川家康回到冈崎城,三河国将士这才放心。丰臣秀吉的母亲也回到了大阪城。

丰臣秀吉让德川家康去大阪城并非想杀德川家康,那样做太幼稚了。丰臣秀吉是想向群臣夸耀自己已经统一了天下,如果丰臣秀吉真想杀德川家康,他是不会在乎老母亲的性命的。而德川家康及其部将过于小心翼翼,度量狭窄,在得到充分的安全保障的基础上才去大阪城见丰臣秀吉。相比之下,丰臣秀吉的度量要比德川家康大得多,正是因为如此,丰臣秀吉才能比德川家康早一步得到天下。然而,对于德川家康来说,这也证明了部将对自己忠心耿耿,这是德川家康成就霸业的重要基础。

五、丰臣秀吉任命五奉行

丰臣秀吉被任命为关白之后,于天正十三年(1585年)从部将中选了浅野长政、前田玄以、增田长盛、石田三成、长束正家这五人,任命他们为奉

石田三成

行。浅野长政和丰臣秀吉是同乡，浅野长政的夫人是丰臣秀吉的母亲的干妹妹。前田玄以很有才干，在二条城奉织田信忠的遗嘱拥立织田三法师之后，在丰臣秀吉手下做事，很熟悉皇宫、公卿、神社、寺院的事务。增田长盛机敏干练。石田三成从近江国长滨战役以来一直跟随丰臣秀吉，相貌出众，颇得丰臣秀吉喜爱。长束正家起初是惟住长秀的手下，做事干练，颇得丰臣秀吉赏识。丰臣秀吉规定上述五个奉行负责处理庶务，各自负责一项工作，遇到大事五奉行商议解决。丰臣秀吉告诫五奉行要处事公平，不谋私利，切忌骄奢淫逸。当时，擅长攻城野战的人才很多，善于处理庶务的人才很少。以上五人入选五奉行，参与国家大事，权力很大。太平盛世需要治国理政的人才。跟随丰臣秀吉冲锋陷阵立下汗马功劳的将士到了太平盛世，要排在五奉行之后。五奉行熟悉丰臣秀吉的脾气秉性，善于察言观色，擅长处理庶务，开启了桃山时代的太平盛世。然而，之后丰臣秀吉的部下分为文臣和武将，两派矛盾重重，势如水火。这是后来发生伏见骚动的主要原因。

六、后阳成天皇即位

丰臣秀吉统一天下后，权势很大，他沿袭了织田信长的做法，尊重皇室。正亲町天皇的皇子诚仁亲王被立为皇太子。天正十四年（1586年）正月，丰臣秀吉入京祝贺，给正亲町天皇、诚仁亲王敬酒，并给诚仁亲王献上黄金屋。天正十四年二月，丰臣秀吉又入京，和正亲町天皇、诚仁亲王等一起欣赏樱花，吟诗作赋，加深了君臣的情谊。天正十四年七月，诚仁亲王突然患了重病。天正十四年七月二十三日，诚仁亲王去世，享年三十五岁。于是，朝廷决定立诚仁亲王的儿子和仁亲王为皇太子。天正十四年十一月七日，正亲町天皇把皇位让给和仁亲王，在土御门殿大内举行了受禅仪式，这一年和仁亲王十六岁。天正十四年十一月二十五日，朝廷举行即位仪式，排场很大，是前一代天皇即位时无法比拟的。之后，丰臣秀吉晋升太政大臣，位极人臣。

第27章

丰臣秀吉征讨九州

一、九州的形势

在九州，大友氏、龙造寺氏、岛津氏三足鼎立。其中岛津氏的势力最大，占有萨摩、大隅、日向三国及肥后国的一部分，对大友氏的领地虎视眈眈。虽然大友氏以前的风光不再，但其依然占据筑后国、筑前国、丰前国的一部分。龙造寺隆信和筑前国豪族作战，他占有筑后国、入侵肥后国，并与岛津氏在九州争霸。于是，岛津氏一方面要防御大友氏，另一方面要与龙造寺氏争斗。

二、龙造寺氏的势力

龙造寺隆信的老巢是佐贺，其势力尚未扩张至肥后国西部，背后有五岛氏、有马氏、大村氏等，对龙造寺氏虎视眈眈。因此，龙造寺隆信在前面和大友氏、岛津氏对抗，还要提防背后的势力。

筑后国山门郡高尾城的田尻鉴种起初属于龙造寺氏的手下，在蒲池氏被龙造寺隆信灭掉之后，田尻鉴种开始与龙造寺氏对抗。天正十年（1582年）十月，龙造寺隆信命令儿子龙造寺政家包围高尾城。田尻鉴种向岛津氏、大友氏求救。大友义镇派兵援助高尾城，却被草野长门守等拦住去路。天正十一年（1583年）正月，岛津义久派援军到高尾城，与龙造寺氏的部队发生冲突。岛津义久和龙造寺隆信的部队在肥后国也发生了冲突。秋月鉴实为龙造寺隆信和岛津义久居中调停，双方罢兵，田尻鉴种也投靠了龙造寺隆信。

高来郡的有马晴信和蒲池氏是亲戚关系，蒲池氏被灭后，有马晴信对龙造寺隆信不满。天正十年（1582年）十月，有马晴信率军烧毁了龙造寺氏的深江等村落，进逼深江城。深江城城主安富伯耆守虽是有马晴信的同族，但已经归顺龙造寺隆信，他拒绝有马晴信入城。安富伯耆守的儿子、安德城城主、岛原城城主等也来援助。天正十一年（1583年），有马晴信暂时和龙造寺隆信媾和，安德城城主中途背叛龙造寺隆信，与有马晴信结盟。于是，龙造寺隆信进攻安德城，有马晴信向岛津氏求援。岛津义久派新纳忠尧等率千人救援有马晴信。天正十一年六月，有马晴信和援军一起在高来郡与龙造寺隆信的部队作战，有马晴信战败，新纳忠尧战死。

　　与此同时，在肥前国、筑后国，岛津义久和龙造寺隆信媾和。结果，岛津义久和龙造寺隆信收兵，龙造寺隆信和有马晴信也媾和了。然而，龙造寺隆信对岛津义久和有马晴信经常合作十分不满，派儿子龙造寺政家进军高来郡，讨伐有马晴信。有马晴信遣使向岛津义久求救，岛津义久对龙造寺隆信背信弃义十分不满，便于天正十二年（1584年）三月派弟弟岛津家久率三千人马进入安德城，防御龙造寺隆信的部队。当时，龙造寺隆信在须古城，他亲自率领肥前国的人马前往岛原城，又命备后国的人马防御肥筑方向。岛津家久的部队与龙造寺隆信的部队相比，实力悬殊。因此，岛津家久决定决一死战，他命令手下士兵和有马晴信的人马一起于天正十二年三月二十四日与龙造寺隆信的人马在岛原城进行决战。交战几个回合后，两军都很疲惫，岛津义久的部将镰田政近等从侧面冲击龙造寺隆信部队的后方，龙造寺隆信的阵营大乱，岛津义久的部将川上忠坚冲入敌阵，杀死了龙造寺隆信。由于主将被杀，龙造寺隆信的部队军心大乱，全面溃退。龙造寺政家等收拾残兵败将从海路回到佐贺。

　　龙造寺隆信已死，岛津义久大兵压境，龙造寺氏民心不稳。龙造寺政家把重臣锅岛直茂从柳川城叫到莲池城，商议稳定民心的对策。锅岛直茂进而为龙造寺政家出谋划策，以报岛原之役时的杀父之仇。锅岛直茂后来在丰臣秀吉的支持下取代了龙造寺氏。

　　岛津氏在日向国获胜，又战胜了肥后国的相良氏，占有了八代城，势力

锅岛直茂

越来越人。岛津义久坐镇日向国饭野，让弟弟岛津义弘镇守八代城。日向国的伊东氏已经逃走，岛津义弘打算在肥后国扩张势力。肥后国有阿苏氏、名和氏及其他领主，这些人还未归顺岛津氏。因此，岛津氏要征讨这些领主，和龙造寺氏争霸九州。岛津义弘在八代城征服了肥后国的豪族。天正十二年（1584年），合志、隈部等豪族望风而降，筑后国的草野氏、星野氏、蒲池氏、原田氏及秋月种实等都归顺了岛津氏，岛津氏的势力进一步扩张。龙造寺隆信死后，龙造寺氏的势力都被岛津氏夺取了。岛津义久在肥后国修筑花山城，让木胁昌祐、镰田政虎等镇守。天正十三年（1585年）八月，阿苏惟前趁镰田政虎及其父亲镰田政近前往日向国都于郡之际，命甲斐相模守袭击花山城。木胁祐昌猝不及防战死，镰田政虎回来后也战死了。岛津义久得到花山城战败的消息后，于天正十三年闰八月亲自率军征讨阿苏惟前，攻克甲佐、坚志田，势如破竹。阿苏惟前等出降。岛津义久把伊集院久春留在津森城防御阿苏

新纳元忠

氏,之后凯旋。天正十三年(1585年)十二月,伊集院久春被津森城城主满水宗甫驱逐出城。天正十四年(1586年)正月,新纳元忠收复了津森城。

日向国的伊东氏逃走,龙造寺氏失势,肥后国的领主们投降,筑后国的士兵纷纷响应岛津氏。至此,九州大半归岛津氏所有。岛津氏的敌人就剩下丰后国及筑前国的大友氏、立花氏、高桥氏等。岛津氏为了和这些势力作战,积极备战。

筑后国山门郡堀切的居民邀请大友氏的部将平井镇经在堀切筑城抵挡田尻氏。天正十三年闰八月,田尻鉴种命令筑前国的户次鉴连、高桥镇种等援助平井镇经。因此,田尻鉴种与龙造寺家晴联手对抗户次鉴连和高桥镇种。这时,丰后国来了援军,驻扎在高良山,大友义镇也援助平井镇经,大友氏的部队颇占优势。大友义镇和户次鉴连、高桥镇种等前后夹击秋月种实在筑前国的古所山城。筑后国的豪族们为了征讨秋月种实,前往筑前国防御龙造寺氏和田尻鉴种。岛津义弘看到秋月种实身处险境,前来援助。与此同时,岛津义弘派山田有信等前往筑后国,筑后国的豪族们因而有了后顾之忧,不能长久留在筑前国。山田有信等进军筑后国,攻克多座城堡,打败了堀切城的平井镇经,降服了三池镇实、蒲池鉴广等。当时,筑前国立花城的户次鉴连战死,户次鉴连的养子户次统虎继承家业之后收兵,只有高桥镇种留在筑前国。这样,筑后国大部分领土归岛津氏所有。丰前国的将士中有一部分人被调到了丰后国,防御

户次统虎

敌人来犯。之后不久，筑紫氏和高桥氏媾和，交换人质，筑紫广门的女儿嫁给高桥绍运的儿子高桥统增。高桥统增镇守实满城，与大友氏结盟。看到筑紫氏和高桥氏结盟，秋月氏担心自己大祸临头，便遣使与岛津氏结盟，请求援助。天正十四年（1586年）七月，岛津义久派岛津忠长等为先锋，前往筑后国援救秋月氏，对抗高桥氏，进而入侵丰后国。岛津忠长另派一部分人马进军筑后国，攻克鹰取城，杀死筑紫晴门。岛津忠长乘势率全军进逼筑紫氏的老巢势尾城，筑紫广门投降。之后，岛津义弘和秋月氏、长野氏、龙造寺氏等援军一起围攻高桥绍运的岩屋城，高桥绍运支撑不住，自刎身亡。实满城城主闻风投降。岛津忠长想一鼓作气攻克立花城，但岛津义久命令暂时撤军，让秋月种实镇守岩屋城和实满城。

岛津氏在筑前国的作战非常顺利，降服或者消灭了高桥氏、筑紫氏等支持大友氏的势力，断绝了外界对大友氏的援助。天正十四年十月，岛津氏打算大举入侵丰后国。大友氏是九州的名门望族，四百余年间，大友氏以丰后国为根据地，占据着肥后国及筑前国、筑后国，是很难消灭的。为此，岛津氏从外交上、军事上做了周密的安排。大友氏的部将入田义实的父亲入田亲真获罪，被大友义镇诛杀，入田义实对大友义镇十分不满。岛津氏拉拢入田义实，让入田义实在丰后国搞内讧。天正十三年（1585年），岛津义久的部将新纳忠元给入田义实送去起誓书。入田义实拉拢对大友义镇不满的丰后国南郡的豪族志贺道益，让志贺道益与岛津氏联手。大野郡的柴田绍安也与岛津氏来往。在丰后国支持岛津氏的人越来越多。于是，岛津义久决定入侵丰后国。当时，丰臣秀吉在大友义镇及丰后国豪族的请求下，派仙石秀久、长宗我部元亲、黑田孝高等援助大友氏。然而，大友义镇正在丰前国作战，大友义镇的部下去丰前国的人很多。岛津义久在入田义实的策应下乘虚而入。岛津义久派岛津义弘为主将，率领三万七百余名骑兵从肥后国出发，入侵丰后国直入郡，攻克高木城。入田义实做岛津义弘等的向导，带领岛津义弘等进入入田城。接着，片濑、一万田等投降，只有志贺亲次死守冈城不降。这样，直入、大野两郡的西部几乎全部归岛津氏所有。

岛津氏驱逐伊藤氏之后，日向国归岛津氏所有。为了从日向国方向入侵丰后国，岛津义久派岛津家久率领一万多名骑兵进入大野郡，攻克柴田绍安的朝日城、大野郡的松尾岛岳、高尾城等，逼近大分郡的鹤贺城。仙石秀久当时在丰前国，听说丰后国危急，仙石秀久和大友义统一起在鹤贺城外与岛津家久激战。结果仙石秀久大败，长宗我部秀亲战死。仙石秀久、大友义统败走。大友义统逃到丰前国宇佐郡龙王城。大友义镇在教堂遭到岛津家久的部下白滨重政、野村文纲等的围攻，在教徒们的护卫下逃入丹生岛城，防御岛津氏的进攻。丹生岛城地形险要，易守难攻，岛上有淡水供将士饮用，大友义镇据险死守。岛津义久的部队劫掠府内，大友义镇修建的佛寺、基督教堂、学校等被

大友义统

付之一炬。岛津氏进一步进攻尚未降服的城堡。大友义镇请求丰臣秀吉派兵援助，于是丰臣秀吉派军征讨九州。

三、丰臣秀吉和九州领主的关系

（一）丰臣秀吉与大友氏的关系

大友义镇在日向国被岛津氏打败后，势力大大受挫。然而，大友氏是九州的名门望族，兵力依然很多，还不至于灭亡。大友义镇喜欢新奇的东西，他信仰基督教，很多部下不听从大友义镇的命令。彦山的领地跨丰前国、筑后国，信徒很多，还有武器，不听从大友义镇的命令。大友义镇命令烧毁彦山。大友义镇听说龙造寺隆信战死，就想出兵筑后国抢夺领地。然而，大友氏的势力与如日中天的岛津氏的势力不可同日而语。大友义镇和众将商议之后，打算到大阪城请求丰臣秀吉的援助。天正十四年（1586年）三月，大友义镇从丰后国出发。天正十四年四月，大友义镇抵达大阪城。丰臣秀吉热情款待了大友义镇，又带着大友义镇参观大阪城，赐给大友义镇一把刀。大友义镇向丰臣秀吉说明了九州的情况，请求丰臣秀吉发兵援助。丰臣秀吉告诉大友义镇不日将征讨九州，让大友义镇手下的户次统虎归自己指挥。之后，大友义镇回到丰后国。天正十四年，岛津氏攻打丰后国，大友义镇的儿子大友义统逃到丰前国。丰臣秀吉下令众将讨伐九州。

（二）丰臣秀吉和岛津氏

岛津氏征服了日向、肥后、筑前、筑后四国之后，向丰后国扩张势力。九州的豪族纷纷给岛津义久送上人质，表示听从岛津义久的指挥。长此以往，岛津氏就会统一九州。天正十三年（1585年），丰臣秀吉遣使拜见岛津义久，要求岛津义久与大友义镇议和。天正十四年春，岛津义久派镰田政广及僧人玄昌拜见细川藤孝，让细川藤孝转告丰臣秀吉："恕难奉命。"丰臣秀吉接见了镰田政广、玄昌，让他们转告岛津义久："岛津义久可以领有萨隅国及日向国、肥后国的一部分领地，肥前国、肥后国、筑后国、丰前国的一半归大友氏所有。如果岛津义久不听从这一命令，朝廷将征讨岛津氏。"镰田政广、玄昌回禀岛津义久，岛津义久召集一族和群臣商议，众将都主张岛津氏占有九州，和丰臣秀吉抗争。唯独一族中的岛津岁久主张听从丰臣秀吉的命令，结果这一建议没有被采纳。于是，岛津义久和丰臣秀吉的关系破裂，丰臣秀吉远征九州。

（三）丰臣秀吉和龙造寺氏的关系

龙造寺隆信死后，龙造寺氏一蹶不振。龙造寺政家继承家业之后，不能抵挡岛津氏的进攻。于是，龙造寺政家遣使送人质给岛津义久，表示听从岛津义久的派遣。然而，龙造寺氏的家宰锅岛直茂一直与丰臣秀吉往来，锅岛直茂希望丰臣秀吉救援龙造寺氏。岛津氏的攻势很猛，锅岛直茂一方面和秋月氏一起结交岛津氏，另一方面和丰臣秀吉往来。天正十三年（1585年），三浦可鸥遣使和小早川隆景一起去大阪城拜见丰臣秀吉，向丰臣秀吉表示："希望献上人质给丰臣秀吉，愿意做丰臣秀吉征讨九州的先锋。"丰臣秀吉答应此事，命令三浦可鸥做好准备。此后，锅岛直茂经常向丰臣秀吉汇报九州的情况，和九州的豪族一起对抗岛津氏，等待丰臣秀吉讨伐九州。

四、丰臣秀吉为讨伐九州做准备

丰臣秀吉派仙石秀久、长宗我部元亲等到丰后国劝说岛津义久分割九州，又派黑田孝高到安艺国和毛利氏的部将一起进军丰前国。然而，岛津氏不听丰臣秀吉的命令，入侵丰后国，打败了仙石秀久，杀死了长宗我部秀亲及十河政泰，占有丰后国大半领土。天正十五年（1587年）正月十九日，岛津义久给羽柴秀长递交文书，为自己的侵略行为狡辩，说日向战役是由大友氏憎恨岛津氏而引起的。岛津义久表示，仙石秀久、长宗我部元亲袭击岛津氏，岛津氏进行自卫而大获全胜，杀死敌军数千人。而且岛津家久不敢伤害丰臣秀吉的士兵，准备用三四艘大船送还俘获的士兵。

此外，岛津义久还给石田三成写信进行狡辩。岛津义久把责任归于他人，证明自己的清白。丰臣秀吉不会相信岛津义久的这些狡辩。天正十四年十二月，丰臣秀吉命令众将做好征讨九州的准备。丰臣秀吉下书给畿内、北陆、南海、中国地方及近江、尾张等三十七国，说明要征讨九州，召集了二十万人马，筹备兵粮，让石田三成等负责出纳，准备于天正十五年三月亲征。

此前，丰臣秀吉命令毛利辉元进入丰前国，进攻属于岛津氏的城堡，黑田孝高做监军。天正十四年（1586年）八月，毛利辉元命令部将三浦兵库率三千名骑兵进军丰前国，攻打秋月氏一族的高桥元种的部将镇守的小仓城，但三浦兵库被打败了。天正十四年十月，毛利辉元派小早川隆景等和黑田孝高一起率领中国地方的八万人马攻打小仓城。小仓城守军支撑不住，小仓城陷落，时枝等城堡也投降了。毛利辉元和黑田孝高进入小仓城指挥征讨九州的军务。小早川隆景、吉川元长等攻克了高桥氏的城堡大野宫山城。攻克宇吕津城时，小早川隆景、吉川元长等斩杀了城主贺久与次郎等千余人，男女四百余人被俘后被残忍杀死。而今只剩下高桥氏的香春岳尚未攻克。此役，吉川元春负伤阵亡，享年五十七岁。吉川元春以受丰臣秀吉的管辖为耻辱，但丰臣秀吉非常欣赏吉川元春的勇敢，说在西征九州时一定要见吉川元春一面，还把征讨九州的大任交给吉川元春。然而，吉川元春称病不出。毛利辉元担心触怒丰臣秀吉，强行让吉川元春出征，吉川元春快快不乐，终于战死。吉川元春的三儿子吉川广家

吉川广家

护着吉川元春的灵柩回到安艺国。吉川元长和小早川隆景一起攻打香春岳，高桥元种逃出香春岳城，丰前国大体平定。仙石秀久等在丰后国作战十分不利。丰臣秀吉让仙石秀久等不要擅自行动。相比之下，小早川隆景等在丰前国的作战算得上是战果辉煌。

五、丰臣秀吉亲征

天正十五年（1587年）二月，征讨九州的先锋羽柴秀长等从大阪城出发，踏上征途。天正十五年十月初一，丰臣秀吉从京都出发，朝臣前来送行。天正十五年十月二十五日，丰臣秀吉率军攻克赤间关，接着打算攻克筑前国、筑后国，之后进入肥后国。丰臣秀吉命令羽柴秀长带着小早川隆景、黑田孝高等从丰后国进入日向国。羽柴秀长先于丰臣秀吉进军丰后国，各城闻风而降。岛津义弘负责丰后国方向的防御，他担心被国人切断归路，便将部队一分为二，一部分由自己率领，退到府内，另一部分由町田、新纳等率领，退至筑后国。然而，当岛津义弘撤退至健郡时，羽柴秀长、黑田孝高等已经占领汤岳。岛津义弘赶紧率军来夺汤岳，打败了羽柴秀长的部队。之后，岛津义弘退到府内，和岛津家久会师。天正十五年十月十五日，岛津义弘让岛津岁久等从肥后国回到萨摩国。岛津义弘和岛津家久等打算经日向国回到自己的领地。肥后国的领主害怕得罪丰臣秀吉，打算通过讨伐岛津氏的部队来赎罪，便拦住了岛津义弘、岛津家久等的去路。岛津家久打败了这些拦路的部队，千辛万苦回到领地。天正十五年十月十九日，岛津义弘等在都于郡与岛津义久会师。在丰后国哗变的士兵追击岛津岁久、岛津征久等，被岛津岁久等打败了。岛津岁久等进入肥后国之后到处遭遇敌军。龙造寺政家还在海上拦截岛津岁久等，但被岛津忠元打败。这样，岛津岁久、岛津征久等回到了萨摩国。

（一）日向国的战斗情况

羽柴秀长和毛利辉元、小早川隆景、长宗我部元亲等一起追赶岛津氏的部队至日向国。羽柴秀长派黑田孝高为先锋驻扎在根白坂，进逼山田有信镇守的高城，高城守城士兵只有三百人。喜入久通、平田新四郎等进入高城助战。岛津义久命令岛津家久和岛津义弘率两万名骑兵袭击根白坂，击退敌军。藤堂高虎、小早川隆景等从侧面袭击岛津家久的部队，岛津家久一方战败，岛津忠邻等三百余人战死。于是，岛津义久撤军回到都于郡。之后，岛津氏一蹶不振，打算议和。本来寓居备后国的足利义昭遣使让岛津义久与丰臣秀吉议和，岛津义久没有答应。之后，岛津义久战事不利，足利义昭又遣使敦促岛津义久议和，岛津义久还是不肯。如今，岛津义久看到大势已去，便于天正十五年（1587年）四月二十一日遣使拜见羽柴秀长，要求议和。羽柴秀长答应议和。不过，山田有信占据高城誓死不降。岛津义久遣使劝降山田有信，山田有信这才投降。这样，岛津义久和丰臣秀吉达成议和协议。然而，肥后国的战斗一直在持续着。由此可见，两者的媾和只是部分的，而非全部的。

（二）肥后国的战斗

筑后国的秋月种实是岛津义久的部将，他与丰臣秀吉的大军对抗。丰臣秀吉命令羽柴秀胜、前田利家、蒲生氏乡等夺取秋月种实的领地。秋月种实的岩石城地势险要，一夫当关，万夫莫开，由熊谷越中守镇守。前田利家和蒲生氏乡前后夹击，向城中放火，终于攻克了岩石城。熊谷越中守出城投降。秋月种实镇守小熊城，意识到支撑不住，不战而降。

彦山贼众烧杀抢掠，无恶不作。丰臣秀吉命浅井长政征讨彦山贼众。彦山贼众经过商议之后，请求浅野长政赦免他们，浅野长政没有同意。彦山贼众又联名向丰臣秀吉请愿，请求得到宽恕。丰臣秀吉答应了此事，让奥山佐渡守裁决寺院事务，约束彦山贼众修行佛法，不要为非作歹。丰臣秀吉来到秋月城之后，立花宗茂拜见丰臣秀吉，丰臣秀吉派立花宗茂为先锋进军筑后国。龙造寺政家、锅岛直茂来到高良山军中，筑后国的豪族们望风归降。天正十五年四月十一日，丰臣秀吉平定筑后国，进军肥后国。肥后国筒岳的小代氏、隈本的城氏等相继投降。丰臣秀吉于天正十五年四月十九日抵达八代，肥前国的松浦隆信父子、有马氏、五岛氏等前来归顺，丰臣秀吉命他们率水军守住海面。接着，丰臣秀吉进入佐敷，本愿寺的显如为丰臣秀吉效力，让萨摩国狮子岛的一向宗做向导，带丰臣秀吉走捷径直接来到出水。岛津义久的萨摩军大惊，大部分城堡都归顺了丰臣秀吉。唯独平佐城的桂忠助拼死抵抗。丰臣秀吉让加藤

加藤嘉明

嘉明等攻克平佐城。天正十五年（1587年）五月初一，丰臣秀吉在川内太平寺安营，各地海陆士兵云集于此，听从丰臣秀吉的调遣。丰臣秀吉命令羽柴秀长攻打鹿儿岛，岛津义久为了保全家族的性命和家业，决定归顺丰臣秀吉。天正十五年五月六日，岛津义久剃发后到雪窗院出家，法号龙伯。天正十五年五月八日，岛津义久到太平寺拜见丰臣秀吉，请降。丰臣秀吉答应了这一请求，将大隅国分给岛津义弘，将萨摩国分给岛津义久，将日向国的一半分给岛津家久。岛津义久将自己十六岁的女儿龟寿作为人质献给丰臣秀吉。岛津义弘让自己的儿子到大阪做人质。岛津家久也带着妻儿到大阪城。大体而言，丰臣秀吉征讨九州大功告成。不过，岛津岁久及新纳忠元不屑于投降，还想反抗丰臣秀吉，岛津义久坚决制止。新纳忠元拜见丰臣秀吉，前去谢罪，丰臣秀吉嘉奖新纳忠元作战勇敢。天正十五年（1587年）六月五日，岛津家久跟随丰臣秀吉的部队入京，在野尻拜见羽柴秀长时中毒而死。

六、丰臣秀吉凯旋

天正十五年六月七日，丰臣秀吉班师。当来到筑前国博多时，丰臣秀吉在这里逗留数日，论功行赏，将九州之地分给众将。大友义统领有丰后国；黑田孝高领有丰前国；小早川隆景领有筑前国；筑紫氏、蒲池氏、立花氏等分割筑后国；伊东佑兵和高桥元种分割日向国；佐佐成政领有隈本；龙造寺氏得到了肥前国的故地；宗氏得到了壹岐国、对马国；有马氏、大村氏、松浦氏、五岛氏等得到了原来的领地。丰臣秀吉让千利休在松原设茶室，表演茶道，以作消遣。丰臣秀吉命令石田三成等修复因战乱而荒废的博多町，让小早川隆景镇守立花城，之后立花城恢复了原来的繁华景象。天正十五年七月十四日，丰臣秀吉走海路回到大阪城。这时，岛津义久跟着来到了大阪城，受到了丰臣秀吉的热情款待。岛津义久在京都期间，丰臣秀吉赏给岛津义久价值不菲的物品，还把摄津国、播磨国土地中的一部分给了岛津义久。

第28章

歌舞升平的太平盛世

　　元龟、天正年间以来，群雄割据，天下大乱，血雨腥风，生灵涂炭。丰臣秀吉南征北战，降服群雄。而今，尚未统一的地方只剩下关东、东北一角而已。社会秩序开始稳定下来，风调雨顺，五谷丰登，出现了歌舞升平的太平盛世。戎马倥偬的武将们开始饮酒作赋，享受生活。在这一社会背景下，产生了桃山时代的文化。丰臣秀吉修建佛塔、城堡。后阳成天皇巡幸各地。

一、重建比叡山延历寺

　　丰臣秀吉实施了织田信长统一天下的计划，但在某些政策上和织田信长是相反的。织田信长严厉镇压寺院僧侣、一向宗。镰仓时代、室町时代以来，僧侣一直持有武器。经过织田信长的高压政策，僧侣的这一陋习逐渐消失。僧侣开始专心研究佛法、佛学。丰臣秀吉采取了保护和利用僧侣的政策。比叡山历史悠久，在织田信长的弹压下，寺院被付之一炬。比叡山的僧侣流浪四方，或投靠武田氏，或投靠浅井氏、朝仓氏。天正十年（1582年）六月二日，在本能寺之变中，织田信长丧命。之后，施药院全宗、观音寺诠舞等和流落四方的比叡山僧侣联手，迎立青莲院尊朝法亲王任天台座主，重建比叡山延历寺。为了重建比叡山延历寺，尊朝法亲王到各地募捐。尊朝法亲王本来是贞敦亲王的后代，而今做了天台座主，为重建比叡山延历寺而四处活动。值此之际，做具体工作的则是施药院全宗等。施药院全宗是比叡山的僧侣，师从曲直濑道三，学习医术，声名鹊起。丰臣秀吉厚待施药院全宗。天正十三年（1585年）

施药院全宗

七月,丰臣秀吉奏请朝廷封施药院全宗为大法师,任命施药院全宗为施药院使,允许施药院全宗上殿。之后,施药院全宗到各地募捐,一步步修复寺院,基本上使比叡山延历寺恢复了原来的面貌。

二、铸造大佛

京都有三十三间堂,旁边铸造了方广寺大佛。丰臣秀吉铸造大佛的动机尚不清楚,有人认为他的动机是为了京都的繁荣。天正十三年(1585年),丰臣秀吉命令五奉行前田玄以、浅野长政、石田三成、增田长盛、长束正家五年内铸成大佛。五奉行在前田玄以家中开会,商议如何铸造大佛。然而,如果事无巨细都要经过五奉行来决定,势必会延误大佛铸造的工期。因此,丰臣秀吉决定由前田玄以一人负责大佛的铸造事宜,从全国各地寻找材料。当时的木材产地是土佐国、九州各国及信浓国的木曾、纪伊国的熊野。前田玄以挑选工匠和相关人员等到产地伐木，最后根据各地的具体情况，通过陆路或海路运输到京都。经过仔细考察，前田玄以决定将铸造大佛的地点定在东山佛光寺，铸造的佛像是卢舍那大佛的坐像，材质是木头，使用油漆和胶进行装饰。前田玄以决定在明朝的造佛师来到丰后国之后和宗贞、宗印一起铸造大佛，片桐直盛等做后勤保障工作。在铸造大佛的同时，前田玄以还要修建石墙、假山。在铸造大佛和进行相关施工的过程中，丰臣秀吉换上工装，亲自帮着做木工，以此来鼓舞干劲。其他的将士也都帮着运土。经过艰苦卓绝的努力，天正十七年（1589年），大佛铸造工程终于竣工。佛堂是瓦房，用了大小柱子九十二根。大佛安放在京都东部，给这里添了一道亮丽的风景线。

三、建造关白府邸及后阳成天皇巡游

丰臣秀吉贵为关白，在京都还没有府邸，于是他决定施工兴建府邸。天正十四年（1586年）四月二十一日，丰臣秀吉入京选择施工地点。天正十四年四月二十三日开始动工，天正十五年（1587年）竣工，名为聚乐邸。聚乐邸北至一条，南至二条，东至堀河，西至内野，周围用石墙围着；建筑材料是从各地领主及奈良等地筹集来的；里面楼阁高大、气派，装潢讲究、华美，庭院设计考究，典雅宁静，从各地的神社、寺院找来的奇花异草种在庭院里，各地的珍奇石头也铺在这里。聚乐邸周围是丰臣秀吉一族及功臣的宅邸，也都宏伟、壮丽。丰臣秀吉征讨九州凯旋之后，于天正十五年九月十八日迁至聚乐邸居住。

丰臣秀吉根据室町时代的惯例，奏请后阳成天皇选一个黄道吉日巡幸聚乐邸。经过占卜，天正十六年（1588年）四月十四日是黄道吉日。听说这一消息之后，无论贫富贵贱、老幼，很多人都入京观看后阳成天皇巡幸聚乐邸这一盛事。当天，丰臣秀吉上朝吩咐五奉行要妥善准备。后阳成天皇正装束带，穿山鸠色外衣。从南殿到长桥红毡铺地，丰臣秀吉亲自为后阳成天皇提裙摆。后阳成天皇乘车前往聚乐邸，公卿大臣坐车或乘轿子，武士骑马，前呼后拥，队伍很长，非常气派。道路两旁的人看到这样的场景，无不欢欣鼓舞。后阳成天皇、公卿一行到达聚乐邸之后，丰臣秀吉命人大摆筵宴。后阳成天皇赐给丰臣秀吉酒杯。到了夜间，聚乐邸内开始表演管弦，后阳成天皇亲自弹奏了一曲。

丰臣秀吉利用这一机会，让众将在誓约书上签字。众将表示永远忠于朝廷和丰臣秀吉。前田利家、宇喜多秀家、三好秀次、德川家康、织田信雄在誓约书上联合署名，之后将誓约书交给了丰臣秀吉。此外，长宗我部元亲、京极高次、井伊直政、大友义统等二十一人也在誓约书上联合署名，之后将誓约书交给了丰臣秀吉。丰臣秀吉让织田信雄、织田信秀、前田利家、德川家康发誓永远做他的部下，并发誓不会违背他的命令。丰臣秀吉通过这个办法牢牢掌控了日本全国的军权。

丰臣秀吉给朝廷献上千字文、名画三幅、沉香百斤，给邦房亲王献上名画两幅、虎皮一张、衣服若干。丰臣秀吉献给正亲町上皇产量为三百石的土地，献给智仁亲王产量为五百石的土地，将近江国高岛郡产量为八千石的土地赠给门第高的公卿们。丰臣秀吉还按照级别向其他公卿赠予不同的财物。之

宇喜多秀家

智仁亲王

后,丰臣秀吉与后阳成天皇、亲王、公卿一起饮酒赋诗。后阳成天皇巡幸聚乐邸,盛况空前,体现了太平盛世的到来。丰臣秀吉巩固了自己的统治基础,在领主们面前建立了威势,也巩固了自己在朝廷中的地位。朝廷也摆脱了室町时代以来的颓运。

四、北野的茶道表演

茶道表演在东山时代开始流行,在桃山时代达到了顶峰。在安土时代、桃山时代,战乱频仍,武士戎马倥偬,命悬一线。值此之际,武士有必要通过参禅平静心情。因此,茶道开始流行起来,无论尊卑贵贱,都爱好茶道。丰臣秀吉甚至用茶器作为奖赏有功武士的奖品。当时的贡品中也有很多茶器。人们为了得到好的茶器不惜一掷千金。千利休继承了室町时代的茶道仪式。茶道表演或者欣赏茶道表演不分阶级贵贱,都以茶道为风雅之事。天正十五年(1587年)十月初一,丰臣秀吉在北野松原开办茶道大会。这对于丰臣秀吉来说,是一大盛事,也反映了时代的风气。这场茶道盛事从天正十五年八月就开始筹备了。天下的茶道专家中有三百六十多人参加这一盛事。福原右马助、中江式部大辅、木下大膳亮等具体主办这一盛事。文人雅客纷纷聚集在北野右近马场左右的松树下的草庐中，把玩茶具、墨迹、古器。丰臣秀吉设了三个席位展览茶器。千利休、宗及、宗久等也陈列了自己的收藏品。丰臣秀吉、德川家康、织田信雄等先表演茶道，接着，由羽柴秀长、三好秀次、前田利家等表演。之后，宇喜多秀家、蜂屋赖隆等也表演了茶道。丰臣秀吉还到其他席位观看。参加盛会的人们交口称赞丰臣秀吉的恩德，茶道表演达到了高潮。由此可见，桃山时代的人非常爱好风雅之事。

五、分配财物

丰臣秀吉大体上统一了天下，可以随意征收财宝、货物。然而，对于拥有天下的丰臣秀吉来说，储存这些东西无异于瓦砾。因此，丰臣秀吉打算把财物分给族人及部将们，让他们效忠自己。天正十七年（1589年）五月，聚乐邸内金银堆积如山，让在场的人炫目。这一天来到聚乐邸的有亲王、公卿等。前田玄以、浅野长政、前野长康、增田长盛、石田三成等让人将金银放在各个台子上，让四个人专门称重分量，叫名字前来领金银。被叫到名字的人来到丰臣秀吉面前行礼，之后接受金银。其中，领到黄金二千两、白银一万两的有六位亲王、织田信雄、德川家康；领到黄金三千两、白银二万两的有羽柴秀长；领到黄金三千两、白银一万两的有三好秀次、宇喜多秀家；领到黄金一千两、白银一万两的有毛利辉元、上杉景胜；领到白银一万两的是前田利家。其他的中将、少将、侍从等都得到了重量不等的金银。此外，丰臣秀吉的母亲领到黄金三千两、白银一万两；丰臣秀吉的夫人领到黄金一万两；德川家康的夫人、宇喜多秀家的夫人各领到黄金五千两。丰臣秀吉分配金银时厚待一家同族，本来丰臣秀吉对同族已经很好了，给同族的人再多的金银，感念丰臣秀吉恩德的人也不会增多。如果用金银救济贫穷困难者，他们一定会感恩戴德，送给高官厚禄者效果就会很差。丰臣秀吉一家、同族受到赏赐后，更加骄奢淫逸。

六、丈量土地

各地群雄割据，领地内的度量衡并不统一。织田信长在世时曾经让各地丈量土地。丰臣秀吉刚统一天下，就开始着手统一全国各地的度量衡。天正十七年（1589年）八九月，丰臣秀吉命令长束正家负责丈量土地。长束正家和乘坊等数学家商议后决定在丈量土地时改变旧方法，使用新方法。丈量土地的标准是曲尺六尺三寸为一步，三百步为一段。丰臣秀吉决定全国统一使用这个标准。根据这一新的丈量法，有的地方的地租减少了，有的地方的地租增加了。大体来讲，全国的土地总面积不会有大的增加。丈量土地是一项大事业，仅仅是丰臣秀吉管辖的土地重新丈量也并非易事。使用新法丈量导致各地怨言不断，很难实行下去。当时，木村常陆介按照新法丈量土地，细川藤孝、石田三成按照新法丈量土地。各地领主都让自己的部下丈量土地。后来，丰臣秀吉的统治范围扩展至九州、中国地方、畿内、东海和东山两道、箱根、碓冰以西。各地是否都按照三百步为一段这个标准丈量土地就很难说了。在丈量土地的同时，还要给田地定等级，收获量也就明确了，以此就可以计算得出税率。丰臣秀吉规定用斗来作为收税的单位。上等田的税率为一石五斗至一石七斗，中等田的税率为一石三斗至一石四斗，下等田的税率为一石零点八斗至一石一斗。也就是说，税率以收成为基础来计算。大体而言，收成的三分之一归领主，三分之二归百姓。然而，各地的情况有所不同。有的地方四公六民，有的地方五公五民，有的地方六公四民。

第29章
日本东北地区的形势

奥羽地区群雄割据，其具体情况和安土时代相差无几。伊东氏势力最大，还有芦名氏、相马氏、石川氏、二阶堂氏等。佐竹氏在常陆地区，领地面积大，势力强，但土地集中在一地，背靠北条氏这个强敌，没有精力趁陆奥国发生动乱而渔翁得利。奥羽地区的豪族没有大的变化，领地也没有被其他领主吞并。究其原因，小领主林立，力量均衡。一旦打破这个势力均衡，其他小领主就会被一两个豪族吞并。

一、佐竹氏的势力

北条氏坐镇小田原城，称霸关东。而下野国的佐野氏、宇都宫氏、长沼氏、壬生氏、那须氏等豪族的向背不定。佐竹氏以常陆国为根据地，经常与北条氏发生冲突。天正十一年（1583年），北条氏政之子北条氏直打算吞并下野国，扩张势力，率兵攻克了多座城堡。佐竹义重出兵阻拦北条氏直。北条氏直暂避锋芒，到了西上野。天正十二年（1584年）二月，北条氏直再次入侵，攻打宇都宫城，放火烧了外郭。城主宇都宫国纲赶紧向佐竹义重求救。佐竹义重率领常陆国、下野国的一万兵马前来救援。佐竹义重和北条氏的部队对峙三个月，双方都出现了厌战情绪，结果双方议和、撤军了。此后，佐竹氏和北条氏没有发生冲突，而是互相窥探对方的动静，寻机再战。

天正十三年（1585年）四月，北条氏直调集伊豆、相模、武藏、上野、下野等处的兵马及里见氏的援军，共计八万余人。北条氏直带领这些兵力攻打下野国及皆川山城守的城堡，在藤冈扎营。当时，伊达政宗打算攻打芦名氏，准备率领两万人马到会津。佐竹义重趁此机会在大田和扎营。这样一来，佐竹义重和北条氏直相互对峙到天正十三年（1585年）七月。之后，北条氏直撤军。佐竹义重紧追不舍，杀死北条氏直的士兵三百余人。之后，北条氏直经常寻机袭击佐竹义重的边境，但总是以失败告终。佐竹氏一面和北条氏直对抗，另一面援助奥羽地区的小领主们对抗伊达氏。因此，伊达政宗在统一陆奥国之际，必然要和佐竹义重发生冲突。

二、伊达氏的势力

（一）伊达氏和芦名氏之战

伊达氏吞并了陆奥国的伊达、信夫、柴田等数郡及出羽国的置赐郡，在这里修筑米泽城。天正十二年（1584年），伊达辉宗把家业传给了儿子伊达政宗。伊达辉宗让伊达政宗住在米泽城，自己则住在馆山城。伊达氏和会津的芦名氏、三春的田村氏、山形的最上氏等都是姻亲关系，但政治联姻并不稳固。这几股势力之间为了扩张势力，时而结成同盟，时而解散同盟。伊达氏和芦名氏因为盐松的大内氏一事，同盟关系就破裂了。芦名盛隆原本是二阶堂盛义的儿子，他以养子身份继承了芦名氏的家业。芦名盛隆荒淫无度，喜怒无常。天正十二年，芦名盛隆被家臣大庭三左卫门杀死。佐竹义广是佐竹义重的二儿子，被白河义亲收为养子。大庭三左卫门将芦名盛隆的女儿嫁给佐竹义广，让佐竹义广改名为芦名盛重并继承芦名氏的家业。芦名氏的家臣猪苗代盛国等分别把守自己的城堡，辅佐新主君芦名盛重。大绳义辰、平井萨摩等都是跟着芦名盛重从常陆国来的，自然专横跋扈，与芦名氏的宿将不和。盐松的大内定纲与伊达政宗发生冲突，请求芦名氏援助。伊达政宗先发制人攻打芦名氏，收买芦名氏的部将会津北面的开柴城城主松本弹正做内应。天正十三年五月，伊达政宗让原田左马助前往开柴城。然而，松本弹正和原田左马助都贻误了战机，大败而归。伊达政宗在桧原和芦名盛重激战，未分胜负。因此，伊达政宗又联合猪苗代盛国，猪苗代盛国在儿子的劝说下未答应伊达政宗的要求。因此，伊达政宗暂时撤军，谋划如何攻打盐松。

（二）伊达氏和北条氏的关系

当时，佐竹氏一直在帮助陆奥国的小领主对抗伊达氏。在芦名盛重继承了芦名氏的家业后，伊达政宗打算吞并会津。因此，佐竹氏和伊达氏的冲突不可避免。与此同时，佐竹氏和北条氏也处于敌对关系，佐竹氏经常入侵下总国、下野国的北条氏城堡。因而，佐竹氏是伊达氏和北条氏的共同敌人。于是，伊达氏和北条氏结成了攻守同盟。天正十三年（1585年），北条氏及下野国的壬生义雅写信给伊达政宗，请求伊达政宗在会津方面活动，牵制佐竹氏的兵力。伊达政宗回信答应了北条氏的这一请求。伊达政宗不仅与北条氏联盟，还与丰臣秀吉互通书信。丰臣秀吉不仅和伊达政宗互通书信，还与佐竹氏互通书信，通报京都的动向及自己征讨中国地方、山崎会战、征讨北陆、平定近畿的情况。丰臣秀吉这样做，旨在夸示自己的丰功伟绩，为将来统一东北打下基础。

（三）伊达政宗攻克盐松

为了攻克盐松，伊达政宗让大内定纲的部将做内应。天正十三年六月，伊达政宗诱降了大内定纲的部将青木弘房，青木弘房献出了刈田松城。之后，大内定纲的部将内藤勘助也归顺了伊达政宗。长期以来，田村清显与大内定纲敌对，而今田村清显与伊达政宗结盟。为了防御伊达政宗的进攻，大内定纲向佐竹氏、芦名氏、二阶堂氏、畠山氏等求援，这些人派来援军二万三千人。伊达政宗兵分两路，围点打援，大败守城兵与援军。大内定纲逃进小滨城。伊达政宗接连攻克小牛森城、朝仓国清的筑馆城，新城、樵夫山城等守军望风而降。伊达政宗进而进逼小滨城，大内定纲弃城逃往会津。

（四）伊达辉宗去世与征服二本松

二本松的畠山义继在盐松战役之后，通过伊达辉宗与伊达政宗媾和，伊达政宗答应媾和。天正十三年十月六日，畠山义继前往宫森拜见伊达辉宗，畠山义继的随从趁伊达辉宗不备，抓住伊达辉宗返回二本松。因事发突然，伊达氏的手下无可奈何。如果紧追敌人，伊达氏的手下担心会伤及伊达辉宗的性命，只能远远地跟踪到伊达郡高田原。天正十三年十月八日，伊达政宗闻报，从盐松赶来。为了救伊达辉宗，伊达政宗命手下向畠山义继的手下开枪。结果畠山义继的手下杀死了伊达辉宗。伊达政宗护着伊达辉宗的遗骸回到小滨城。伊达辉宗的遗骸在寿德寺火化后，被安葬在资福寺。办完丧事后，天正十三年（1585年）十月十五日，伊达政宗攻打二本松城，畠山义继战死。二本松城的老臣们谋划立畠山义继的嫡子畠山国王丸为主君，死守二本松城。伊达政宗命部队拼死攻城，但收效甚微，伊达政宗只好退兵。天正十三年十一月，佐竹义重、芦名盛重、岩城常隆、石川昭光、白河义亲等来援助二本松城，攻克了伊达政宗的多座城堡。伊达政宗安排人马固守岩角城、安积城、高仓城等，让国分盛重、天童赖澄防御二本松城的进攻。伊达政宗率主力在本宫城察看佐竹义重等的动向，打探到佐竹义重等要攻打高仓城，于是率军在观音堂扎营。佐竹义重、岩城常隆等又转而进攻本宫城。芦名盛重、石川昭光等进攻玉井城。

石川昭光

本宫城、玉井城的守军有很多人都战死了。伊达政宗的部队和佐竹义重的部队发生激战，双方都伤亡惨重，之后都暂时退兵。

在常陆国方面，江户重通在安房国的里见义赖的协助下背叛了佐竹义重。听到这个消息后，佐竹义重回到本国，众将也都收兵了。伊达政宗回到了小滨城。之后，由于四面有敌人，伊达政宗积极练兵备战。天正十四年（1586年）三月，畠山国王丸率军攻打涩川城，被守军击退。天正十四年四月，伊达政宗率军一万八千人从三面进攻二本松城。亘理元宗断了二本松城的粮道，城中守军困苦不堪。相马义胤劝畠山国王丸献城退往会津。于是，二本松城归伊达政宗所有。伊达政宗派伊达成实镇守二本松城，派白石宗直镇守盐松，派片仓小十郎镇守大森城。伊达政宗则为征讨四方做准备。

（五）伊达政宗和大崎氏之争

大崎义隆坐镇新井田城，占据着志田、玉造、栗原、加美、黑川五郡。大崎义隆为人好色，喜怒无常。大崎义隆宠信近臣新田刑部。岩手泽的氏家吉继背叛大崎义隆，遣使联系伊达政宗，与伊达政宗秘密往来。天正十六年（1588年）正月，伊达政宗率军攻打中新田城，桑折的黑川晴氏等从背后进攻伊达政宗等。伊达政宗腹背受敌，大败后进入新沼城。伊达政宗为了雪耻，积极备战。这时，山形的最上义光和伊达政宗发生矛盾。如果伊达政宗攻打大崎义隆，最上义光就会援助大崎义隆。这样，伊达政宗和大崎义隆之间的争斗转化为伊达政宗和最上义光之间的争斗。天正十六年七月，伊达政宗的母亲最上氏居中调和，伊达政宗和最上义光、大崎义隆和解了。被俘获的伊达政宗的部将泉田重光也被放了回来。

（六）田村氏的内乱

天正十四年十月，田村清显去世。田村清显留下遗嘱，让女婿伊达政宗处理国事。而田村氏的家臣们商议立田村清显的夫人相马氏为主君，同族的田村显广等辅佐处理庶务。寡妇相马氏也不愿意把政事委托给伊达政宗，想依靠相马义胤。于是，田村清显的家臣分裂为伊达派、相马派，争斗不已。田村显元的儿子小野城城主田村显行与大越显时勾结起兵。田村显纲也在佐竹氏、岩城氏、芦名氏的协助下谋反。于是，田村显广、田村显氏告诉伊达政宗实情，并请求援助。当时，伊达政宗的部将石川弹正也背叛了伊达政宗，与寡妇相马氏站在一起。天正十六年（1588年）四月，伊达政宗打算讨伐叛军，来到筑山。然而，筑山已经被寡妇相马氏占领，伊达政宗只好退至大森。天正十六年五月，相马义胤派人劝寡妇相马氏逃出三春。田村显氏察觉后设伏。当相马义胤迎接寡妇相马氏时，田村显氏命人开枪射击相马义胤的马。相马义胤九死一生逃到中村，这时寡妇相马氏也来到了中村。伊达政宗派人攻打小手森的石川弹正，很多城堡归顺伊达政宗。天正十六年九月，在田村氏的请求下，伊达政宗派人镇守田村氏的各座城堡，任命田村显季镇守三春，让寡妇相马氏住在船曳城。田村显季改名为田村宗显，听从伊达政宗的调遣，负责防御佐竹氏、芦名氏、岩城氏、相马氏等。

（七）佐竹氏、岩城氏和伊达氏的关系

天正十六年六月，佐竹义重、岩城常隆等与芦名氏联手入侵郡山、洼田。伊达政宗闻报，率领八百名骑兵前来救援。白石景纲镇守大森城，伊达成实镇守二本松，大町官内镇守郡山城。伊达政宗让滨田宗信援救郡山。佐竹义重派兵切断了郡山城和洼田的联系，围攻郡山城。伊达政宗进军洼田原，与佐竹义重的部队交战数次，互有胜败，对抗月余。岩城常隆、石川昭光劝说伊达政宗和佐竹义重议和，双方和解，都撤军了。然而，过了不久，二者又决裂了。佐竹义重和岩城常隆入侵田村氏的领地，和伊达政宗交战数次，但尚未进行决战。伊达政宗一有机会就向南扩张领土，蚕食二阶堂氏、相马氏、芦名氏的领地。

（八）芦名氏的灭亡

芦名氏的老臣猪苗代盛国与儿子猪苗代盛胤不和，芦名义广没有能力管控部下，部下之间争斗不已。特别是从常陆国来的大绳义辰专权。佐濑、平田、富田、松本四老臣被疏远，心怀不满。从一开始，猪苗代盛国就不喜欢芦名义广，偷偷与伊达政宗勾结。白石景纲、伊达成实等在猪苗代盛国的策应下战备。芦名义广听说伊达成实等进犯边境，打算在猪苗代盛国造反之前就杀了猪苗代盛国，在高田盛隆的谏阻下，芦名义广才罢手。天正十六年（1588年）六月，芦名义广率领一万六千人马迎战伊达成实。伊达政宗率军二万三千人援助伊达成实。天正十六年六月五日，两军大战。结果，芦名义广的部队被伊达政宗打败，芦名义广逃入黑川城。对芦名义广不满的部将纷纷归顺伊达政宗，各城堡也闻风而降，黑川城危在旦夕。芦名义广和三十名近臣退往常陆国。于是，芦名氏灭亡，其领地归伊达政宗所有。

（九）二阶堂氏的灭亡

伊达政宗打算讨伐须贺川的二阶堂氏。二阶堂盛行去世之后，寡妇伊达氏占据须贺川，佐竹义重支持寡妇伊达氏，须田盛秀辅佐寡妇伊达氏理政。然而，老臣保土原行藤、滨尾善斋等与须田盛秀有矛盾，保土原行藤、滨尾善斋等承诺做伊达成实的内应。天正十七年（1589年）十月二十二日，伊达政宗攻打须贺川，寡妇伊达氏率众奋力抵抗。城中的守屋筑后做了伊达政宗的内应，在城内放火，城楼被烧毁。伊达政宗的部队乘势入城，须田盛秀逃往常陆国。二阶堂氏的众将都出来投降，伊达政宗赦免了他们。寡妇伊达氏先投靠岩城氏，后投靠佐竹氏，最后死在了须贺川的广福山。二阶堂氏的领地也被伊达氏吞并了。白河义亲、石川昭光、岩城常隆与伊达政宗媾和，伊达政宗在奥羽地区称霸，伊达氏进入全盛时代。

三、最上氏的势力

（一）争夺庄内及武藤氏的灭亡

最上义光以山形为根据地，向四方开疆拓土，窥伺伊达氏的动静，谋划占领庄内。庄内是武藤氏的领地。武藤氏起初住在大梵字城，后来迁至尾浦城。武藤义氏性格暴戾。武藤义氏虽然拥有田川、饱海、平鹿三郡，但逐渐被人夺去，只剩下半个田川郡。天正十一年（1583年）三月，部将东禅寺筑前等背叛武藤义氏，武藤义氏自杀。尾浦城无主，群臣商议立武藤义氏的弟弟武藤义兴为主君。然而，武藤义兴多病无子，群臣迎立越后国上杉氏一族的本庄繁长的儿子本庄千胜丸为主君，本庄千胜丸改名为武藤义胜。最上义光乘机和不喜欢武藤义胜的臣下联手夺去庄内，驱逐武藤义胜。武藤义胜逃走，进入尾浦城，成为代理城主。天正十三年（1585年）秋，本庄繁长因为武藤义胜被驱逐，十分震怒。本庄繁长率领越后之兵袭击庄内，首先攻克了尾浦城，在千安中野和最上义光的部队激战，最上义光的部队战败逃走。

（二）最上氏和小野寺氏的关系

在镰仓幕府时代，小野寺氏得到雄胜郡，以横手城为根据地，侵略近旁的领主。因领地接壤，小野寺氏经常与最上氏发生冲突。最上义光和能登国的佐佐木典膳联手，觊觎小野寺氏的领地。从天正十四年（1586年）开始，最上义光屡屡侵犯小野寺氏的领地。小野寺义道集结兵力进行防御，但兵力太少，防不胜防。最上义光占据了小野寺氏的相川等城堡，还一度逼近小野寺氏的汤泽城，小野寺氏的领地一直被最上氏蚕食。

羽后国的秋田实季夺取土崎，扩张领土，与由利十二党及小野寺氏相争。秋田实季还消灭了浅利氏，吞并了扇田城，和陆奥国的南部氏相争。出羽国群雄割据，豪族竞相争夺领地。

四、南部氏及津轻氏的关系

南部信直以陆奥国北部为根据地，扩张势力。大崎民部大辅占据斯波郡，南部氏一族的九户政实的弟弟九户弥五郎是大崎民部大辅的女婿，居住在高田城。九户弥五郎与大崎民部大辅不和，归顺了南部信直。南部信直将中野城给了九户弥五郎。南部信直想入侵大崎民部大辅的领地，趁大崎民部大辅不修内政、势力衰微之际，和大崎氏的部下联手。大崎氏的部下中有很多人与南部信直暗中勾结。于是，南部信直率军入侵大崎氏的领地，大崎氏灭亡。

津轻高信死后，南部信直任命弟弟南部政信做津轻的郡代^①，坐镇波冈城。大光寺左卫门佐、大浦为信等辅佐南部政信，但大光寺左卫门佐、大浦为信等不和，相互争斗。大光寺左卫门佐受到排挤，便去投靠秋田实季。天正十六年（1588年）四月，南部政信死后无嗣，大浦为信主持政务，颇得民心。天正十八年（1590年）二月，大浦为信袭击并攻占波冈城，大浦为信后

---

① 郡代，室町时代到江户时代幕府各郡的官职，也叫郡奉行。承担税收、军事、司法等方面的事务，是郡的代理长官。

改姓津轻氏。北奥原本属于南部氏的势力范围，津轻氏兴起后，南部氏与津轻氏形成割据之势，相互争斗，争端不断。

五、各方势力在奥羽地区角逐

奥羽地区群雄割据，相互争斗。南部氏、津轻氏在陆奥国北部相争。陆奥国南面有伊达氏，伊达氏灭掉了二阶堂氏、二本松氏、芦名氏、田村氏，将根据地迁至黑川，和常陆国的佐竹氏发生冲突。岩城氏、相马氏、石川氏、结城氏等占据东隅，这些人已经不是伊达氏的敌人。伊达氏忙于与佐竹氏争斗，无暇对东隅的这些豪族动兵。佐竹氏的强大对于伊达氏来说不是好事，但对于东奥的豪族们来说是好事。伊达氏的外交手腕高超，和佐竹氏的敌人北条氏联手，共同对付佐竹氏。伊达氏让北条氏在南面牵制佐竹氏，使佐竹氏无暇北顾。伊达氏乘机统一陆奥国。出羽国势力最大的是最上义光，小野寺氏、秋田氏、由利十二党只能苟延残喘。越后国的上杉氏也向奥羽地区扩张势力，消灭武藤氏，夺取庄内，和伊达氏结盟。陆奥国方面战乱不断，很难向出羽国方面扩张，不会与上杉氏发生冲突。不过，伊达氏讨伐会津的芦名氏时，芦名氏的臣下中有很多人逃到越后国。上杉氏不希望伊达氏过于强大。于是，上杉氏和伊达氏的关系逐渐恶化。伊达政宗在统一陆奥国之后，必然会出兵出羽国，到时候必然会和上杉氏兵戎相见。然而，时势不允许伊达政宗一直扩张领地。

第 30 章

征伐小田原及陆奥国

　　丰臣秀吉占据关西、北陆之后，现在只剩下关东八国和奥羽地区没有统一。北条氏政、北条氏直父子冥顽不化，在关东这个小天地称霸，不了解天下大势，最终自取灭亡。在德川家康和北条氏媾和之际，双方同意德川家康夺取信浓国，北条氏政得到上野国的利根、吾妻二郡。然而，真田昌幸十分骁勇，他不听从德川家康的命令，拒绝将沼田城交给北条氏政。德川家康和北条氏政共同出兵，也未奏效。丰臣秀吉利用自己和德川家康的姻亲关系，让德川家康规劝北条氏入京拜见自己。然而，北条氏直本人不去京都，而是派北条氏规去见丰臣秀吉，要求得到沼田城。丰臣秀吉命令真田昌幸将沼田城的三分之二让给北条氏直，真田昌幸只剩下了奈胡桃。于是，天正十七年（1589年）十二月，北条氏直上京，沼田城的大部分归北条氏直所有，由武藏国钵形城的北条氏邦来管辖。北条氏直食言，上京未拜见丰臣秀吉，而且北条氏政突然出兵，要夺取真田昌幸的奈胡桃。丰臣秀吉十分震怒，决定征讨小田原。

　　当时，北条氏不仅占有关东八国的绝大部分领土，而且土地肥沃，国富兵强。因此，北条氏高傲自大，根本不关注天下大势，把丰臣秀吉和上杉氏、武田氏划为同一等级。北条氏仗着和德川家康是姻亲关系，过分依靠德川家康。因而，北条氏并不畏惧丰臣秀吉。然而，事与愿违，德川家康与北条氏结盟只不过是为了在与丰臣秀吉对抗时消除后顾之忧。而今形势已经发生变化，德川家康娶了丰臣秀吉的妹妹，与丰臣秀吉形成了同盟关系，远比与北条氏的关系亲密。而且德川家康善于洞察形势，他很清楚与其和对自己帮助较少的北条氏结盟，不如和势力如日中天的丰臣秀吉结盟。于是，德川家康与丰臣秀吉结盟而准备抛弃北条氏。因此，丰臣秀吉东上讨伐北条氏时，北条氏非常狼狈，请求德川家康居中调停。然而，事已至此，已经无可奈何。在这种情况下唯一可以采取的措施就是北条氏直上京拜见丰臣秀吉，但北条氏直不肯这样做，最终导致丰臣秀吉征讨小田原。

一、丰臣秀吉的攻势及北条氏的防御

（一）丰臣秀吉的出师准备

为了将关东地区占为己有，丰臣秀吉于天正十七年（1589年）十二月下令部将征讨北条氏。丰臣秀吉命令长束正家负责筹备军粮，先走海路把军粮运输至骏河国的港口，在江尻设立兵站仓库，之后供应征讨小田原的部队。此外，丰臣秀吉通知上杉景胜、真田昌幸、佐竹义重、伊达政宗等征讨小田原一事，命令他们与自己会师，命令毛利辉元留守京都。丰臣秀吉命令羽柴秀长镇守大阪城，命令小早川隆景、吉川广家把守征讨军经过的各城堡。丰臣秀吉任命德川家康为先锋，做好了出师准备，又制定了军制十一条并颁布实施。由于征讨军要路过德川家康的领地，德川家康命手下在沿路的驿站设茶馆供将士休息。九鬼嘉隆、加藤嘉明、长宗我部元亲等率领海军抵达相模沿岸。丰臣秀吉命令各路部队准备好后于天正十八年（1590年）二月向小田原城进发。丰臣秀吉进宫奏请东征一事，朝廷予以批准，赐给丰臣秀吉节刀[①]。天正十八年三月一日，丰臣秀吉从京都出发。

（二）北条氏的防御措施

北条氏并未派兵到富士川等地御敌，而是采纳松田宪秀的建议，计划效仿武田晴信、上杉辉虎进攻北条氏时在小田原城御敌的先例，在境内歼敌。这一措施是错误的。当时，武田晴信和上杉辉虎入侵北条氏的目的是掠夺，补给措施也不完善，而且武田晴信和上杉辉虎都有后顾之忧，无法长期围攻小田原城。而丰臣秀吉的情况与武田晴信、上杉辉虎的情况完全不同。北条氏直派部

---

① 节刀，日本历史上天皇赐予出征大将或者遣唐使的带有任命标志的大刀。

九鬼嘉隆

下把守小田原城周围的韭山城、下田城、山中城、足柄城、新庄城、松井田，以及武藏国松山城、钵形城、川越城、馆林城等。北条氏还命令部下把守小田原城的江户口、甲州街道、谷津口、水尾口、板桥口、早川口等地。北条氏的人马共计四万人，粮食、武器充足，以逸待劳，等待丰臣秀吉部队的到来。

（三）进攻的战略部署

天正十八年（1590年）三月一日，丰臣秀吉率军十二万人从京都出发。天正十八年三月二十四日，德川家康抵达骏河国长久保，在这里等待丰臣秀吉到来。天正十八年三月二十七日，丰臣秀吉进入沼津三牧桥城，和德川家康、织田信雄等会师。之后丰臣秀吉察看了箱根城、韭山城的地形，制订进攻的计划，让福源右马助向全军传达。织田信雄、蒲生氏乡、细川忠兴等攻打韭山城，羽柴秀次等攻打山中城。德川家康兵分两路，一路前往小田原城，另一路前往足柄岭。上杉景胜、前田利家、真田昌幸等从信浓国进入上野国，进攻各座城堡。佐竹氏、结城氏、宇都宫氏也与丰臣秀吉的部队遥相呼应，进攻下野国的各北条氏城堡。伊达政宗本来和北条氏结盟对抗佐竹氏,但在丰臣秀吉的劝说下,伊达政宗还在张望之中,没有完全表明到底支持丰臣秀吉、北条氏中的哪一方。丰臣秀吉已经部署完毕,各方将同时发起总攻。尽管北条氏实力很强,但与丰臣秀吉对抗无异于螳臂当车。

二、战斗经过

(一)攻克山中城

山中城是守卫箱根城的屏障,北条氏派松田康长在这里抵挡丰臣秀吉的部队。松田康长抱定必死的决心,和将士们死守山中城,同时让间宫康俊把守岱崎城。天正十八年(1590年)三月二十九日,羽柴秀长、中村一氏、田中吉政、山内一丰等率领五万人先攻打岱崎城,间宫康俊拼死守城。结果中村一氏等夺取岱崎城,间宫康俊等战死。之后,羽柴秀长、中村一氏、山内一丰等

山内一丰

率领大军继续进攻山中城，南北夹攻，攻克了山中城。守将松田康长等五百名将士战死。北条氏胜逃出山中城，前往小田原城，但未能进城，只好进了玉绳城。由于攻克了山中城，丰臣秀吉的部队士气大振。北条氏的部队胆寒，士气低落。

（二）丰臣秀吉的部队进攻韭山城

韭山城位于伊豆国田方郡，是北条早云开创基业之地。对于北条氏来说，韭山城的地位非常重要。北条氏规从馆林赶来镇守韭山城，抵抗丰臣秀吉的部队。天正十八年（1590年）三月二十九日，织田信雄、蒲生氏乡率领三万人马攻打韭山城。韭山城地势险要，易守难攻，军粮充足，守将北条氏规能征善战，织田信雄等作战不利。因此，织田信雄等决定采取长期围困的策略，切断韭山城与小田原城之间的联系，让韭山城成为一座孤城，孤立无援。韭山城并非位于交通要道，不如山中城的战略位置重要，没有必要损兵折将，

北条早云

福岛正则

应尽快攻克。因此，织田信雄留下福岛正则等继续围困韭山城，率领其他兵力去围困小田原城。

三、丰臣秀吉围攻小田原城

攻克山中城之后，丰臣秀吉进军至箱根。德川家康的部将井伊直政的部队攻克了足柄城。甲斐国的部队攻克了新庄城，从三岛街道来到箱根，攻克了鹰巢山。井伊直政的部队和甲斐国的部队会师后向小田原城进发。不久，丰臣秀吉率军来到汤本，制订围攻小田原城的计划。德川家康指挥榊原康政等攻打江户口。织田信雄指挥羽柴胜雄等攻打井细田口。长宗我部元亲等指挥水军协助进攻。宇喜多秀家、中村一氏等攻打谷津口。堀秀政、池田辉政等攻打水尾口。细川忠兴等负责攻打板桥口。胁坂安治等负责攻打早川口。

天正十八年（1590年）四月九日，丰臣秀吉将大本营移至石垣山，前面是蒲生氏乡、岛津义弘、大友义统等的大营。德川家康的部队在早川口至江户口一带扎营。制订了围困小田原城的计划之后，丰臣秀吉就等着北条氏政父子弹尽粮绝、出城投降。由于围困的时间很长，军中谣言四起，说德川家康私通北条氏政。丰臣秀吉来到德川家康的大营视察后，军心开始稳定下来。小田原城中的部队时不时地发动突袭，双方小规模冲突不断，大体上对峙的局面没有改变。丰臣秀吉知道小早川隆景深谋远虑，足智多谋，便命人将小早川隆景请到大营，询问他如何有效地围攻小田原城。小早川隆景讲了父亲毛利元就围攻富田的成功案例，主张采取长久围困的办法。于是，众将把妻妾接到军中，丰臣秀吉也把宠妾淀殿①接到军中。众将还在军中饮酒游乐，消磨时光。丰臣秀吉在根府川设置茶室，请众将前来欣赏茶道表演，喝茶、吃点心。

天正十八年（1590年）六月八日，丰臣秀吉让堀秀政劝说镇守水尾口的松田宪秀做内应，承诺将伊豆国、相模国分给他，并且可以世袭。松田宪秀答

淀殿

---

① 浅井长政的长女。——原注

应了这一条件，和长子笠原新六郎约好日子为丰臣秀吉的部队做内应、向导。然而，在二儿子松田秀治的谏阻下，松田宪秀并没有采取动作。于是，丰臣秀吉把松田宪秀做内应一事透漏给北条氏直。北条氏直抓住并诛杀了笠原新六郎。丰臣秀吉又诱降镇守井细田口的成田氏长，让他做内应，成田氏长答应了。丰臣秀吉又把此事透露给北条氏直。北条氏直派人监视成田氏长，成田氏长无法采取行动。丰臣秀吉经常把内应的事情透露给北条氏直，让北条氏直怀疑城中的将领而惶惶不可终日。丰臣秀吉让北条氏直感到守城将士不可靠，背叛的人很多。这样一来，无论北条氏直的意志多么顽强，也无法支撑下去，只有投降一条路可走。天正十八年（1590年）六月二十日，丰臣秀吉派黑田孝高劝说镇守井细田口的太田氏房与自己媾和。德川家康遣使劝镇守韭山城的北条氏规说服北条氏直与丰臣秀吉议和。于是，小田原城内军心不稳，丰臣秀吉的策略逐渐奏效。天正十八年七月五日，北条氏直请求开城投降。本来北条氏直打算自杀，以此保全将士们的性命。丰臣秀吉饶恕了北条氏直，命令北条氏政、北条氏照、大道寺政繁、松田宪秀四人自杀。北条氏直答应了这一条件，于天正十八年七月六日开城投降，北条氏直等从井细田口离开。

四、丰臣秀吉攻克关东各城

小田原城战役一开始，北越及信浓国的部队从上野国进入北条氏的领地，攻打北条氏的各城堡。松井田城位于碓冰岭的要道上，北条氏的部将大道寺政繁负责镇守这里。上杉景胜、前田利家、真田昌幸等从天正十八年三月八日开始轮番攻打松井田城，持久围困，等待大道寺政繁出城投降。天正十八年四月二十日，大道寺政繁开城投降。

上杉景胜等在攻打松井田城的同时，派兵攻打仓贺野、箕轮、厩桥城等，这些城堡的守将都投降了。天正十八年四月十一日，上杉景胜等开始攻打松山城。镇守松山城的将领有北条氏的部将难波田因幡守等，他们看到上杉景胜等的大军到来，意识到无法守住松山城，就投降了。钵形城的附属城日尾、根小屋、天神山、花隈等城的守将也都投降了。

钵形城是武藏国西北部的重镇，守将北条氏邦到小田原城守城去了，老臣町田土佐守等率领三千余人守城。钵形城地势险要，城墙坚固，前面有深泽川作为护城河，易守难攻。在攻打钵形城时，德川家康派来本多忠胜、平岩亲吉援助上杉景胜等。丰臣秀吉命令转战上总国方向的浅野长政、木村常陆介等前去援助上杉景胜。天正十八年（1590年）四月十九日，前田利家、本多忠胜、上杉景胜、平岩亲吉分工合作攻打钵形城。真田昌幸在荒川对岸，浅野长政、木村常陆介等从小前田口等方向包围了钵形城。守城将士以攻为守，经常出城袭击攻城部队。本多忠胜率军登上钵形城前面的车山，炮轰钵形城，城中将士受到重创。平岩亲吉等趁势向钵形城发起突击，守城将士进行抵抗之后，看到寡不敌众，深感大势已去，在上杉景胜等保障妻儿性命的条件下开城投降。天正十八年六月十四日，钵形城归丰臣秀吉所有。紧接着，上杉景胜等攻克了武藏国本庄、八幡山、深谷等城堡，北武藏皆归丰臣秀吉所有。

在攻克钵形城之后，前田利家、上杉景胜等来到小田原拜见丰臣秀吉。投降的城主很多，前田利家、上杉景胜等几乎没有太费事就取得了辉煌战果。丰臣秀吉对此不满，于是，派前田利家和上杉景胜攻打八王子城。丰臣秀吉派木村常陆介前去监督前田利家和上杉景胜。本来北条氏照负责镇守八王子城，后来北条氏照去小田原城守城，八王子城由横地监物、近藤出羽守等镇守。天正十八年八月三日，前田利家等让北条氏的降将攻打山下曲轮，杀死近藤出羽守后，夺取了山下曲轮。横地监物等逃走，八王子城陷落。前田利家、上杉景胜为了在丰臣秀吉面前找回面子，奋力拼杀，所以很快就攻克了八王子城。

丰臣秀吉在围攻小田原城的同时，派浅野长政、石田三成、大谷吉隆、长束正家等率领一部分士兵到武藏国、上总国，攻克了多座城堡，同时抓住了镇守小田原城的将领的妻女。小田原城成为一座孤城，守城将士的军心涣散。德川家康也派部将攻打北条氏的城堡，房总的各城守将望风而降。德川家康的部将攻克了葛西、佐仓、臼井、土气、东金等城堡。江户城守将归顺了真田幸孝。浅野长政等和本多忠胜一起攻打岩槻城。岩槻城是太田氏房的城堡，太田氏房到小田原城守城去了，太田氏房的部下伊达与兵卫、妹尾下总守等镇守岩槻城。浅野长政、本多忠胜等从天正十八年四月二十八日开始攻打岩槻城，但很难攻克。天正十八年（1590年）五月十九日，浅野长政在岩槻城外放火，趁着火势蔓延至城内发动攻击。天正十八年五月二十二日，守城将士投降。

在攻克岩槻城之前，石田三成、长束正家等攻克了馆林城。天正十八年六月，石田三成、长束正家等开始进攻忍城。忍城是在平地上建起来的，石田三成把大营设在丸墓山，打算水攻忍城。从天正十八年六月七日开始，石田三成命百姓、士兵在城外修建堤坝，引导荒川、利根川之水来水攻忍城。从天正十八年六月十六日开始，大雨滂沱，河水漫过城楼。守军依然没有屈服，还出城袭击攻城部队。石田三成等从四面八方包围忍城，依然没有攻克。于是，丰臣秀吉让山中长俊给小田原城中的成田氏长写信劝降，并让成田氏长劝忍城的守将投降。成田氏长按照丰臣秀吉的要求，写信给忍城的守将，让他们投降。天正十八年六月二十七日，忍城守将开城投降，守城士兵散去。

五、丰臣秀吉处理关东问题

天正十八年七月六日，北条氏照从小田原城出来，到丰臣秀吉大营投降。北条氏政、北条氏照于天正十八年七月十一日在田村长传的家中自杀。丰臣秀吉把北条氏直放逐到纪伊国高野山，给俸米五千石。天正十八年七月二十日，北条氏直和随从一起前往纪伊国高野山。天正十九年（1591年）十一月，北条氏直患天花，病逝于大阪城。丰臣秀吉将伊豆、相模、武藏、上野、下野、安房、上总、下总八国分给德川家康，将三河、远江、骏河、甲斐、信浓五国分给织田信雄。然而，织田信雄希望留在旧领地，丰臣秀吉大怒，将织田信雄贬谪到秋田。三好秀次得到了伊贺、伊势、尾张三国。池田辉政得到了产量为十五万石的三河国吉田。田中吉政得到了产量为五万石的冈崎。堀尾吉晴得到了产量为十二万石的滨松城。山内一丰得到了产量为五万石的挂川。中村一氏得到了骏河府中。毛利秀赖得到了伊奈郡。日根野高吉得到了诹访郡。佐野实衍是佐野宗纲的弟弟，他流浪各地，后来在丰臣秀吉手下做事，此次跟随丰臣秀吉征讨关东。天正十八年四月三日，佐野实衍替丰臣秀吉写信给常陆众将，让他们做丰臣秀吉的部下，还给佐竹义宣写信，让佐竹义宣督促众将来归顺丰臣秀吉。之后，佐野实衍亲自到下野国召集旧臣，打算攻克唐泽山等城

佐竹义宣

堡。从这时起,佐竹义宣就开始与丰臣秀吉书信往来。天正十八年(1590年)五月二十五日,佐竹义宣和宇都宫国纲一起来到丰臣秀吉的大营,拜谒丰臣秀吉。丰臣秀吉把常陆国的大半分给佐竹义宣,让江户、行方、鹿岛的领主都归佐竹义宣管辖。下总国的结城晴朝无子,丰臣秀吉让羽柴秀康做结城晴朝的养子。多贺谷氏受羽柴秀康的管辖。丰臣秀吉让古河公方的后代氏女嫁给御弓御所的后代御弓国朝,并分给御弓国朝下野国喜连川产量为五千石之地,归德川家康管辖。丰臣秀吉剥夺了小田氏、小山氏、成田氏、那须氏等的领地。

六、征伐奥羽

(一)丰臣秀吉和伊达政宗的关系

丰臣秀吉从平定北越、纪伊时起,便向各地通报朝廷的战况,也向伊达政宗夸耀自己的丰功伟绩。之后，丰臣秀吉经常让前田利家、上杉景胜、富田知信向伊达政宗征收猎鹰，试探伊达政宗的动向及其是否听从命令。伊达政宗消灭了会津的芦名氏，丰臣秀吉对此十分不满，经常因此事责备伊达政宗。这是因为此前芦名氏经常遣使至京都，与丰臣秀吉关系很好，伊达政宗不经丰臣秀吉的允许就征伐芦名氏。天正十七年（1589年），前田利家、富田知信、施药院全宗奉丰臣秀吉的命令，遣使责备伊达政宗。伊达政宗遣使到京都进行辩解，辩解内容如下：

芦名氏和伊达氏属于姻亲关系。伊达辉宗在世时，芦名氏承诺让伊达政宗的弟弟继承芦名氏的家业。芦名氏却背信弃义，和佐竹

富田知信

氏结为姻亲关系，图谋和白川氏、岩城氏、二阶堂氏、相马氏、大崎氏、最上氏等一起消灭伊达氏。因而，伊达政宗消灭了芦名氏。不仅如此，芦名氏的浪人进入越后国，借助上杉氏的力量，图谋灭亡伊达政宗。由于事情紧急，伊达政宗无暇上京辩解。

伊达政宗一面进行辩解，另一面继续进行在东北称霸的计划。伊达政宗和北条氏结盟，以达到消灭佐竹氏的目的。尽管前田利家等频繁催促伊达政宗上京，但伊达政宗一直无动于衷。这一方面是因为伊达政宗担心上杉氏及佐竹氏会乘虚而入，另一方面是因为伊达政宗和北条氏都在打探丰臣秀吉的动向。在丰臣秀吉征讨小田原城之前，北条氏直写信给伊达政宗，赞成伊达政宗和白河义亲夹击佐竹氏的计划。北条氏是伊达政宗的同盟，丰臣秀吉攻打北条氏时，伊达政宗一直在观望战局的进展，对应该站在丰臣秀吉一边还是应该站在北条氏一边犹豫不决。在丰臣秀吉围攻小田原城时，伊达政宗立即决定亲自到丰臣秀吉的大营进行解释。于是，伊达政宗把庶务委托给伊达成实，自己则于天正十八年（1590年）五月八日带着随从百余人从会津来到小田原。丰臣秀吉让伊达政宗待在一个叫底仓的地方，让人严密监视，几乎与监禁无异。伊达政宗的随从非常害怕，跑得只剩下三十多人。丰臣秀吉召回正在攻打钵形城的前田利家、浅野长政等，和施药院全宗一起到底仓谴责伊达政宗侵略会津、相马氏、佐竹氏等。伊达政宗极力进行辩解，丰臣秀吉原谅了伊达政宗，在大营中接见伊达政宗后，将产量为三十万石的米泽分给伊达政宗，让伊达政宗回到会津，丰臣秀吉还对伊达政宗说："如果你不满意这一安排，就回去备战，等我讨伐你吧！"伊达政宗在威风凛凛的丰臣秀吉面前战战兢兢，彻底折服了。伊达政宗对丰臣秀吉表示感谢后退下。之后，伊达政宗经常到大营中陪丰臣秀吉喝茶，在得到丰臣秀吉的允许后才回到会津。伊达政宗正值壮年，只有一只眼睛看得见，颇懂军事，桀骜不驯，有统一东北的大志。然而，在丰臣秀吉的威压下，伊达政宗只能委曲求全。

（二）平定陆奥国

丰臣秀吉处理完关东的事情之后，带着二十余万人的部队进军陆奥国。伊达政宗到那须野迎接丰臣秀吉，一同进入陆奥国。到达白河的时候，丰臣秀吉向奥羽二州的领主下达了下述命令："葛西晴信、大崎义隆集结时行动过缓，没收封地。"白河义亲也由于同样的原因失去了封地。这样一来，奥羽地区的领主没有不前来拜谒丰臣秀吉的。通过这一措施，丰臣秀吉很容易就处理好了奥羽地区的事情。伊达政宗的会津被没收，他得到了产量为三十万石的米泽。丰臣秀吉将产量为四十二万石的岩代盘城分给蒲生氏乡，蒲生氏乡坐镇会津。最上义光得到了山形。岩代氏、相马氏、南部氏、津轻氏、秋田氏、小野寺氏、由利氏等都恢复了原来的领地。丰臣秀吉将葛西氏、大崎氏的旧领地分给了木村伊势守，归蒲生氏乡调遣。丰臣秀吉留下浅野长政负责丈量东北的土地。这样一来，奥羽地区平静下来。天正十八年（1590年）八月二十三日，丰臣秀吉回到京都。丰臣秀吉走后，木村伊势守的领地发生内乱，蒲生氏乡、伊达政宗出兵镇压。蒲生氏乡告诉丰臣秀吉这次内乱是由伊达政宗引起的。此后，伊达政宗和蒲生氏乡不和。丰臣秀吉在回京的路上经过江户、镰仓，沿着东海道行军。天正十八年九月，丰臣秀吉回到京都，朝中百官出迎。当时，丰臣秀吉患病，毛利辉元设宴款待丰臣秀吉和朝中百官，慰劳部队。

第31章

丰臣秀吉征讨朝鲜

不到十年，丰臣秀吉就统一了日本全国，从东北的奥羽到西南的萨摩，无不听从丰臣秀吉的命令。征讨朝鲜是日本有史以来的大事件，只有丰臣秀吉这样的人物才能做到。德川家康重视内政，是做不来征讨朝鲜这样的事情的。丰臣秀吉好战，不喜欢平静，只要活着就想穷兵黩武，这是丰臣秀吉性格的表露。丰臣秀吉打算借助统一日本的余威征讨朝鲜，进而进军中国、印度、波斯，席卷整个亚洲。然而，征讨朝鲜一事尚未完成，丰臣秀吉就去世了。丰臣秀吉出生于战乱年代，习惯于破坏旧的窠臼。丰臣秀吉的雄图壮志也伴随着悲剧。丰臣秀吉好大喜功，急功近利，对内部经营有所疏忽，没有觉察到将士疲惫、武士厌战的征兆。祸乱由此引起，骨肉相残，百姓负担沉重，最终导致丰臣秀吉断子绝孙。对于丰臣秀吉一家来说，对外征战非但没有任何益处，反倒加速了丰臣秀吉一家的败亡。从国家角度来说，征讨朝鲜未必有害，损益各半。从外交上来说，日本给朝鲜留下了永远难以消除的负面印象。不过，从那时起，朝鲜、中国都对日本忌惮三分，清朝还通过朝鲜探听日本的动静。丰臣秀吉如果将对外战争的精力放在内政上，会取得更大的成绩。相比之下，德川家康思维缜密，小心翼翼，为延续将近三百年的江山奠定了坚实的基础。

一、丰臣秀吉征讨朝鲜的动机

天正十年（1582年）以后爆发的对内战争对于丰臣秀吉来说，在生存上和统治上都是必要的。而对外战争并非出于这两个目的。朝鲜和日本一直有使节往来，两国并无仇恨。从外交上来看，日本也没有理由征讨朝鲜。丰臣秀吉是好战分子，所以才发动了征讨朝鲜的战争。群臣都知道征讨朝鲜有害无利，但没有人敢进行谏阻。这导致丰臣秀吉野心膨胀，穷兵黩武，生灵涂炭。早在征讨播磨国时，丰臣秀吉就想征讨朝鲜，不过，当时只是空想而已，并未采取实际行动。丰臣秀吉在和毛利氏、宇喜多氏作战时，无暇考虑其他事情，更何况当时丰臣秀吉周围有滝川一益等。丰臣秀吉打算征讨九州、朝鲜时，来到了博多湾。宗义调从对马来到博多湾拜谒丰臣秀吉。当时，宗义调负责日本和朝鲜的外交事务。宗义调告诉丰臣秀吉："朝鲜国王打算准备丰厚的贡品献给日本，并把人质送到日本，表示臣服。"丰臣秀吉命令宗义调给朝鲜传话说："朝鲜国王没有必要贡献贡品，希望朝鲜国王到日本皇宫拜见日本天皇。如果朝鲜国王迟迟不到，日本会派兵征讨朝鲜。"宗义调对丰臣秀吉所说的话是真是假还很难说，有可能是宗义调欺骗丰臣秀吉的，或者宗义调根本没有告诉丰

宗义调

宗义智

臣秀吉那些话,只不过是丰臣秀吉对外宣扬自己的威力而已。丰臣秀吉在征讨小田原、奥羽的战争期间,一直在观察朝鲜的动态。天正十八年(1590年)秋,在宗义调的儿子宗义智的安排下,朝鲜使节黄允吉、金诚一、许箴之等来到日本。当时,丰臣秀吉还未从关东回到京都。因此,朝鲜使节在大德寺等待丰臣秀吉。丰臣秀吉回到京都之后,朝鲜使节到聚乐邸拜见丰臣秀吉,献上图书、马匹、猎鹰、马鞍、麻布等。丰臣秀吉写了回信,让朝鲜使节带回去。在信中,丰臣秀吉说:"日本希望和明朝互通使节,希望朝鲜国王和明朝皇帝说一下此事。如果明朝不答应和日本互通使节,日本就要征讨明朝。届时,希望朝鲜国王做日本征讨明朝的先锋。"

三位朝鲜使节要离开日本京都回国时,宗义智派臣下柳川调信、玄苏送朝鲜使节回国。朝鲜使节回到朝鲜后,金诚一向朝鲜国王汇报了日本的形势,说丰臣秀吉在信中所说的话只是虚张声势而已,丰臣秀吉不可能兴师动众。而黄允吉说肯定会爆发战争的。之后，宗义智来到釜山浦，劝说边关将领让朝鲜国王劝说明朝皇帝与日本互通使节。明朝领土广阔，兵强马壮，日本只不过是蕞尔小国，怎么征讨明朝？所以朝鲜根本没有把这当回事，朝鲜人不相信日本敢征讨明朝。朝鲜人对明朝非常了解，却并不了解日本，认为日本绝不敢远征朝鲜、明朝。其实，不光朝鲜人这么认为，就连当时的日本人都认为这是空想而已。因此，朝鲜人对丰臣秀吉的回信只是付之一笑而已。

二、丰臣秀吉发动对外战争的目的

丰臣秀吉发动对外战争的目的只不过是想炫耀日本的威武而已。为了实现这一目的，丰臣秀吉制订了宏伟的计划。丰臣秀吉要荡平亚洲，第一步就是让朝鲜当向导，如果朝鲜不听话，就征服朝鲜，灭掉明朝，进而征服南洋、印度、波斯。文禄元年（1592年）五月，丰臣秀吉督促三好秀次筹措军费，命令前田玄以详细调查收藏在公卿家里的古文书和记录，在此基础上思考天皇将圣驾迁往北京时的仪式、计划等。当时，日本朝野上下都相信丰臣秀吉可以实现这一点。由此可见，丰臣秀吉野心勃勃，打算让天皇在明朝继承帝位，统治明朝的四百余州。丰臣秀吉的这一计划在日本史上也是未曾有过的。丰臣秀吉遣使给琉球、菲律宾群岛、印度下书，让他们进贡。丰臣秀吉打算将当时他所知道的地方都纳入日本的版图。如果征服了明朝，丰臣秀吉会坐镇距离日本最近的宁波，实现荡平亚洲的目的。丰臣秀吉出身岛国，能有如此大的抱负实属罕见。即便是大陆上的人也未必有如此雄心壮志。可惜的是，对于当时的日本来说，朝鲜海峡过于宽阔，日本的海事技术尚不发达，没有英国那样强大的海军，丰臣秀吉的宏伟蓝图只不过是纸上谈兵而已。

三、出师准备

丰臣秀吉征服九州之后，来到博多湾，把筑前国分给了小早川隆景。博多湾是朝鲜、明朝和其他外国船停靠的港口。丰臣秀吉希望小早川隆景在这里好好经营，将来远征朝鲜和明朝时把这里作为总指挥部。与此同时，丰臣秀吉把肥后国分给了佐佐成政。然而，佐佐成政不善于治理领地，领地的内乱不断。所以丰臣秀吉剥夺了佐佐成政的肥后国，分给了加藤清正、小西行

小西行长

长。在九州其他将领的协助下,加藤清正和小西行长平定了肥后国的内乱,加藤清正镇守熊本,小西行长镇守宇土。加藤清正和小西行长是丰臣秀吉的心腹大将,在发动对外战争时可以做先锋。加藤清正是丰臣秀吉的近亲,文武双全,攻城野战,立下了汗马功劳。小西行长是堺的药品商人小西隆佐之子,小西隆佐与宇喜多直家关系很近。在丰臣秀吉征讨中国地方之际,小西隆佐劝降了宇喜多直家。小西隆佐和儿子小西行长受到丰臣秀吉的重用。天正十九年(1591年)春,丰臣秀吉向天下领主发布如下命令:

第一,从常陆到南海、四国、九州沿海的各国及北海岸的各国收获量每十万石的封国准备大船二艘。

第二,各港口的人家每百户出十个水夫。

第三，大船和水夫于天正二十年（1592年）春在摄津国、播磨国、和泉国海岸集结。与此同时，丰臣秀吉改变了当初的计划，将大本营改为名岛，将肥前国名护屋定为行营。名护屋位于松浦郡，地理位置非常重要，是通向外海的主要港口。天正十九年（1591年），丰臣秀吉命令众将在这里修建大本营，城寨已经修好。在做好出征准备之后，丰臣秀吉奏请天皇立自己的外甥丰臣秀次为自己的嗣子，任内大臣，接着丰臣秀吉把关白一职也让给丰臣秀次。丰臣秀吉专门负责征讨朝鲜，丰臣秀次留守京都。此后，丰臣秀吉任太政大臣。为了这次远征朝鲜，天正二十年三月，丰臣秀吉从全国各地集结了十万八千七百人。除此之外，丰臣秀吉还命令九鬼嘉隆、藤堂高虎、胁坂安治、加藤嘉明等率九千二百多名水军负责袭击沿海地区。德川家康、羽柴秀

胁坂安治

木下胜俊

俊、前田利家、德川秀康、织田信雄、上杉景胜、佐竹义宣、蒲生氏乡、伊达政宗、最上义光、森忠政、丹羽长重、木下胜俊率兵十万余人，在名护屋大本营集结。

出征准备就绪之后，丰臣秀吉打算于文禄元年（1592年）三月一日出发，不巧的是丰臣秀吉患了眼病，大军不能出发，推迟到文禄元年三月二十六日出发。在丰臣秀吉出发之前，后阳成天皇于文禄元年正月二十六日，到聚乐邸慰劳丰臣秀吉，丰臣秀吉向后阳成天皇禀奏了出征计划等。丰臣秀吉出发时，场面十分壮观，沿路的围观者人山人海。丰臣秀吉从伏见来到大阪之后，踏上征途。这次出征，丰臣秀吉还带了三个僧人，分别是南禅寺的灵三、相国寺的西笑承兑、东福寺的永哲，目的是让这三位僧人处理内外的文书、信函。

四、众将渡海及朝鲜的防御措施

丰臣秀吉命小西行长为先锋先行抵达朝鲜，然后众将根据小西行长的指示到朝鲜。小西行长到达朝鲜时，加藤清正还在距离朝鲜本土五十千米的岛上等待小西行长的消息。其他的众将留在壹岐、对马。由于丰臣秀吉下了严命，小西行长和加藤清正不可能争着做先锋。小西行长是在文禄元年（1592年）三月十二日从名护屋出发到达对马岛的。文禄元年四月十二日，小西行长率军攻打釜山。加藤清正比小西行长晚五天，于文禄元年四月十七日渡海。之后，众将分批渡海去朝鲜。

当时，朝鲜人认为日本人入侵朝鲜不过是雷声大雨点小，不会真正出兵，而朝鲜使节黄允吉主张朝鲜大祸临头了。因此，宰相柳成龙立刻派金应南飞报明朝朝廷。当时，琉球派使者郑礼报告福建巡抚赵参鲁。江右人许议来到萨摩行医，也派人报告明朝日本人出师远征朝鲜。明朝朝廷得到这些报告后，命令海边士兵做好御敌准备，筹备军船。朝鲜派巡察使到三道做好防御准备，任命了庆尚道、全罗道、忠清道的监司。庆尚道是日军入侵的必经之路，朝鲜国王命令在沿路修筑城堡，加强防备。朝鲜国王任命李舜臣为全罗左道水军节度使，掌管水军。尽管日军全力以赴远征朝鲜，起初朝鲜根本不信此事，后来朝鲜基本相信日本入侵是真的，但还是有所怀疑。朝鲜承平日久，人们过着安逸的生活，很长时间不打仗了，因而防备松懈。

五、日本陆军的行动

日本派往朝鲜的远征军兵分三路进军，第一军走中路，第二军走左路，第三军走右路。文禄元年四月十三日，小西行长率领的第一军抵达釜山，准备攻打釜山城。守将郑拨当时外出到绝影岛打猎，听到报告，他赶紧返回防守。这时，釜山城已经被三面合围，另有一队日军绕到后面的山上用火枪进攻，釜山城很快就陷落了，郑拨战死。西平蒲、多大蒲也陷落了。小西行长乘势攻克东莱、梁山、鹊院。文禄元年四月二十四日，巡边使李镒逃到尚州。于是，小西行长等向忠清道的忠州进军。忠州有乌岭天险，易守难攻。然而，朝鲜军被日军吓破了胆，没有坚守就逃走了。朝鲜朝廷派申石做都巡使，援助李镒，但李镒已经战败，只能让李镒镇守忠州。文禄元年四月二十七日，小西行长兵分两路前进，一路沿着山路走，另一路沿着流过忠州的达川走，两路人马都是急行军。最终，小西行长率军把朝鲜士兵逼到河里，很多朝鲜士兵溺水而死，申石投河自尽，李镒又逃走了。于是，忠州归日军第一军所有。日军第一军与第二军会合后向朝鲜京城进发。

日军第二军由加藤清正及锅岛氏、相良氏率领，于文禄元年（1592年）四月十七日渡海，在与小西行长等进行商议的基础上决定走右路，经过庆尚道梁山、彦阳逼近庆州城。守城兵将还未看到日军的影子就溃逃了。因此，加藤清正等率领的第二军未损失一兵一卒就占领了庆州城，接着又攻克了安东、新宁、义兴、军威等城。之后，日军第二军来到咸昌，沿着日军第一军经过的路线前进，经过乌岭抵达忠州。在前一天，小西行长等已经攻克忠州。日军第二军和日军第一军会师，商议接下来攻打朝鲜京城。

京城的朝鲜人听说日军就要进攻京城了，朝野上下十分狼狈，商议防御之策。朝鲜朝廷决定任命右宰相李阳元为主将，任命金命元为都元帅，朴忠侃为京城巡检使，由他们守卫京城。与此同时，朝鲜朝廷调集各道兵马，任命李元翼为平安道都巡察使，任命崔兴源为黄海道都巡察使。在朝鲜朝廷商量防御策略时，忠州陷落的消息传来。朝鲜国王最指望的要地就是忠州，忠州陷落意味着日军不日就会攻打京城。于是，朝鲜国王和柳成龙一起逃到北义州，王子临海君和王子顺和君逃到咸镜道。加藤清正和小西行长经过商议决定，小西行长从东大门进入京城，加藤清正从南面、龙山进入京城。加藤清正的部队一向京城进发，汉江北岸的朝鲜军就被击溃了，加藤清正的部队所向披靡。文禄元年五月三日，加藤清正从南大门进入京城，小西行长率领部队从东大门进入京城，朝鲜军民投降，厚待日军。

黑田长政及岛津义弘等率领第三军从釜山出发，攻占金海、昌原，打败了庆尚道、忠清道的敌人，攻克清洲城，于文禄元年五月七日进入京城。而宇喜多秀家率领的主力于文禄元年五月三日抵达釜山，文禄元年五月十日进入京城。各路日军会师后，商议以后的日程。

攻克京城之后，小西行长和加藤清正向名护屋的行营报捷，想进而荡平八州。在对马的宇喜多秀家已经升任元帅，率军渡海前往朝鲜。丰臣秀吉得到朝鲜京城陷落的捷报后，担心明朝会出兵朝鲜并尽速南下。于是，丰臣秀吉派六万援军到朝鲜。由增田长盛、石田三成、大谷吉继、前野长康为第一路，率军一万七千二百人；浅野幸长、中川秀政等率领的一万五千人为第二路，留在壹岐；羽柴秀胜、长谷川一、木村定光、糟屋武则等率领的二万五千五百人为第三路。这三路人马作为援军赶赴朝鲜。伊达政宗也请求丰臣秀吉让自己率军渡海。留在朝鲜的日军众将攻克京城之后，制订了征服朝鲜地方的计划，向各个方向进军。小西行长和宗义智负责攻打平安道。小早川隆景、毛利秀包等负责攻打全罗道。加藤清正等负责攻打咸镜道。毛利吉成负责攻打江原道。毛利辉元负责攻打庆尚道。蜂须贺家政负责攻打忠清道。长宗我部元亲负责攻打京

大谷吉继

毛利秀包

畿道。浅野长政、大友义统负责攻打黄海道。宇喜多秀家负责警备京城，负责各方面的指挥。

  为了征服平安道，小西行长和浅野长政、加藤清正一起进军，来到临津。临津虽然不是大河，但水流湍急，又是战略要地。朝鲜国王命金命元将京畿道、黄海道之兵集结在此地，阻挡日军前进。加藤清正、小西行长虽然到了临津南岸，但找不到一条船，无法进军，只好装作撤退。于是，朝鲜军队过江来追击日军，日军发起反击，重创朝鲜军队。日军渡江，金命元等率军溃走。之后，小西行长的部队抵达开城，和加藤清正的部队分头行动，进军平壤。平壤是朝鲜北方的重镇，南面有大同江，粮食充足。朝鲜国王让金命元镇守平壤。小西行长、浅野长政很快就打败了金命元，攻克了平壤城，还缴获了城中的大量粮食。小西行长写信给京城的宇喜多秀家及石田三成等，说打算入侵明朝。然而，全罗道、江原道还未征服，深入敌人腹地非常危险，小西行长希望等待水军到来之后，齐头并进。因此，小西行长在中和设大营，有所懈怠。这时，明朝的援军杀了过来。在此之前，明朝接到朝鲜发出的警报。唇亡齿寒，明朝派副总兵祖承训率领辽东五千士兵前来支援。祖承训抵达义州后听说镇守平壤的日军防备松懈，便于文禄元年（1592年）七月十五日，冒着风雨进军。文禄元年七月十六日天明，祖承训率军袭击平壤。日军守城士兵用火枪防守，打死不少明军将士，祖承训大惊逃走，全军溃退。日军追击，斩杀祖承训手下一千多人。文禄元年八月，朝鲜军队从三个方向袭来，均被日军打败，日军在北方取得全胜。

加藤清正和小西行长分头行动后，找了一个当地人做向导，进入咸镜道，急行军抵达海汀仓，和朝鲜将领韩克诚作战。朝鲜军队人数众多，善骑射。因此，加藤清正的部队进入仓中后，使用鸟枪与朝鲜士兵作战，杀死了很多朝鲜士兵。到了夜晚，敌我双方都撤军了。加藤清正让士兵潜入朝鲜军队的大营周围，在天明雾散之时突然开枪。朝鲜士兵大惊溃走，韩克诚逃入镜城之后被俘。朝鲜王子临海君和顺和君一起逃到会宁府。正好加藤清正北进来到这里，会宁府官吏鞠景仁与自己的党羽绑了两个朝鲜王子及其从臣投降日军。加藤清正厚礼款待两个王子，将他们安置在镜城，派兵守护。之后，加藤清正继续进军，攻克了兀良哈。

小早川隆景率领第三军，也负责征讨地方上的朝鲜军队，进军庆尚道，打败了那里的朝鲜军队。接着，小早川隆景等进军全罗道锦山，遇到朝鲜军队的袭击。小早川隆景奋力反击，打败朝鲜军队，攻克了权栗镇守的全州，紧接着攻克了多座城市。毛利辉元、岛津义弘等也克敌制胜，一路上非常顺利。这时，权栗、尹国声等率领朝鲜士兵五万人从龙仁出发，打算夺回京城，进攻北斗门山上的堡垒。胁坂安治率领援军赶到，和守城日军一起夹击尹国声等，打败了朝鲜军队。接着，日军继续前进，所到之处，斩杀了大量朝鲜士兵，保障了京城和釜山的联络及后勤保障工作。

日本陆军在朝鲜战无不胜，所向披靡。究其原因，日军在日本国内多年来一直在打仗，历经百战，精于战术。朝鲜承平日久，战备很差，作战能力也很差。因此，日军大获全胜。

六、日朝海战

日本海军兵力有七千余人,于文禄元年(1592年)四月二十七日进入釜山港。日本陆军已经攻克了釜山城。日本海军沿着庆尚道海岸西行,打败了朝鲜右道水军节度使朱元均。藤堂高虎听说朝鲜的侦察船在唐岛,便袭击了朝鲜的侦察船,俘获了百余艘朝鲜船。朱元均看到敌不过日军,不战而将船、武器沉到海里,逃到南海岛上岸。庆尚道的朝鲜海军战败,九鬼嘉隆、加藤嘉明、胁坂安治等登陆前往京城。藤堂高虎留下来,和来岛通之、毛利胜信扼守南海,保障日军的航道安全。逃到南海岛的朱元均在部下的劝说下,向全罗道的李舜臣求救。起初李舜臣以无权过问其他人的主管海域为由拒绝给予援助,但朱元均不断求援,李舜臣最终决定前去援助。李舜臣是忠清道德山人,本来在咸镜道庆兴府负责北面边境的防御,屡立战功。日本开始入侵朝鲜时,柳成龙建议朝鲜国王任命李舜臣为全罗左道水军节度使。这样,李舜臣开始和日本海军开战。

日本海军一分为三,编成三个舰队。第一个舰队驻扎在唐岛,第二个舰队守卫巨济岛,第三个舰队负责守卫巨济岛东面的海面。文禄元年五月四日,李舜臣率领八十余艘战船在巨济岛东面的海面和日军作战。此役李舜臣获胜。李舜臣烧了二十六艘船,打败了日军的两个舰队。李舜臣听说南海岛近海有日本舰队,就追踪过来,日军海军和朝鲜海军在南海岛的对岸露梁进行激战。李舜臣在战斗中负了伤,却依然继续战斗,火烧日本舰队,日本海军大败。李舜臣又在唐浦袭击日本海军舰队。文禄元年六月四日,全罗右道水军节度使季亿祺来援助李舜臣,在唐顶浦与日本海军展开激战。朝鲜海军炮轰日本舰队,日本舰队着火,来岛通之战死,日本海军又被打败。由于日本海军战败,加藤嘉明、胁坂安治等离开京城,回到南海。文禄元年七月五日,众将在毛利胜信的大营中召开军事会议,决定趁李舜臣的战船停泊在巨济岛西面之际发动袭击。加藤嘉明趁着夜色发动袭击,夺取了数艘朝鲜战船。李舜臣把日本舰队引诱至海口狭窄之处,炮轰日本舰队,日本舰队有七十艘军舰被烧毁,很多将士战死。胁坂安治经过一番苦战之后,退到金海,加藤嘉明逃到安骨浦。之后,李舜臣将舰队停泊在闲山岛,在巨济岛附近游弋,封锁了海面。李舜臣屡战屡胜,朝鲜朝廷封李舜臣为正宪大夫。文禄二年(1593年),李舜臣被任命为三道水军节度使。

日本陆军连战连胜,而日本海军屡战屡败,原因何在?这是因为日军没有好的海军统帅,日军的战船在数量上和质量上都不如朝鲜海军。日本海军中有加藤嘉明、藤堂高虎等将领,但他们为了争功,意见不统一。据说李舜臣善用龟船,甲板上钉着硬板子,中间有通道,其他地方都是大刀等武器,侧面有六个炮门,可以向四个方向发射炮弹。日本陆军的小西行长进军至平安道,加藤清正进军至咸镜道,但没有海军的接应,而且也无法与大本营取得联系,无法进一步进军。

七、大本营采取措施

在日本陆军连战连胜时,丰臣秀吉在名护屋的大本营和德川家康、前田利家及其他谋臣经常召开军事会议,遥控着在朝鲜的作战部队。与此同时,丰臣秀吉等还要筹措、运输军粮,指挥后续部队,奖赏前线的立功将士等,忙得不亦乐乎。丰臣秀吉雄心勃勃,觉得在日本本土指挥作战犹如隔靴搔痒,他打算渡海亲自指挥军队作战。文禄元年(1592年)六月,丰臣秀吉制订了渡海计划。石田三成也劝丰臣秀吉渡海作战,并向全军透露了这一消息。然而,德川家康、前田利家谏阻丰臣秀吉说恐有不测事态发生。特别是后阳成天皇也不同意丰臣秀吉渡海作战。加之,这时丰臣秀吉的母亲去世了。于是,丰臣秀吉打消了亲自渡海指挥作战的念头。丰臣秀吉的母亲活着时,一直担心丰臣秀吉亲征朝鲜。丰臣秀吉告诉母亲自己在名护屋指挥作战,母亲还是不信。这样,丰臣秀吉的母亲忧郁成疾。关白丰臣秀次每天前来探病、安慰丰臣秀吉的母亲,丰臣秀吉的母亲病情稍有好转。丰臣秀吉八岁丧父,是母亲一手养大成人,丰臣秀吉对母亲的感情很深,丰臣秀吉祈祷神佛保佑母亲病情痊愈。文禄元年六月,接到母亲去世的噩耗,丰臣秀吉把与朝鲜作战的事情委托给德川家康和前田利家,让众将严加防范名护屋的安全工作。文禄元年七月二十二日,丰臣秀吉动身离开名护屋东上。在经过关门海峡时,丰臣秀吉遇到明石与次兵

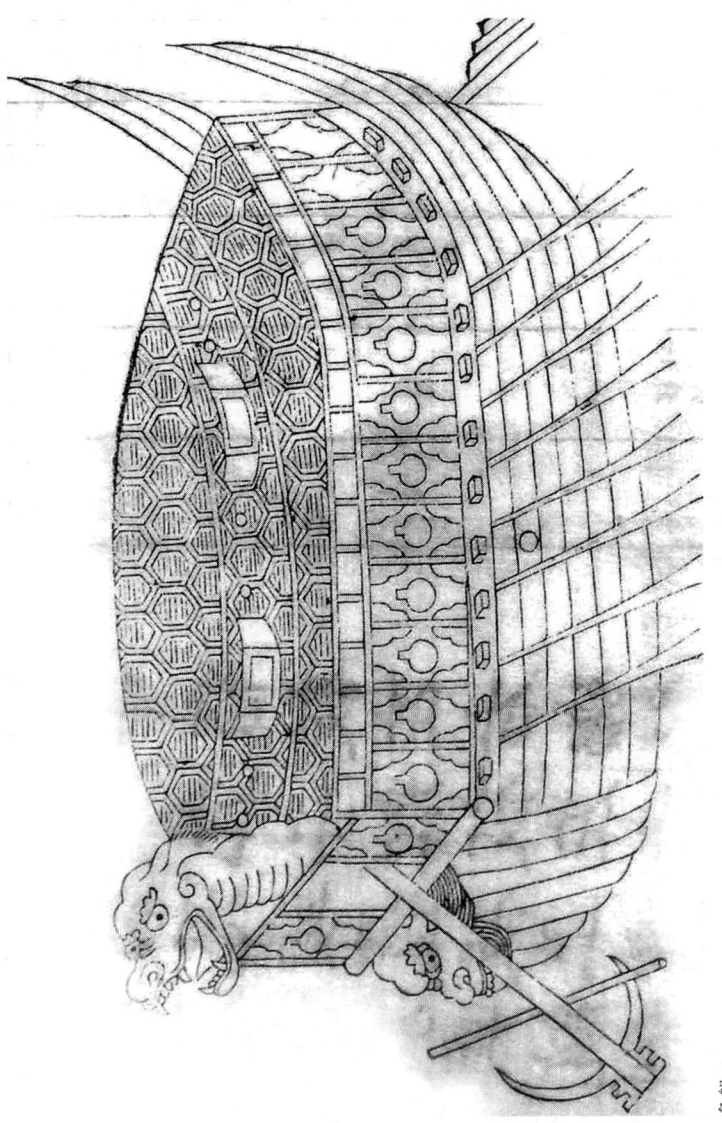

龟船

卫的袭击，毛利秀元救了丰臣秀吉一命。文禄元年（1592年）七月三十日，丰臣秀吉回到了京都。然而，丰臣秀吉的母亲早在文禄元年六月二十五日就去世了。听到这一噩耗，丰臣秀吉痛哭失声，母亲临终前未能见上一面，这令丰臣秀吉抱憾终生。丰臣秀吉昏厥在地，身体恢复过来后，悲伤不已。丰臣秀吉让前田玄以为母亲操办丧事，把母亲葬于大德寺。之后，丰臣秀吉再次到九州指挥军事。名护屋是偏远之地，时间长了，将士们百无聊赖。为了进行消遣，丰臣秀吉叫来金春观世等表演歌舞伎，丰臣秀吉还亲自跳舞，让群臣评价。文禄三年（1594年）六月，丰臣秀吉在军中开了一片瓜地种瓜，瓜熟之后，丰臣秀吉、德川家康、前田利家等穿着奇装异服扮作卖瓜人，在消遣娱乐的同时，让众将品尝，以示慰劳。

八、议和及边打边谈

（一）明朝的防御措施

日军入侵朝鲜时，明神宗在位，内忧外患不断。政府内部斗争很激烈，出现了祸乱的征兆。东林党聚众讨论时事问题，批判朝政。努尔哈赤在赫图阿

明神宗

努尔哈赤

拉起兵。宁夏也发生了叛乱。此时，日军入侵朝鲜，朝鲜岌岌可危。朝鲜国王请求明朝予以援助。于是，内阁大臣建议采取下面几条防御措施：

第一，集结海军，趁日本空虚之际进攻日本，让日本军队从朝鲜撤军，进而切断日军和日本大本营的联系。

第二，出于自保的目的，出兵辽东，防止日军入侵。

第三，派援军到朝鲜，帮助朝鲜防御日本进攻。

第四，与日本议和。

大臣很难决定采取上述措施中的哪一条。这时，兵部尚书石星主张派援军到朝鲜。最终，明朝采纳了石星的建议，拨出白银二万两，犒劳朝鲜将士，命令朝鲜将士防守沿海各州。明朝命副总兵祖承训率军到朝鲜援助朝鲜军队，但祖承训被日军打败。因此，石星决定派说客与日军议和，使日军放缓进攻，明朝利用这段时间采取退敌之策。

（二）平壤议和

明朝派出的说客是沈惟敬。沈惟敬和陈澹汝关系很好，而陈澹汝有个仆人叫郑西。郑西曾经被日本海盗俘虏，比较了解日本的情况。沈惟敬通过郑西了解了日本的一些情况。沈惟敬对石星说丰臣秀吉入侵朝鲜是为了获得明朝的封赏。石星大喜，任命沈惟敬为游击将军，到平壤游说日本人。文禄元年（1592年）九月，沈惟敬抵达顺安，要求见小西行长。小西行长与宗义智、柳川调信及僧人玄苏在乾福山下一同会见沈惟敬，商量议和的条件。沈惟敬和小西行长约定在沈惟敬回国复命，征得明朝朝廷对议和条件同意期间，双方休战。沈惟敬还和小西行长约定把平壤西北的谷山院作为两军的分界线，双方不得越界侵扰。小西行长将这一情况汇报给了京城的宇喜多秀家之后，等着沈惟敬回信。沈惟敬和小西行长在平壤会谈的内容不得而知，但从前后经过和名护屋条约的内容来推测，可知主要是日本向明朝纳贡、明朝给丰臣秀吉封王这两件事情。从前后的经过可以推测小西行长把纳贡理解为明朝向日本纳贡，封王的意思是丰臣秀吉做明朝国王。文禄三年（1594年）十一月，沈惟敬再次带着石星的命令来到平壤，签订了条约。小西行长承诺要和沈惟敬一起去名护屋见丰臣秀吉。日本和明朝对条约的理解是不同的，两者希望议和一事是确定无疑的。

（三）平壤议和期间的战斗

明朝的议和其实是假的，明朝并不打算真正议和。如果明朝有诚意，就会派地位、名望高的人作为使节来议和。沈惟敬官位低，议和结果是否有效，令人怀疑。明朝派沈惟敬议和只不过是缓兵之计，在议和的同时，明朝命山东巡抚宋应昌经略备倭军务，负责防务。与此同时，明朝派薛潘到朝鲜与朝鲜国王商议共同防御之策，进而收复失地。薛潘完成使命回朝后，招募精兵，打算趁日本在平壤休战之际和朝鲜军队夹击平壤。当时，程鹏起建议明朝向当时的明朝附庸国暹罗借兵，趁日本空虚进攻日本，让入侵朝鲜的日军撤军，这样就可以解救朝鲜。程鹏起建议明朝给他数万两白银,让他出使暹罗。如果明朝将这一策略付诸实施,在朝鲜的日本军队就危险了。然而,明朝并未采取这一措施。明朝任命李如松为防海御倭总兵官。李如松和父亲李成梁抵御外敌,一举成名。此前,李如松镇压宁夏叛乱,而今奉命前去辽东援助朝鲜。宋应昌在山海关等李如松到后,一起预防日军的进攻。

明朝一方面任命将帅援助朝鲜,另一方面悬赏捉拿丰臣秀吉、丰臣秀次、玄苏、宇喜多秀家、小西行长、宗义智等日军将帅。小西行长相信沈惟敬的承诺,防备松懈。李如松率军五万人,打算趁小西行长不备袭击平壤。文禄二年(1593年)正月六日,小西行长看到明军到来,误以为是封贡使来了,未加防备。李如松的士兵突然攻城。宗义智等在牡丹台迎击明军,战事不利,退到平壤城内死守。明军从三个方向向平壤发起进攻。平壤城中起火,小西行长大败。小西行长向大友义统请求援助,但大友义统已经逃到京城去了。无奈之下,小西行长等退出平壤城,渡过大同江撤到京城。当时,小早川隆景、黑田长政等正在开城驻守。京城的宇喜多秀家等经过商议认为明朝大军必然会复夺京城,决定让小早川隆景等撤回京城。李如松听说开城的日本守军已经撤走,便于文禄二年正月十六日来到开城,打算一鼓作气攻克京城。小早川隆景等认为让明军直接攻打京城对日军不利,主张和众将率军在砺石岭抵挡明军。文禄二年正月二十七日夜,立花宗茂的士兵和明朝哨兵在砺石岭发生冲突。文禄二年正月二十八日,小早川隆景把全军分为三队,自己做先锋和明军作战,让立花宗茂等到砺石岭上防御,将宇喜多秀家、黑田长政等的部队作为预备队。李如松的部队和小早川隆景的部队发生冲突,战斗正酣之际,砺石岭上的日军冲下来,直冲李如松的大营,李如松的部队大乱。小早川隆景等和预备队一起发起猛攻,李如松的部队大败。明军败走,日军追击,明军死伤一万余人。李如松狼狈逃入坡州,士气低沉,后来又退至平壤。这就是碧蹄馆之役。当时,加藤清正、福岛正则、细川忠兴、蜂须贺家政、岛津义弘、锅岛直茂、堀秀政等在各道打败了朝鲜军队,扩大了战果。

（四）名护屋条约

李如松攻克平壤后，明朝士气大振，认为日军很容易打败，明朝中没有人再提议和的事情。碧蹄馆之役中李如松战败，明朝对日军有所畏惧，又有人提出议和一事。于是，明朝派石星、沈惟敬重新与日军议和。小西行长对前一次明军的袭击记忆犹新，怀疑明军故技重演，对议和一事犹豫不决。沈惟敬暂时回朝和石星商议，又派徐一贯、谢用梓为使节和沈惟敬一起到小西行长的大营协商和谈的条件。当时，日军水土不服，栉风沐雨，疲惫不堪，士兵中生病的很多，而且粮食匮乏。因此，日军将领中很多人希望议和。于是，双方商定日军从朝鲜京城撤军，然后停战，缔结和约。文禄二年（1593年）五月十五日，小西行长和明朝使节一起抵达名护屋。文禄二年五月二十三日，丰臣秀吉接见明朝使节，命令小西行长和石田三成等与明朝使节讨论议和条件，本来议和条件在平壤已经确定下来了，就是纳贡、封王这两件事情。而今这两件事情进一步具体化了。另外，条约规定，日本获得朝鲜的四道，朝鲜成为日本的保护国。丰臣秀吉遣使到京都，让关白丰臣秀次将和约的事情禀奏天皇，征得天皇的同意。条约上有丰臣秀吉、增田氏、大谷氏、小西行长、石田三成的联名签字。文禄二年六月二十八日，明朝使节要回国汇报条约之事，丰臣秀吉让小西如安及宗氏部下陪明朝使节回国。

（五）从朝鲜京城撤兵

沈惟敬和小西行长签订和约后，双方约定于文禄二年四月二十一日撤军。日军担心朝鲜军队追击，放火烧了大营，趁着烟雾撤出了朝鲜京城。在撤军的同时，日军释放了加藤清正擒获的朝鲜王子临海君、顺和君及宰臣黄赫等。之后，李如松进入京城，朝鲜的百官也都回到京城。在这场战役中，朝鲜的京城中活下来的人不足百分之一，即便是活下来的人也因为饥饿、困倦，面色如鬼，人马的死尸横于街头，臭味扑鼻。明朝命令李如松、祖承训等和朝鲜人金命元等一起收复各道。日军来到东南海岸扎营，从蔚山、西生浦到东莱、金海、熊川、巨济，首尾相连，依山靠海筑城、修护城河，打算长期留在这里。宇喜多秀家及毛利秀元镇守釜山，小西行长镇守金海，加藤清正镇守梁山，锅岛直茂镇守竹岛，黑田长政镇守机张，海军众将及岛津义弘留在海军的根据地唐岛。此时，日军攻克晋州城。文禄二年（1593年）三月，细川忠兴、加藤光泰、长谷川秀一等攻打晋州城，没有攻克，日军死伤惨重。当时，双方正要进行议和。而今，议和成功，明朝使节也来到名护屋。日军将领认为晋州城之败有损日本国威，便于文禄二年六月十四日再次攻打晋州城。文禄二年六月二十八日，日军攻克晋州城，杀死主将徐礼元，将徐礼元的首级送到名护屋。

（六）丰臣秀吉在伏见接见明朝使节

明朝的议和使节沈惟敬打算和小西如安一起经朝鲜回明朝复命。文禄二年七月，沈惟敬在半路拜见李如松。李如松对沈惟敬说日军攻克了晋州城，议和的结果是不可信的。因此，沈惟敬就此事责备小西行长，小西行长则反驳说朝鲜各道的明军还没有撤退，明军没有遵守和约。最后，沈惟敬说服石星撤军。沈惟敬一到明朝境内，就把小西如安留在辽东，和其他明朝使节一起回到北京。沈惟敬等禀奏明朝朝廷说带来了丰臣秀吉的降表。丰臣秀吉的部队所向披靡，战无不胜，怎么会向明朝呈递降表，丰臣秀吉也没有理由答应投降明朝的条件，可以看出这份降表是沈惟敬伪造的。本来平壤条约的条件就无从知晓，在纳贡、封王等条款上小西行长完全被沈惟敬给欺骗了，二者之间沟通不畅，自然有很多事情说不清楚。小西行长等学识浅薄，被沈惟敬误导了。明朝相信沈惟敬所说，明朝皇帝命令内阁成员讨论封王、纳贡之事，大家七嘴八舌，意见并不统一。最后，明朝皇帝还是相信石星、沈惟敬所说，顾养谦也帮着沈惟敬说话，决定封丰臣秀吉为日本国王。

文禄三年（1594年）十二月，明朝把小西如安叫到北京，向小西如安传达了三件事情：一是日本从朝鲜撤走所有军队；二是封丰臣秀吉为日本国王，不许日本纳贡；三是日本发誓不再入侵朝鲜。明朝任命季宗城、杨方亨二人为册封使，和沈惟敬一起出使日本。册封使和沈惟敬等待日本全部撤军之后，渡海去日本。文禄四年（1595年）九月，明朝的册封使抵达朝鲜京城，敦促日军撤出朝鲜。鉴于平壤的失败教训，日军撤掉了熊川、巨济、阳门、苏津浦的大营，其余的大营在明朝使节来到日军大营后再撤掉。石星再三催促明朝使节渡海去日本，于是明朝使节到了釜山。庆长元年（1596年）正月，明朝的正使李宗城担心日本不撤军，便从庆州逃回明朝。石星等在明朝皇帝面前说李宗城是奸臣误国，建议任命杨方亨为正使，任命沈惟敬为副使。沈惟敬进一步劝说小西行长撤去西生浦、竹岛等的大营，之后于庆长元年六月十六日从釜山出发。朝鲜国王打算派世子出使日本，但在近臣的谏阻下派黄慎、朴弘长二人陪着杨方亨、沈惟敬到日本。丰臣秀吉早在文禄二年（1593年）八月便离开名护屋，来到了伏见。因此，明朝使节到伏见桃山城去见丰臣秀吉。庆长元年六月十八日，明朝使节在堺浦登陆。庆长元年六月二十九日，明朝使节抵达伏见桃山城。朝鲜世子没有来，丰臣秀吉大为恼怒，不接见明朝使节。当时，日本京畿地区发生大地震，伏见桃山城受损严重，丰臣秀吉决定在大阪城接见明朝使节。庆长元年九月二日，明朝使节拜见丰臣秀吉，呈上金印及冕冠。庆长元年九月三日，丰臣秀吉设宴招待杨方亨和沈惟敬二位使节，让僧人灵三、西笑承兑、永哲读明朝皇帝的国书。小西行长偷偷告诉西笑承兑改变明朝国书的原意后读给丰臣秀吉听，西笑承兑没有答应，如实读给丰臣秀吉听。国书中有"朕敕谕日本国王平秀吉"一句。丰臣秀吉听后大怒，大声说：

> 明朝封我为日本国王，岂有此理。我统一了日本，焉能接受明朝的册封。小西行长一直负责谈判事宜，难辞其咎，和明朝使节一起斩了。

小西行长拿出数封往返书信，竭力进行辩驳。西笑承兑也为小西行长说情，丰臣秀吉这才饶了小西行长，将明朝使节赶了出去。明朝使节从堺来到九州，踏上归国之途。

小西行长和沈惟敬在朝鲜的平壤和京城约定的事情并没有明证，里面到底是什么内容，无从知晓。然而，从事情的前后经过及名护屋条约的内容来看，日本人的理解是"明朝向日本纳贡，封丰臣秀吉为明朝国王"。而《明史·朝鲜考》中写道："秀吉即怒曰：'天朝遣使封我，我不敢辞，朝鲜绝不

西笑承兑

许和。'"很显然,这一说法与史实不符。本来丰臣秀吉远征的目的是让明朝臣服于日本。因此,日本撤军议和是想达到原来的目的,让明朝臣服于日本,给日本纳贡,丰臣秀吉做明朝国王。小西行长和宗义智负责与明朝谈判,应该知道丰臣秀吉的想法。然而,小西行长对汉文的理解能力不够,在沈惟敬的误导下,把事情办糟了。丰臣秀吉已经将有自己、小西行长、石田三成等联合署名的名护屋条约奏请天皇批准了,却没有付诸实施。由此可见,沈惟敬口才很好,骗过了日本众将。平壤条约和京城条约与明朝朝廷有关,名护屋条约则与朝鲜有关。日本将士虽然在军事上获胜了，在外交上却被沈惟敬欺骗了，日本将士五年的辛苦化为泡影。

九、日本再次征讨朝鲜

（一）出征

庆长元年（1596年）九月，丰臣秀吉赶走了明朝册封使。之后，丰臣秀次下令再次征讨朝鲜，让山阴、山阳、九州的众将做好准备。庆长二年（1597年）正月十四日，日军先锋小西行长、加藤清正等进军朝鲜，众将按照先后顺序入朝。在出征时，日军记忆朝鲜八道的名称非常困难，丰臣秀吉命画工制作朝鲜的地图，把朝鲜的各道分为五色，庆尚道是白色，称为白国；全罗道是红色，称为红国；忠清道和京畿是青色，称为青国；平安道和江原道为黄色，称为黄国；咸镜道为黑色，称为黑国。丰臣秀吉把地图分发给出征的众将。明军在距离朝鲜国都二三十千米处驻扎，丰臣秀吉扬言哪怕是自己单枪匹马，也要渡海与明军一决雌雄，一举征服明朝。

（二）明朝及朝鲜的防御措施

庆长元年十月，沈惟敬、杨方亨从堺来到名护屋，等待顺风回国，他们不相信日本会再征朝鲜。然而，加藤清正回到肥后国，黑田长政回到丰前国，做出征的准备。杨方亨听说此事后，面如土色。沈惟敬比较镇静，说："只要有我这张三寸不烂之舌，何愁议和不成？"然而，不出数日，寺泽正成带来丰臣秀吉的书信给明朝使节，斥责朝鲜犯有三宗罪：其一，文禄四年（1595年），朝鲜使节来到日本，隐瞒了明朝的情况；其二，在沈惟敬的请求下，日军释放了朝鲜的两个王子，这两个王子却不来日本致谢；其三，朝鲜反复无常，导致日本和明朝的议和一再拖延。然后，寺泽正成责备朝鲜使节。朝鲜使节十分震惊，立刻回国禀奏此事，朝鲜朝野上下开始备战。而沈惟敬等于庆长二年二月回到北京，向明朝皇帝撒谎说："丰臣秀吉接受了封号，戴上冠冕，对天朝表示感谢。"沈惟敬等捏造丰臣秀吉的感谢信，又用自己的钱买了一些日本货物，当作贡品献给明朝皇帝。

不久，苏浙一带报告说加藤清正等率领二百艘船在机张扎营。杨方亨只得如实禀奏了事情的经过,把罪过推到沈惟敬的身上。于是,明朝朝廷指责沈惟敬有辱国格,要给沈惟敬定罪,而沈惟敬竭力进行辩解。石星被罢了官,沈惟敬之后到朝鲜与日军谈判,将功补过。沈惟敬利用三寸不烂之舌,往来穿梭于日军将领、明朝将领、朝鲜将领之间,居中调停,最终被明朝兵部尚书邢玠逮捕后斩首弃市,石星被投入监牢。朝鲜向明朝回报了日军再次征讨朝鲜的事情,请求救援。明朝任命兵部尚书邢玠为蓟辽总督,任命麻贵为备倭总兵官,由这两个人负责指挥朝鲜战事。明朝任命佥都御史杨镐驻扎天津,负责警卫北京。旅顺和登莱是北京的左右大门,地位十分重要,于是明朝任命周干德镇守旅顺,任命李承勋镇守登莱。进而,明朝任命邢玠为布政司,任命杨镐为经理朝鲜军务,任命巡抚麻贵、刘绽为南北大帅,让他们率领大军入朝作战。麻贵曾经建议邢玠火速南下,趁日军不备,夺取釜山,一举活捉小西行长,这样加藤清正也会不战而逃。然而,邢玠没有采纳这一建议,认为时机还不成熟,深入敌人腹地过于冒险。邢玠让杨元、吴惟忠二将屯兵于全罗道的南原、庆尚道的大丘。麻贵在京城指挥,防御日军。吴惟忠进军庆尚道时,日军已经占领了那里。因此,吴惟忠只能屯兵忠州,杨元屯兵南原。刘绽率领海军前往朝鲜,和朝鲜海军会师,负责防御沿海地区。朝鲜在明朝的指挥下竭尽全力防御日军的进攻。庆尚道的佐兵使成允门、防御使权应铢负责镇守乌岭,右兵使金应瑞在宜宁防御釜山的日军。朝鲜方面做好了一切准备抵御日军的入侵。朝鲜承平日久,武备废弛,在上次战役中,朝鲜军队逐渐适应了战争。而且明朝不断督促,朝鲜的防御措施要比前一次大大加强。明朝也做好了和日军进行决战的准备。

十、各地的战况

(一)闲山岛海战

日军十三万多人渡海来到朝鲜,以釜山、竹岛、安骨浦、西生浦、东莱、机张、蔚山、加德、梁山、豆片浦等地为根据地,入侵熊川、金海、昌原、咸安、晋州、固州、泗川、昆阳等地。不过,和上次战役不同的是,日军占据营垒,打持久战。日军在巩固根据地之后,稳扎稳打,步步为营。自上次战争以后，朝鲜到处都很荒凉，粮食匮乏，需要进行后勤补给。当时交通不便，日军是无法长驱直入的。而且朝鲜海军比日本海军强大，搞不好日军会被切断后路。因此，日军要保障海岸的安全，需要打败朝鲜的海军。朝鲜海军之所以强大，是因为有李舜臣，小西行长制订计划，打算打败李舜臣。在上次战役中，李舜臣救了朱元均，朱元均恢复了名誉。尽管如此，朱元均不断诋毁李舜臣，还把海战胜利的果实归为己有，排挤李舜臣。小西行长非常清楚这一点，想方设法除掉李舜臣，打败朝鲜海军，以雪上次战役之辱。小西行长遣使到金应瑞那里，说李舜臣狐疑不定，贻误战机。这一措施果然奏效，朝鲜国王下令逮捕李舜臣，将其监禁在京城。朝鲜国王任命朱元均为统制使，让他到闲山岛指挥海军与日军作战。

庆长二年（1597年）七月，日军众将赶紧出兵，在唐岛袭击朱元均的海军。藤堂高虎、胁坂安治、加藤嘉明等共同进军，大败朝鲜海军。加藤嘉明夺了朝鲜海军一艘大型军舰。这次海战失败之后，朱元均虽然保住了闲山岛，但已经处于弱势。庆长二年七月六日，朱元均率领军舰到釜山和日本海军决战。当时，小西行长已经在全罗道登陆，听说朱元均来攻打日本海军，小西行长在熊川县南面十五千米处的加德岛埋伏了一支部队。之后，小西行长亲自率军在位于釜山港中央的绝影岛反击朱元均的海军。朱元均的海军被打败，退到加德岛。这时，小西行长的伏兵向朱元均的海军发动袭击，杀死了朱元均的将士四百余人。朱元均狼狈逃回黍川岛。

庆长二年七月十六日黎明，小西行长趁朱元均疲惫不堪、防备松懈之际发动突袭，朱元均战死，朝鲜海军溃退。之后，小西行长乘胜攻克南海、顺天各城堡，向豆片津、南原进军。朱元均战败的消息传到京城，朝鲜朝野震惊。朝鲜国王向群臣征求意见，庆林君、金命元等主张起用李舜臣为统制使。李舜臣当时被贬谪到庆尚道晋州，他奉命抵达顺天府的会宁浦，凑了十三只军舰来到全罗道海南县的碧波亭。日本海军航行在全罗道的海面上，准备攻打忠清道、京畿道。日本海军的先锋部队与李舜臣的海军遭遇，被李舜臣打败了。尽管如此，李舜臣士气不振，不敢主动与日本海军作战，日本海军掌握了全罗道的制海权。庆长三年（1598年）二月，李舜臣在全罗道唐津县之南的古今岛安营，储备粮食，铸造大炮，制造船舶，防御日本海军入侵。庆长三年四月，明朝水师提督陈璘率领浙江海军军舰五百余艘来到全罗道，援助李舜臣，共同与日本海军作战。之后，双方海军没有发生大的冲突。

（二）南原及稷山之战

在上次征服朝鲜的战役中，日军长驱直入，直接攻打朝鲜京城。而这次日军的进军速度非常缓慢。在上次战役中，日军前锋部队行动过快，后续部队没有跟上。在这次战役中，日军汲取上次的教训，没有轻举妄动。全罗道的当地人十分勇猛，抵抗外来侵略的意志很坚决。因此，日军有必要平定当地的抵抗力量，加固根据地，稳扎稳打。杨元镇守南原城，城中有辽东骑兵三千人，防守严密。因此，日军有必要先攻克南原城。小西行长在闲山岛获胜后，和宇喜多秀家、岛津义弘、长宗我部元亲攻克沿线的各州，从顺天府来到南原城。加藤清正和毛利秀元、黑田长政、浅野幸长等从庆州阳大丘经昌宁来到南原城。小早川隆景从密阳玄风进军，也来到南原城。各路日军从庆长二年（1597年）八月十三日至八月十五日，向南原城发起猛攻。守城士兵支撑不住，杨元逃走。之后，日军攻克金州，进军忠清道。庆尚道归岛津义弘管辖，全罗道归小西行长管辖，二人都出榜安民，劝告朝鲜人民从事农桑生产。之后，日军进逼京城。镇守京城的麻贵率军扼守稷山，阻止日军前进。毛利秀元、黑田长政攻克南原城之后，进攻稷山，打败明军，进逼京城。这时，丰臣秀吉下令暂时撤军，毛利秀元等撤到了全罗道。日军撤军，舍弃已经到手的地盘，原因何在？大概是因为大量明军驻扎在朝鲜各地，加强了防备。丰臣秀吉打算亲自渡海，指挥日军与明军作战。

（三）明军南下包围蔚山

稷山方向的日军撤走了，其他方向的日军也都撤走了，在南海沿岸集结。庆长二年十月，日军的将领和营地情况是：①岛津义弘等驻扎在西川；②黑田长政等驻扎在梁山；③宇喜多秀家、毛利秀元等驻扎在釜山；④加藤清正、浅野幸长驻扎在西生浦、蔚山；⑤小西行长等驻扎在顺天府。

日军总兵力为十三万多人，各驻扎地相距三百多千米。各阵营的日军之间相互联系。日本海军游弋在南海、唐岛之间，负责警备。日军撤到朝鲜南部以后，明军、朝鲜军队会师，进逼日军大营。庆长二年（1597年）十一月，明朝经略邢玠率领大军渡过鸭绿江，进入朝鲜京城。邢玠和杨镐、麻贵商议之后，决定兵分三路，大举南下。左路军由副总兵李如梅率领的若干战将和马步军一万三千多人构成；中路军由高策率领的若干战将和马步军一万一千六百人组成；右路军由副总兵李芳春率领的若干战将和马步军一万一千六百人组成。监察御史陈枚做监军，三路军都配备朝鲜军队、火枪、火箭、火药等。庆长二年十二月，邢玠登坛祭拜天地之后，犒赏三军。之后，邢玠留在朝鲜京城指挥全局，三路人马出发了。杨镐和麻贵率领左路军和右路军专门负责进攻加藤清正，为了防备小西行长来支援加藤清正，他们让中路军援助庆州并切断庆州与全罗道的彦阳梁山的联系，防止日军从釜山来援助加藤清正。另外，明军还派出一小股部队佯攻顺天，牵制小西行长的部队。

庆长二年十二月二十日，明军大举进攻蔚山。当时，加藤清正为了修筑水路的木栅，前往西生浦的机张。蔚山只有加藤安政和浅野幸长两人负责指挥。李如梅率领明军包围蔚山城。麻贵、吴惟忠等留在彦阳、梁山，派军援助李如梅。加藤清正闻报回到蔚山城，率军坚守。明军屡次发起攻击，却损兵折将，久攻不克。明军发现城中粮食缺乏，决定进行长期围困。之后，蔚山城的日军吃尽了苦头，粮食吃光后，吞纸和土充饥。驻扎在釜山及顺天的日军决定救援蔚山城。庆长三年（1598年）正月，毛利秀元、黑田长政等从梁山来到西生浦，加藤嘉明也率领援军赶到。日军援军总兵力达到五万多人，日军将援军分为六队，进攻明军。明军抵挡不住，大败逃走。援军和守城日军追击明军，斩首数千，缴获火器、兵器、军用物资无数。日军众将向丰臣秀吉报捷，丰臣秀吉大喜，犒劳立功将士，重赏了毛利秀元和加藤清正。

蔚山一战失败后，杨镐回到朝鲜京城。邢玠对杨镐大发雷霆，奏请朝廷后罢免了杨镐的官职，让天津巡抚万世德取代杨镐。明朝又在国内集结兵力，分四路进军，中路大将为李如梅，东路大将为麻贵，西路大将为刘綎，水路大

蔚山之战

将为陈璘。四路军正准备南下时,辽东发生变故,李如松阵亡。明朝召回李如梅,让董一元替代李如梅。

（四）泗川之战

庆长三年（1598年）七月,明军大举南下。刘綎进军顺天,和小西行长作战。麻贵进军蔚山。董一元进军泗川。岛津义弘镇守泗川,修筑了七座新城寨,三面环海,一面与陆地相连。新城寨中,望津的位置最重要,东阳寨有仓库,存有大量的粮食。岛津义弘以这里为根据地,掳掠周围城镇。庆长三年九月十九日,董一元率军攻打望津。望津中有明朝降将郭国安做明军的内应,在寨中放火。岛津义弘的士兵出城御敌,见城寨中起火,狼狈逃窜,城寨陷落。

接着，其他的城寨也陷落了，日军逃到新寨。庆长三年（1598年）十一月一日，明军大举进攻新寨，岛津义弘奋力拼杀，打败了明军。然而，明军的援军不断赶来。日军将士殊死搏斗，寺山久兼秘密率一队人马袭击明军背后。明军大败后退数十里。岛津义弘率军斩首明军三万八千余人。

十一、战争的结果

明朝军队远征朝鲜，分三路进军，打算攻打日军营地，奋力厮杀。此外，还有朝鲜军队协助明军作战。起初，朝鲜军队作战不利，明朝督促朝鲜军队努力作战，朝鲜怯战情绪严重，请求明朝出兵。明朝出兵，和朝鲜组成联军，与日军作战。和上次征讨朝鲜时不同，日军不再长驱直入，而是占据朝鲜半岛南面的一部分，丰臣秀吉在伏见指挥全局，四国、九州、中国地方的众将出征。与上次征讨朝鲜相比，这一次日军士气低落、情绪沮丧，已经没有上次那样长驱直入、直逼明朝边境的气魄。明朝大举出兵，气势压人。大概是因为丰臣秀吉的雄心壮志没有上次强烈。究其原因，丰臣秀吉年事已高，身体状况不佳。在日军远征朝鲜时，丰臣秀吉过着骄奢淫逸的生活。这也说明丰臣秀吉已经厌倦了戎马生涯，开始追求享乐了。上行下效，前方将士自然斗志不强。因此，丰臣秀吉征讨朝鲜堪称虎头蛇尾。丰臣秀吉死后，征讨朝鲜的战争自然就结束了。七年间，日本消耗了大量的人力、物力，丰臣秀吉的家运也衰落了。不仅如此，日本与朝鲜、明朝结怨，又耗费了大量的兵力和粮饷，国力日益衰竭。丰臣秀吉发动征讨朝鲜的战争，只是为了宣扬国威这一虚名而已。起初，如果丰臣秀吉不追求虚荣，或许会巩固丰臣家族的势力，丰臣氏的江山或许会延续很长时间，不会有江户时代的出现。

第 32 章

丰臣秀吉的晚年

丰臣秀吉性格活泼，思维敏捷，善于机变，文韬武略，积极进取，叱咤风云，受到万人敬畏。到了晚年，丰臣秀吉判若两人，不再积极进取，而是沉溺于骄奢淫逸的生活，大兴土木，修建琼台楼阁，耗费钱财，三千佳丽陪伴左右。丰臣秀吉消耗了国家的财力，但丰臣氏的势力并未得到巩固。这对于丰臣秀吉来说是一个悲剧。

一、修建伏见桃山城

文禄二年（1593年），征讨朝鲜的战争尚未结束，丰臣秀吉就开始让人修建伏见桃山城。其实，丰臣秀吉已经修建了大阪城，而今又修建伏见桃山城，其目的是加强京都和大阪的联系，还可以把伏见桃山城当作自己的别墅来使用。伏见桃山城南面紧靠着宇治川，北面紧挨着京都，风景秀丽。在这里可以听到醍醐寺的晚钟，松风阵阵，令人心旷神怡。丰臣秀吉让石田三成和增田长盛专门负责修建伏见桃山城，要求施工速度要快，让各地领主出钱、出力。这场工程动用的工匠、工人人数达到二十五万人。修建伏见桃山城，需要挖护城河、从山科等地采大石头修筑城墙，还需要从土佐等地采伐木材并通过河流运到工地。伏见桃山城里除修建飞云阁、客殿等豪华的住房外，还要修建西本愿寺、近江国竹生岛观音堂等寺院、丰国神社等神社、茶室和做学问的地方。伏见桃山城里的建筑都体现着桃山时代的特色，廊柱等都有金箔，非常豪华。丰臣秀吉在伏见桃山城读书，召集有学问的人谈古论今，饮茶赋诗，过着雅致的生活。伏见桃山城也是丰臣秀吉发号施令的中心。

二、吉野赏樱和参拜高野山寺社

朝鲜战争接近尾声，双方正在议和之际，丰臣秀吉在京都、摄津等地过着骄奢淫逸的生活，饮酒、赏花、欣赏歌舞，有佳丽陪伴，好不惬意。丰臣秀吉似乎忘记了征战的将士的艰难困苦。第二次征讨朝鲜出师不利，大概与丰臣秀吉的这种生活方式有着密切的关系。文禄三年（1594年）二月二十五日，丰臣秀吉从大阪城出发，经过当麻到吉野山赏樱。这次出行丰臣秀吉穿着豪华，戴着假发，描眉化妆，前呼后拥，排场很大。丰臣秀次从京都出发经过奈良，于文禄三年二月二十七日到吉野山赏樱。丰臣秀吉、丰臣秀次父子两人和右大臣今出川晴季、权中纳言羽柴秀俊、细川幽斋在侍从人员的陪伴下，边赏樱边赋诗。一行从金华表二王门出发参拜藏王堂。之后，一行在中纳言修建的客栈休息。一行参观了后醍醐天皇的皇宫遗址、今熊野、圣天山、辩才天等，在吉野山逗留二日。文禄三年三月二日，丰臣秀吉离开吉野山到高野山参拜。丰臣秀次在太田和丰臣秀吉一行分手，经郡山回到京都。文禄三年三月三日，丰臣秀吉登上高野山，缅怀母亲。母亲与世长辞，丰臣秀吉非常感伤，登山追思母亲。一起登山的有道澄、飞鸟井氏、菊亭、中山等。丰臣秀吉最信任的木食应其兴山上人在高野山修行，丰臣秀吉此前为母亲建了青严寺，这次在这里住了一夜。文禄三年三月四日，丰臣秀吉召集高野山所有的人来到青严寺，为母亲做法事，请僧人诵经。之后，丰臣秀吉一行参观奥院，欣赏弘法大师空海的书法作品。文禄三年三月五日，丰臣秀吉观看能乐表演，向高野山僧人布施。为了翻修金堂，丰臣秀吉还捐赠了一块产量为一万石的土地。当天，丰臣秀吉一行下山，经过堺回到大阪城。

丰臣秀吉回到大阪城后不久，让今春八郎作了吉野赏樱，高野参拜，征讨明智光秀、柴田胜家、北条氏的谣曲，并让人演奏、伴舞，丰臣秀吉自己一起舞蹈，让妻妾们观看。之后，丰臣秀吉还到德川家康、前田利家的府上饮酒赋诗，加深感情。

三、丰臣秀次的灭亡

丰臣秀长是丰臣秀吉的同族，任大纳言，已经去世了。丰臣秀长的儿子丰臣秀保于文禄四年（1595年）四月四日去世，丰臣秀长一家人都逐渐离世了。丰臣秀吉又逼迫自己的养子任关白的丰臣秀次自杀，丰臣氏的势力日益衰落。丰臣秀吉的直系亲属相继去世，与丰臣秀吉一族的内讧有着密切的关系。这一点和源赖朝对待兄弟们的态度相似。源赖朝的天下仅三代就灭亡了，北条氏取而代之。同样，丰臣氏二代而亡。丰臣秀吉和源赖朝在统一天下的过程中，虽然难易程度不同，但结果一样，都完成了统一。丰臣秀吉和源赖朝的相同之处还有两人都在晚年失去了一族，自己削弱了自己家族的势力，以至于断子绝孙。

（一）丰臣秀次的性格和品行

丰臣秀次出生于永禄十一年（1568年），是三好吉房的儿子。丰臣秀次的幼名是治兵卫，后改名为孙七郎。他的母亲是丰臣秀吉的异母妹妹。起初，丰臣秀次是宫部继润的养子，后来成为阿波国的三好康长的养子。天正十九年（1591年），丰臣秀次成为丰臣秀吉的养子。起初，丰臣秀次的性格不像坊间传闻的那样暴戾，只不过是一介武夫，才能平平，因为是丰臣秀吉的亲属，才受到重用。在小牧战役中，丰臣秀次跟着池田信辉、森长可等与德川家康作战，池田信辉、森长可战死后，丰臣秀次擅自脱离战场逃走。为此，丰臣秀吉大骂丰臣秀次，警告丰臣秀次不要再犯同样的错误，以免耽误将来的前程。之后，丰臣秀次参加了征讨四国、九州、小田原的战役，在平定奥羽之乱时，丰臣秀次还担任主将和德川家康一起踏上征途。

丰臣秀次好文，他在回京都的路上访问平泉寺，将藤原秀衡收藏于平泉寺的大藏经取出，收藏在京都及足利学校。丰臣秀次途中经过镰仓时，将金泽称名寺的书籍带回京都。丰臣秀次温文尔雅，经常将五山的学问僧召到相国寺，切磋学问，吟诗作赋。藤原惺窝也曾经参加丰臣秀次的诗会。文禄二年（1593年）四月，丰臣秀次将《六国史》、《类聚三代格》和《百练抄》等献给后阳成天皇。丰臣秀次还命大和地区各寺的十七个僧人抄写《源氏物语》。丰臣秀次好学，珍藏了很多珍本。东寺秘藏的风信帖是弘法大师空海的真迹，是书法家最推崇的作品，本来有五帖，其中一帖被盗。文禄元年

（1592年）丰臣秀次要走了风信帖中的一帖，因此，丰臣秀次的字非常有功力。丰臣秀次喜好学问，把这当作唯一的嗜好，但丰臣秀次的学问造诣并不深，只是学到了皮毛而已。丰臣秀次奖励做学问除因为自己爱好学问之外，还因为他在任关白之后受到了公卿、后阳成天皇的熏陶。文禄三年（1594年），听说亲生父亲患病，丰臣秀次派医生秦宗巴到尾张国给亲生父亲看病，又给了亲生父亲产量为十万石的土地。丰臣秀次爱好学问、为人孝顺，受到坊间好评。坊间认为丰臣秀次是在丰臣秀吉的近臣的误导下而被杀的，为此坊间对丰臣秀吉及其近臣颇有微词。其实，坊间的这一说法是错误的。

丰臣秀次不仅好文，而且好武，爱收藏武器。他经常召集武术高手切磋武艺。武术高超者，丰臣秀次便给予高官厚禄。丰臣秀次经常与武夫待在一

后阳成天皇

起，行为粗暴，喜爱狩猎和相扑。文禄二年（1593年）正月五日，正亲町天皇驾崩，朝廷举行国丧，天下素服素食。丰臣秀次身为关白，应该素食，行为谨慎，为天下人做表率。然而，丰臣秀次不仅吃肉，还到西郊野游。比叡山是佛家圣地，禁止杀生。文禄三年（1594年）九月，丰臣秀次竟然在比叡山狩猎杀生。丰臣秀次在其他地方狩猎更是肆无忌惮，京都人士都揶揄丰臣秀次是杀生关白。人们都骂丰臣秀次暴戾。传闻丰臣秀次让人剖开无辜的孕妇的肚子，在城楼上用火枪打或者用弓箭射行人，丰臣秀次还亲自处决犯人。木村重兹和栗野秀用是丰臣秀次的臣下，仗着有丰臣秀次撑腰，专横跋扈。木村重兹在自己的领地越前府中把米借给百姓，收取一倍半的利息，百姓不堪重负，纷纷逃亡。木村重兹命人将逃亡者的房子卖掉。栗野秀用的所作所为和木村重兹类似。这两个臣下的胡作非为越发坏了丰臣秀次的名声。这时，丰臣秀吉有了亲生的儿子，对自己的亲生儿子宠爱有加。丰臣秀次更加自暴自弃，不知改悔。拾丸的出生让丰臣秀次变本加厉，最终罪孽深重，走上了不归路。

（二）拾丸的出生

淀殿是丰臣秀吉的爱妾，可谓"三千宠爱在一身"。淀殿是浅井长政的长女，小谷城陷落后，淀殿和母亲及其他两个妹妹被织田信长保护起来。织田信长死后，淀殿等投奔柴田胜家，淀殿姐妹三人侍奉柴田胜家。北庄陷落后，淀殿姐妹三人被丰臣秀吉收养。丰臣秀吉纳淀殿为妾，让淀殿住在淀城。淀殿颇有姿色，妖艳无比，叱咤风云的丰臣秀吉也对她一见钟情。天正十七年（1589年）五月，淀殿生下一个男孩，这就是弃丸。丰臣秀吉老来得子，对弃丸和淀殿宠爱有加。在征讨小田原之际，丰臣秀吉还把淀殿叫到军营陪伴自己。讨伐东北凯旋后，天正十八年（1590年）九月，丰臣秀吉写信给淀殿，表达了对弃丸的喜爱。然而，天正十九年（1591年）八月五日，弃丸夭折，被葬于妙心寺塔头祥云寺。丰臣秀吉失去爱子，痛心不已，开始考虑自己的身后之事。天正十九年十一月，丰臣秀吉收自己的外甥秀次为养子，这就是丰臣秀次。天正十九年十二月四日，丰臣秀次任内大臣。天正十九年十二月二十八日，丰臣秀吉将关白的职位让给丰臣秀次。文禄元年（1592年），丰臣秀吉在征讨朝鲜之际，也把淀殿带到名护屋大营。不久，淀殿怀孕，回到大阪城。文禄二年（1593年）八月三日，淀殿生下拾丸，这就是丰臣秀赖。丰臣秀吉当时已经五十七岁，老来得子，听到这个喜报后，丰臣秀吉欢呼雀跃。丰臣秀吉把军营之事委托给德川家康、前田利家，写信给在朝鲜作战的将帅宇喜多秀家、毛利秀元，让他们警告众将不要怠倦。文禄二年八月二十五日，丰臣秀吉从名护屋出发，回大阪城看自己新出生的儿子。之后，丰臣秀吉开始为刚出生的儿子计划将来的事情。丰臣秀吉给不满两岁的丰臣秀赖定亲，对方是丰臣秀次的女儿。丰臣秀吉让前田利长夫妇将这个想法告诉丰臣秀次，两家正式定亲。之后，丰臣秀吉经常告诫丰臣秀次要注意言行，不要再为非作歹。丰臣秀吉把日本全国分成五份，五分之四归丰臣秀次，五分之一归丰臣秀赖。这说明丰臣秀吉已经后悔将关白一职让给丰臣秀次了。丰臣秀吉让丰臣秀赖和丰臣秀次的女儿订婚，意图就是让丰臣秀次心甘情愿地将关白一职让给丰臣秀赖。由此可见，丰臣秀吉为了丰臣秀赖的前途处心积虑。值此之际，丰臣秀次暴虐杀生，恶名开始在坊间流传。而且丰臣秀次不识时务，依然不知悔改，终于丢掉了身家性命。

（三）丰臣秀次被迫自杀

丰臣秀次生长于战国时期，好武、好游猎，手里经常拿着武器，作为一个武士，这原本无可厚非。众将对丰臣秀吉竭力逢迎，俯首帖耳，唯独丰臣秀次如此嚣张，这让丰臣秀吉生疑。丰臣秀次为了自身的安全，出门时总是带着很多护卫，动静太大。这导致坊间有关丰臣秀次的闲话不断。文禄四年（1595年）六月，丰臣秀吉命宫部继润、前田玄以、石田三成等带着七份誓约书到丰臣秀次的府邸，让丰臣秀次在誓约书中写明自己没有野心。丰臣秀次大吃一惊，但还是在誓约书中写了自己没有野心等内容，之后交给宫部继润等，表示自己的诚意。这件事情暂时告一段落。丰臣秀次和毛利辉元、德川秀忠、伊达政宗等关系很好。丰臣秀次通过白江备后守要和毛利辉元结盟，让毛利辉元在誓约书上签字。毛利辉元把这件事情告诉了丰臣秀吉。

另外，丰臣秀次说身为武士不知道什么时候战死疆场，将大量白银献给了皇子、公卿、皇女等。这一做法违背了丰臣秀吉的意愿，丰臣秀吉认为丰臣秀次要背叛自己，于是责问丰臣秀次。丰臣秀次确实不识时务，丰臣秀吉的权势如日中天，其他领主对丰臣秀吉唯唯诺诺，部将对丰臣秀吉非常忠诚。丰臣秀次让毛利辉元在誓约书上签字，而且不和丰臣秀吉商量就给朝廷捐款。这些坐实了丰臣秀吉对丰臣秀次的怀疑，都是丰臣秀次自我毁灭的证据。而丰臣秀次形势危急，值此之际同情丰臣秀次的人、能够让丰臣秀吉消怒的人只有丰臣秀吉的母亲了，但丰臣秀吉的母亲已经不在世了。只有德川家康、浅野长政替丰臣秀次说话或许才管用。然而，德川家康在江户，浅野长政在陆奥国，没有人替丰臣秀次说好话。

文禄四年（1595年）七月，丰臣秀吉派宫部继润、前田玄以、中村一氏、堀尾吉晴、山内一丰等勒令丰臣秀次让出聚乐邸。丰臣秀次的侍从劝丰臣秀次占据聚乐邸，丰臣秀次不听，要到丰臣秀吉面前进行辩解，诉说自己的冤情。丰臣秀次跟着丰臣秀吉派来的宫部继润等前往伏见桃山城，暂时被关押在木下大膳的府上。丰臣秀次要见丰臣秀吉进行辩解，但二人之间已经有了很大的隔阂，丰臣秀吉根本不愿见丰臣秀次，而是让丰臣秀次到高野山闭门思过。丰臣秀吉奏请朝廷罢免丰臣秀次的关白一职，并将这一决定告知身在高野山的丰臣秀次。丰臣秀吉命令高野山的木食应其兴山上人把丰臣秀次幽禁在青严寺，严加看管，不让丰臣秀次的党羽靠近丰臣秀次，把丰臣秀次完全孤立起来。最后，丰臣秀吉派福岛正则、福源右马助、池田秀氏为使者，让他们到高野山逼迫丰臣秀次自杀。与此同时，丰臣秀吉写信给木食应其兴山上人，要求他劝丰臣秀次自杀，高野山僧人召开大会，就是否遵从丰臣秀吉的命令进行讨论。讨论还没有做出结论时，福岛正则、福源右马助、池田秀氏三名使者率领三千人包围了青严寺。木食应其兴山上人发怒说："不经高野山的允许，三位使者擅自率兵上山，有扰佛门净地。"于是，福岛正则等退兵。丰臣秀次知道死期已到，无可挽回，便和山本主殿助、山田三十郎、不破万作等侍从一起自杀。丰臣秀次的部下木村重兹、栗野秀用等都在自己的领地伏诛，平时和丰臣秀次关系亲密的延寿院玄朔、绍巴法眼等被流放。最上义光、伊达政宗、浅野幸长等都受到了丰臣秀吉的责备。

文禄四年（1595年）八月二日，在前田玄以、增田长盛、石田三成的指挥下，丰臣秀次的夫人菊亭晴季的女儿藤原氏及丰臣秀次的三个儿子、宠妾三十余人坐着囚车在京都游街示众之后，在三条河原被斩首。围观的人无不落泪。石田三成等把丰臣秀次一家三十余人的首级埋在三条河原旁，并将坟墓命名为"畜生冢"。丰臣秀次的夫人、幼儿、妾室都是无辜的，却被连坐问斩。有人说丰臣秀次滥杀生灵，丰臣秀吉让京中的人看一看丰臣秀次的悲惨下场。丰臣秀吉的这一做法过于残酷。丰臣氏失去人心导致丰臣氏灭亡，这时已经初见端倪。丰臣秀吉亲手诛杀亲属、灭绝丰臣氏族人，削弱了丰臣氏的势力。源赖朝灭亡源氏一族与此类似。

丰臣秀次死后，众将人人自危。丰臣秀吉担心会发生不测变故，命令石田三成、增田长盛等向岛津义弘、毛利辉元等通报丰臣秀次自杀的前因后果。丰臣秀吉为丰臣秀赖的将来考虑，让前田利家做丰臣秀赖的师傅，把丰臣秀次在桃山的宅子给了前田利家，又把越中国新川郡给了前田利家。文禄四年七月，丰臣秀吉让德川家康、毛利辉元、小早川隆景等向丰臣秀赖宣誓效忠。石田三成、增田长盛等同样在誓约书上签字，发誓要像对待丰臣秀吉一样对待丰臣秀赖。文禄四年十一月七日，丰臣秀吉到京都后，打算进宫拜见天皇，却突然患了风咳。朝野震惊，朝廷派人到神社、佛寺祈祷丰臣秀吉痊愈。丰臣秀吉躺在病床上，思前想后，于庆长元年（1596年）正月，又让众将对自己和丰臣秀赖宣誓效忠，让五奉行中的石田三成、增田长盛、前田玄以、长束正家四人宣誓公平处理政务。由此可以看出丰臣秀吉对丰臣秀赖是多么的爱护，丰臣秀吉非常担心丰臣秀赖的将来。丰臣秀吉逼迫丰臣秀次自杀也是由于这个原因。

四、醍醐花宴

醍醐花宴是丰臣秀吉一代的盛事，标志着桃山时代的荣华富贵达到了极致。丰臣秀吉位极人臣，天下之事无不如愿。丰臣秀吉打算带着家眷到醍醐赏

醍醐花宴上的丰臣秀吉

樱。庆长三年（1598年）正月，丰臣秀吉和前田玄以商量派尼姑孝藏主通知淀殿此事，淀殿回信表示感谢。于是，浅野长政、石田三成等根据丰臣秀吉的命令，开始操办醍醐赏樱之事，前田玄以负责具体的筹备工作。在赏樱当天，由京极高次等在醍醐附近负责具体的仪式，确保万无一失。当时正值阳春三月，百草刚刚发芽，三宝院内的樱花盛开，美不胜收。庆长三年三月十五日，丰臣秀吉带着妻妾和丰臣秀赖进入三宝院赏樱，一家人其乐融融。丰臣秀吉饮酒喝茶，兴致很高。春风骀荡，歌舞升平。朝廷遣使前来慰问，公卿也都遣使表示慰问，各地领主献上美酒佳肴。众将、领主极力逢迎丰臣秀吉，讨其欢心。丰臣秀吉一家到了深夜才尽兴而归。之后，丰臣秀吉向三宝院捐赠了产量为一千六百石的土地。

第33章

丰臣秀吉去世

醍醐赏樱后过了两个月，丰臣秀吉无端患病，卧床不起，毫无食欲，日益消瘦，渐渐骨瘦如柴，呻吟不止。丰臣秀吉是一个顶天立地的英雄，却也无法战胜天命。这时，征讨明朝的日军还在朝鲜作战，丰臣秀赖尚幼。部下、群臣中没有放心托孤之臣，也没有柱石之臣辅佐丰臣秀赖号令天下。群臣拉帮结派，相互争斗，不顾大局。丰臣秀吉思前想后，十分烦恼，有时一夜难眠，病魔缠身，痛苦难当。

曾经与丰臣秀吉共同战斗的同辈人只有德川家康和前田利家，这两个人无论从势力上还是从地位上，都能够保护丰臣秀赖。德川家康现在臣服于丰臣秀吉，和丰臣秀吉政治联姻，娶了丰臣秀吉的妹妹为妻，德川家康的孙女和丰臣秀赖定了婚约。尽管如此，德川家康素有大志，表面上丰臣秀赖是德川家康的孙女婿，关系很近，但实际上，德川家康这个人根本靠不住。自从在尾张国跟随织田信长以来，丰臣秀吉和前田利家一直是同僚，但二人之间没有姻亲关系，而且前田利家的势力远不及德川家康。因此，仅依靠前田利家是不行的。然而，遍观天下，没有人能够超过德川家康和前田利家二人。丰臣秀吉的部将中有片桐且元、加藤清正、福岛正则等，也有和丰臣秀吉结亲的浅野长政。然而，这些人的威望不足以服众，而且这些人缺乏谋略，不足以掌握全局，很难担负起保护丰臣秀赖的重担。因而，丰臣秀吉只能依靠德川家康、前田利家、宇喜多秀家、毛利辉元、上杉景胜这五大元老。其中，丰臣秀吉主要拜托德川

丰臣秀赖

家康、前田利家二人，让二人负连带责任，担负起丰臣氏一家的命运。丰臣秀吉希望德川家康等上述五大元老恪尽职守，辅佐丰臣秀赖，将出征朝鲜的日军安全撤回。此外，丰臣秀吉的群臣分为文臣、武将两派，争斗不已，也需要进行调解。这些任务都很沉重，只有上述五大元老才能担负这些重任。

当时，石田三成等属于文臣，有一定势力，和武将们的矛盾很深，甚至会兵戎相见。只有德川家康、前田利家等德高望重之人才能镇住他们，让他们听从命令。丰臣秀吉对这一点洞若观火。丰臣秀吉为了笼络德川家康、前田利家，使尽了浑身解数。丰臣秀吉让德川家康、前田利家盟誓之后，把丰臣秀赖托付给二人。庆长三年（1598年）七月十五日，丰臣秀吉知道自己病入膏肓，难以治愈之后，召集德川家康、前田利家等重臣，让他们咬破手指在誓约书上签字，让他们发誓要像效忠自己一样效忠丰臣秀赖，遵守丰臣氏的法度，不徇私情，不拉帮结派，不进行内讧，不经许可不回到自己的领地。庆长三年八月五日，丰臣秀吉又让德川家康、前田利家及五奉行相互承诺，相互交换誓约书，内容与上述誓约书相同。之后，丰臣秀吉略微放心，才基本相信丰臣氏的天下能够一代一代传下去。丰臣秀吉感到自己来日不多，把五大元老、德川秀忠、前田利长叫到病榻前，将丰臣秀赖托付给他们。丰臣秀吉把德川家康的儿子德川秀忠和前田利家的儿子前田利长叫到病榻前，目的是希望在德川家康、前田利家死后由这二人继续辅佐丰臣秀赖。由此可见，丰臣秀吉用心良苦。宇喜多秀家幼时是在丰臣秀吉膝下长大成人的，丰臣秀吉嘱托宇喜多秀家在五大元老和五奉行之间进行调停。在丰臣秀赖长大成人之前，如果有问题难以解决，可以向五大元老咨询。由此可见，丰臣秀吉为了让丰臣秀赖坐稳江山而殚精竭虑，安排后事。之后，丰臣秀吉病情加重，思维混乱，语无伦次。众将对丰臣秀吉所说的话只是听听而已，无法照办。于是，众将只能按照德川家康、前田利家等四人颁布的命令行事。

德川秀忠

庆长三年（1598年）八月十八日凌晨，丰臣秀吉怀着对儿子丰臣秀赖的前途的无限担忧，在伏见桃山城中去世，享年六十二岁。庆长三年八月十八日夜，丰臣秀吉的近亲将丰臣秀吉葬在京都东南的阿弥陀峰。木食应其兴山上人等以铸造大佛为名，开始为丰臣秀吉修建坟墓的社殿。当时，远征朝鲜的日军尚未撤军，内部还有居心叵测之人。因此，只能秘密操办丰臣秀吉的丧事。浅野长政、石田三成前往名护屋向远征朝鲜的日军传达班师回国的命令。明朝和朝鲜的将领邓子龙、李舜臣等听说丰臣秀吉已死，率领水军千余人，打算切断日军的归路，但被岛津义弘、宗义智、立花宗茂等打败，邓子龙、李舜臣等战死。这样一来，日军撤退时，海上运输就安全了。日军分批撤退，在庆长三年年内班师回到伏见。于是，远征朝鲜的战争终于结束了。之后，德川家康的势力不断扩大，丰臣氏的势力日益衰落，已经没有了昔日的威望。德川家康可以随心所欲，一步一步夺取天下了。

第 34 章

丰臣秀吉的杂闻逸事

一、丰臣秀吉爱好文雅

关于丰臣秀吉的杂闻逸事很多，流传最多的就是关于丰臣秀吉吟诗作赋的记录。丰臣秀吉在世时，很喜欢吟诗作赋，借景抒情。每当此时，丰臣秀吉总是着正装，坐在首席。丰臣秀吉经常主办诗会，讨论作诗的方法。有的书上说丰臣秀吉不会作诗，而是请别人代写。这样说的根据是丰臣秀吉出身卑贱，南征北战，取得天下，无暇做学问、作诗，可以说是一个文盲。这种说法只是臆测而已，事实上并非如此。丰臣秀吉肚子里是有墨水的，堪称文雅之士。丰臣秀吉经常请有学问的人来讲学，耳濡目染，学了很多东西，也做了很多诗歌。当然，在诗会上，丰臣秀吉让人代写诗的可能性还是有的。然而，仅凭这一点就断定丰臣秀吉是一个不学无术之人未免过于武断。丰臣秀吉有气吞山河的气魄，善于机变，出人意料的言行很多。诗歌是用来抒情的，丰臣秀吉言之有物，自然而然诗歌的水平不低。当时，经常陪伴丰臣秀吉左右的有诗人细川幽斋。即便是普通人也会耳濡目染、受到熏陶的，更何况丰臣秀吉是旷世奇才。下面是收录在《秀吉事记纪州御发向记》中的丰臣秀吉的一首诗歌：

登上玉津岛，拍岸白浪涛。

放眼看四方，松风吹丝绦。

大村由已评价这首诗是上乘之作。丰臣秀吉的诗歌中有的是即兴创作，有的是后来进行润色的。

　　如上所述，丰臣秀吉虽然不是不学无术之人，但学问造诣并不深。不过，丰臣秀吉推崇学问也是事实。丰臣秀吉在修建伏见桃山城时，里面修建了书斋、学问所。晚年，丰臣秀吉请来五山僧人做讲座。丰臣秀吉的书法也不错，雄健有力。现在，在双林寺、妙法院、高台寺等收藏的文书中都可以看到丰臣秀吉的真迹。丰臣秀吉思维敏捷，明白事理，在政治军事实践中不知不觉地学到了知识，老于世故。

二、丰臣秀吉机敏灵活

　　织田信长刚强、冷酷，能够驾驭部下。丰臣秀吉在织田信长手下从一介走卒做起，成就统一天下的大业，远远超过了当时的同辈人和天下的群雄。时势造英雄，丰臣秀吉抓住了机遇。不仅如此，丰臣秀吉聪明伶俐、机敏灵活，在织田信长手下建立了功业，在日本国史上大放异彩。丰臣秀吉非常自信，气宇轩昂，能成就一番大事业。丰臣秀吉重视效率，重视兵贵神速，只要能取得成效，不必拘泥于细节。迂腐的儒者只是拘泥于一字一句，做无用的诠释，丧失良机，非常愚蠢。丰臣秀吉经常告诫部下要引以为戒。下面举个具体例子来说明。丰臣秀吉在征讨柴田胜家时，看到城头起火，虽然还没有看到柴田胜家的首级落地，但知道柴田胜家死期不远了，就不再在这里耗费时间，而是直接进军越中国征讨佐佐成政去了。丰臣秀吉善于出其不意发动袭击，在战场上经常获得成功。这是因为丰臣秀吉具备上述优点，天下群雄才在其麾下听命，建功立业。

三、丰臣秀吉的家庭生活

　　丰臣秀吉是一个叱咤风云的英雄，在家非常孝顺母亲，也非常爱妻子。丰臣秀吉的父亲是木下弥右卫门，母亲是尾张国爱知郡小曾根村农民的女儿，名字叫仲。丰臣秀吉在八岁的时候，父亲去世了，母亲含辛茹苦地把丰臣秀吉养育成人。丰臣秀吉内心非常感激母亲，对母亲十分孝顺。丰臣秀吉出人头地之后对母亲更加感恩，非常敬爱母亲，母子感情很深。天正十三年（1585年）

七月，朝廷破例将丰臣秀吉任命为关白，丰臣秀吉的母亲被称为大政所，丰臣秀吉的夫人被称为北政所。丰臣秀吉在远征时总是惦记着自己的母亲，经常写信给母亲问安。在征讨小田原时，丰臣秀吉在写给母亲的信中讲了围攻小田原城的情况，让母亲多注意身体，有什么要求及时提出，还让母亲不要惦念军营的事情，表示自己在军营很安全。此外，丰臣秀吉还向母亲问了弟弟权大纳言丰臣秀长的情况。丰臣秀吉是盖世英雄，从信中能看出丰臣秀吉也有柔情的一面，情真意切。天正十六年（1588年），丰臣秀吉的母亲患病，向丰臣秀吉提出希望将紫野的佛寺作为自己的墓地。丰臣秀吉立刻到大德寺和黄梅院玉仲和尚商议此事。经过占卜，丰臣秀吉认为总见院的西面是块风水宝地。于是，丰臣秀吉让丰臣秀长负责施工，建造大殿等设施。天正十六年六月十八日，工程开工。天正十六年八月，工程竣工。这时，丰臣秀吉的母亲病情痊愈，母子一起出席落成典礼，这就是金凤山天瑞寺。丰臣秀吉给天瑞寺捐赠了产量为三百石的土地，用作佛寺的运营。天正二十年（1592年），丰臣秀吉又在天瑞寺修建寿塔。在征讨朝鲜时，丰臣秀吉一直没有渡海指挥作战，就是担心母亲为自己的安全担忧。母亲生病后，丰臣秀吉竭尽全力进行医治，在神社、寺院祈祷母亲早日康复。丰臣秀吉的母亲寿终正寝，丰臣秀吉悲痛不已。

丰臣秀吉的夫人是尾张国人杉原助左卫门的女儿。当时，丰臣秀吉一贫如洗，婚礼是在茅草屋内举行的，婚后生活拮据。丰臣秀吉的夫人很贤惠，是丰臣秀吉的贤内助。丰臣秀吉在出人头地、掌握天下之后，木下氏一族、浅野氏一族、丰臣秀吉夫人的娘家杉原氏一族也跟着飞黄腾达。丰臣秀吉和夫人的关系一直很好，在远征时经常给夫人写信，说明自己的近况，询问夫人的身体状况，让夫人保重身体。丰臣秀吉十分宠爱淀殿，在围攻小田原城和在名护屋指挥征讨朝鲜的战争时，丰臣秀吉都将淀殿叫到军营一起生活。然而，丰臣秀吉每次将淀殿叫到军营之前，都要和夫人商量，通过夫人让淀殿到军营，把夫人放在第一位，把宠妾淀殿放在第二位，给足了夫人面子。正是因为丰臣秀吉考虑得周全，夫人和淀殿的关系也相处得比较融洽。天正十七年（1589年）五月，淀殿生下了弃丸，丰臣秀吉对淀殿宠爱有加。即便如此，丰臣秀吉还是把妻和妾的名分分得很清楚。坊间传闻丰臣秀吉宠爱淀殿，导致误国。其实这种说法是不正确的。丰臣秀吉懂得糟糠之妻不下堂这个道理，这一点令人敬佩。天正十九年（1591年）九月，丰臣秀吉的夫人患眼病到有马的温泉进行洗浴治疗时，丰臣秀吉写信问候，询问夫人眼睛的治疗情况，让夫人安心养病，告诉夫人如何治疗才能有效，还让母亲陪夫人一起去治疗。丰臣秀吉在信中说自己对不能陪夫人一起治疗眼病深表遗憾。从这封信中可以看出丰臣秀吉对妻子的深情厚谊。由上述可知，丰臣秀吉在处理家庭关系时非常重视秩序，严格区分妻妾之别，使家庭和睦。

第 35 章
丰臣秀吉的宏伟蓝图

　　丰臣秀吉统一日本之后，打算通过朝鲜让明朝给日本纳贡。明朝认为丰臣秀吉是一个狂妄之徒，置之不理，朝鲜也不听日本的命令。于是，丰臣秀吉打算征服朝鲜，震慑明朝。丰臣秀吉野心勃勃，不仅想征服朝鲜、明朝，还想征服南洋的菲律宾、琉球，让这些地方给日本纳贡称臣。丰臣秀吉深知与外国做贸易可以获得丰厚的利润，所以想和外国进行贸易。当时，在国内不得志的人或到外国做贸易，或者当海盗，劫掠明朝沿海地区、朝鲜沿岸地区和南洋，谋求到海外发展。在这一背景下，丰臣秀吉准许日本人做贸易，外国人也从中获利颇丰，互惠互利。这一时期，日本出口了很多金银钱币，从印度及西方各国买回了珍奇的器具、药材、纺织品等。对外贸易导致日本的金银外流，硬通货都到了国外，日本进口了大量的奢侈品。当时的贸易范围较小，贸易时间较短，对日本的负面影响较小。日本国内战乱结束后，天下太平，人们向往奢侈品，不会顾忌其危害性。因此，日本人对贸易活动乐此不疲，很多外国人也来到日本，和日本人做贸易。丰臣秀吉也认为贸易对日本有利，给日本的贸易船发放营业执照，日本的贸易船往来于日本和吕宋、澳门地区、安南、占城、柬埔寨、暹罗等地。日本人在和外国做贸易的同时，对外国的了解不断加深，想和外国交流，想让外国进贡。于是，丰臣秀吉野心膨胀，对外宣称母亲生自己时梦见太阳入怀，以此来证明自己具有统一世界的资格。之后，丰臣秀吉向吕宋等地遣使要求进贡。表面上看，丰臣秀吉这样做是在宣扬日本的国威，但实际上也蕴藏着危险。当时，西班牙很强大，英国也很强盛，荷兰也很富强，因地理上距离日本很远,加上这些列强国内出现了一些棘手的问题,没有侵略日本。对于日本来说,这属于万幸了。

一、琉球向日本纳贡

琉球成为岛津氏的附庸国之后,经常遣使至鹿儿岛称臣纳贡。与此同时,琉球也向明朝纳贡。也就是说,琉球既是日本的属国,也是明朝的属国。天正十七年(1589年),尚宁接替尚永做了琉球王。天正十七年八月,琉球王派天龙寺僧人桃庵为正使、安谷屋亲云上为副使带着书信和贡品来到鹿儿岛。岛津义弘陪着琉球的两位使节,于天正十七年九月下旬到了京都,在聚乐邸拜见丰臣秀吉。琉球使节献上贡品后,呈上国书,上面的大意是:

> 丰臣秀吉阁下统一了日本六十余州,天下太平,威震高丽、南蛮。而今我琉球国献上薄礼,对此表示祝贺。

丰臣秀吉对琉球向日本纳贡一事非常满意,大摆筵宴,盛情款待使节,赏赐使节物品,还让岛津义弘带使节到大阪城逗留几日并盛情款待。琉球使节和岛津氏入朝还是第一次。

天正十八年(1590年)二月二十八日,丰臣秀吉给琉球国王写了回信,信的大意是:

> 在我统一日本六十余州之际,贵国遣使纳贡表示祝贺,我对此深表感谢。日本与琉球相隔千里,希望今后经常往来,加深交流。实现我四海如一家之凤愿。我也备了一些方物让贵国使节带回去,略表寸心,不成敬意。

与此同时,丰臣秀吉让琉球使节带话给琉球国王:"我不日起兵伐明,希望琉球国王能出兵协助。"另外,岛津义弘于天正十八年六月二十一日写信给尚宁,要求进贡绫舟、管弦等物。天正十八年八月,琉球国王遣使拜见岛津义久，使节说："琉球物资匮乏，无法贡献贵方所要求之物。"献上乐工，并请求岛津义弘转告丰臣秀吉。天正十九年（1591年），丰臣秀吉要征讨朝鲜，命令岛津义弘转告琉球，要求萨摩和琉球出兵一万五千人。琉球国王遣使答复说：

> 琉球人不善军事，无法出兵，愿意出七千人吃十个月的军粮，于明年二月送至坊津，之后再运至朝鲜。

丰臣秀吉写信给琉球国王说："如果琉球不出兵，就灭掉琉球，玉石俱焚。"琉球国王十分害怕，派人拿着丰臣秀吉的书信去明朝的福建巡抚赵参鲁那里告急。

天正十年（1582年），丰臣秀吉承诺将琉球分给龟井兹矩。这时，龟井兹矩请求丰臣秀吉征讨琉球，丰臣秀吉认为同时征讨朝鲜和琉球会妨碍征讨朝鲜，阻止了龟井兹矩征讨琉球的想法。岛津义久派人告诉琉球国王不用出兵，只出军粮即可，但尚宁迟迟没有遵命照办。岛津义久多次催促之后，尚宁才于文禄二年（1593年）派人将粮食送至萨摩。之后，明朝和日本议和，九州兵还在朝鲜驻守，萨摩的岛津义久又让琉球出粮。然而，琉球国王尚宁派人告诉岛津义久说："琉球遇到荒年，无法筹集粮食送到朝鲜。"岛津义久将此事报告给丰臣秀吉，丰臣秀吉让岛津义久丈量琉球的土地。于是，岛津义久派人丈量了琉球的土地。文禄四年（1595年），岛津义久到京都，和石田三成一起将丈量琉球土地的情况报告给丰臣秀吉。丰臣秀吉多次催促琉球出粮，岛津义久也转告了丰臣秀吉的命令，让琉球出粮。琉球国王尚宁认为萨摩过于蛮横无理，逐渐疏远萨摩的岛津氏，不再听从岛津氏的命令。之后，丰臣秀吉病死，出粮之事不了了之。琉球和岛津氏的关系越来越疏远，不再遣使到京都，琉球和日本本土的关系暂时中断。这最终导致岛津家久征讨琉球。丰臣秀吉根本不了解琉球的国情，频繁催促琉球纳贡，引起琉球对日本的不满，导致琉球接近明朝，疏远丰臣秀吉，进而和岛津氏的关系也疏远了。

二、震慑菲律宾

斐迪南·麦哲伦环球一周之后，西班牙人派出远征军，占领东方的群岛，将其命名为菲律宾群岛。天正二年（1574年）十一月，明朝的海盗李马奔率领六十二艘船、四千余人，以日本人庄公为部将，要占领菲律宾群岛。李马奔率军抵达马尼拉之后，先让庄公攻打西班牙人镇守的马尼拉城，庄公以失败告终。之后，庄公再次攻城，战死在马尼拉城下。西班牙军队驱逐了李马奔的部队。李马奔的部队一时间占领了吕宋岛，又被西班牙人赶走了。西班牙在占领菲律宾群岛的同时，还占领了墨西哥。庄公虽然战死了，但当时有不少日本海盗或者与明朝人一起或者单独远征，扬威海外。菲律宾也非常害怕这些海盗，竭尽全力防守。当时，一个名叫原田孙七郎的日本海盗出生于肥后国，很早就航海来到马尼拉，精通西班牙语，非常了解西班牙的国情。原田孙七郎得知丰臣秀吉打算远征，就通过丰臣秀吉的近臣劝说丰臣秀吉。丰臣秀吉于是写信给菲律宾总督，让菲律宾总督纳贡。原田孙七郎将丰臣秀吉的这封信送到马尼拉。文禄元年（1592年）春，日本船来到马尼拉，传话说日军不日就要来进攻马尼拉。一个意大利人从日本来到马尼拉，也传来了与此相同的消息，而且说日本人正在集结战船，打算征讨大陆。于是，时任菲律宾总督西班牙人路易斯·佩雷斯·达斯马里尼亚斯和手下人加强防守，向西班牙和墨西哥请求救援。文禄元年五月二十九日，日本使节原田孙七郎等带来了丰臣秀吉的书信，内容大致是：

> 我等统一了日本，而今要征讨大明，这是天意。在此之前，我想先征讨吕宋。原田孙七郎劝我先礼后兵。希望菲律宾总督早日称臣纳贡，否则大兵一到，玉石俱焚。到时悔之晚矣。

菲律宾总督路易斯·佩雷斯·达斯马里尼亚斯意识到和日军作战对自己不利，而且想要搞清楚日本的真实情况，于是厚待原田孙七郎。菲律宾总督路易斯·佩雷斯·达斯马里尼亚斯派奥兰和克伯斯两名传教士与原田孙七郎一起到日本拜见丰臣秀吉。与此同时，菲律宾总督路易斯·佩雷斯·达斯马里尼亚斯向西班牙政府报告了日本的情况，并将丰臣秀吉的来信翻译成西班牙语，呈给西班牙政府。当时，西班牙国力强大，对日本入侵菲律宾一事并未感到震惊，决定先派人了解一下日本的情况，根据调查结果再做出决定。菲律宾的使节来到名护屋大营拜见丰臣秀吉，说：

> 日本使节到了菲律宾，菲律宾却并不知道日本使节的来意。日本使节身份不高。因此，菲律宾为了搞清楚日本的真实意图，派使节来到日本。

丰臣秀吉厚待菲律宾使节，重赏了原田孙七郎。丰臣秀吉向菲律宾使节表明希望菲律宾给日本纳贡，否则日本要发兵征讨菲律宾。此外，丰臣秀吉又将与上次书信内容相同的书信交给了菲律宾使节。这次，丰臣秀吉派了一个比原田孙七郎身份高的原田喜右卫门为使节，与菲律宾使节同行去菲律宾。然而，使节乘的船在海上遇难，只有原田喜右卫门到了马尼拉，面见菲律宾总督路易斯·佩雷斯·达斯马里尼亚斯，转告了丰臣秀吉的意图。在船遇难时，书信掉进了海里。菲律宾总督路易斯·佩雷斯·达斯马里尼亚斯以此为由，又派了两名传教士随原田喜右卫门一起到日本。两个菲律宾使节来见丰臣秀吉，丰臣秀吉对两个使节说："菲律宾应该向日本纳贡，尊我为王。否则，日本要征讨菲律宾。"这样一来，一个菲律宾使节留在日本，另外一个菲律宾使节回菲律宾传达丰臣秀吉的意图。留在日本的使节巴福奇思塔到了京都，修建教堂，开始传教。庆长元年（1596年），增田右卫门来到土佐，根据从西班牙船上得到的情报说，基督教信徒对国家有害，于是开始逮捕基督教信徒。这时，日本人也逮捕了巴福奇思塔，在长崎把巴福奇思塔处死了。庆长三年（1598年），丰臣秀吉去世，远征菲律宾的计划也就泡汤了。然而，菲律宾的日本海盗之患依然持续，为数众多的流浪者来到菲律宾，高山长房、内藤如安等后来也到了菲律宾。

三、向中国台湾地区发出招降书

从室町时代开始，日本海盗就开始在中国台湾地区出没。到了安土桃山时代，日本海盗一直在中国台湾地区周围的海域进行掠夺。很多日本人基于商业目的来到中国台湾地区，当时，因为中国台湾地区在地形上与日本播磨国的高砂类似，日本人把台湾称作高砂。丰臣秀吉早就听说过有台湾这么个地方，让原田孙七郎去菲律宾的途中去一下台湾地区，送一封信给那里的长官，书信的大致内容是：

> 山河、树木等无不受阳光照射，我丰臣秀吉出生时，母亲梦见太阳入怀。我用不足十年的时间统一了日本。不日我将征伐朝鲜、大明。而今，原田孙七郎手持我国书到贵处，希望早日遣使来朝，纳贡称臣。如若不然，我会派兵伐汝。

不知原田孙七郎是否将这封信带到了，当时台湾地区没有长官，即便原田孙七郎将这封信带到了，也没有人受理这封信。因此，这封信应该一直在使者的行李中放着。丰臣秀吉胸怀大志，想必真打算征讨台湾地区。不过，当时日本人并不知道台湾地区的准确地理位置，也无法制订征讨台湾地区的计划，只不过向台湾地区示威而已。

第 36 章

丰臣秀吉和天主教的关系

天主教传教士在日本竭尽全力从事传教活动，势力不断扩大，信徒不断增加。与此同时，传教士在日本的城市建学校和教堂。到了天正九年（1581年），天主教的信徒人数达到十五万人，教堂有二百多所，传教士有五十九人。很多领主也信仰了天主教。九州的大友义镇、大村纯忠、有马晴信等领主都信仰天主教。此外，丰臣秀吉的部将黑田孝高、高山长房、石田三成、小西行长等也信仰天主教。特别是大友义镇被称作弗朗西斯科教父，大村纯忠被称作巴托洛梅奥教父，有马晴信被称作玻罗大削教父。细川忠兴还使用罗马字的大印，黑田孝高也使用罗马字的大印。由这些可知当时外国文化进入日本，很多领主的好奇心很强，受到外来文化的熏陶。德川氏发出禁止信仰天主教的禁令，领主们害怕幕府的势力，很多人都在偷偷信仰。然而，宗教信仰不会真正消失。很多西班牙的传教士来到日本之后，商人也接踵而至。在外国的物质文化传入日本的同时，人们自然想了解外国的国情，会产生好奇心。在传教士的劝说下，大友义镇、大村纯忠、有马晴信等三人派使者到了罗马。

一、大友义镇、大村纯忠、有马晴信派使者到罗马

大友义镇、大村纯忠、有马晴信笃信基督教，他们在传教士亚历山大·洛瓦尼亚尼的建议下，派使者到了罗马。大友义镇派自己的外甥伊东义贤出使罗马，大村纯忠的侄子千千石清左卫门作为大村纯忠、有马晴信的使者出使罗马。此外，还有中浦、原等随从跟随。大友义镇、大村纯忠、有马晴信派

使者到罗马的动机不是基于对宗教的信仰，而是基于对外国的好奇而已。天正十年（1582年）正月二十八日，使团从长崎出发。天正十年二月十五日，使团到达澳门，做了各种准备工作。天正十年十二月七日，使团离开澳门。之后，使团绕过好望角，于天正十二年（1584年）七月五日抵达葡萄牙里斯本。之后，使团来到马德里拜见西班牙国王腓力二世，巡游数日，受到各地百姓的欢迎。

天正十三年（1585年）二月一日，日本使团进入意大利境内，经比萨于天正十三年二月二十二日抵达罗马。罗马教会提前派卫兵去迎接日本使团，而日本使团打算晚上悄悄地去拜访罗马教会。罗马人热烈欢迎日本使团，

西班牙国王腓力二世

教皇格列高利十三世

天主教教徒抚摸着日本使团成员的膝盖，兴奋得流下了眼泪。天正十三年（1585年）二月二十三日，日本使团要去拜见罗马教皇格列高利十三世。罗马教会像接待欧洲各国皇室的使节一样接待日本使团。日本使团在骑兵[①]的护卫下，在乐曲的演奏声中，和各国官吏、天主教的主教、各国公使、罗马贵族骑兵等按顺序觐见罗马教皇。罗马教会将日本使团迎入会客室，日本使团成员吻了罗马教皇的靴子。罗马教皇和日本使团成员一一拥抱，热泪盈眶。日本使团通过翻译向罗马教皇说："我们是日本的领主派来的使者，此番拜见教皇是为了表达对教皇的至诚和忠心。"接着，日本使者递交了日本三个领主的亲笔信，大友义镇的书信的大意是：

---

① 后来是卫兵。——原注

教皇陛下代表上帝君临天下，至尊无比。我向教皇陛下呈上书信，希望获得上帝的救助。上帝是日月星辰、天地万物之主，怜悯我的蒙昧无知吧。希望教皇陛下派传教士到我国，启迪我国国民。我信仰天主教已有三十四年，从中体会到精义，受益匪浅。人们都能享受到上帝一视同仁的恩惠，我对此感激、钦佩之至。日本战乱频仍，我年老体衰、疾病缠身，不能够亲自到罗马教会聆听教皇陛下的教诲，派使者拜见教皇陛下。

接着，日本使者呈上了有马晴信及大村纯忠的书信，内容与上述书信相同。贾斯巴尔德·冈萨雷做了演讲，盛赞日本领主对上帝和教皇的忠诚，代表教皇向日本使团表示感谢。之后，接见仪式结束。临别之际，日本使团成员吻了教皇的靴子，教皇和日本使团成员一一拥抱。这时，教皇还赠给日本使团成员外衣，只有外国大使才能享受到这一待遇。之后，罗马教会设宴盛情款待日本使团成员。之后，教皇私下接见日本使团成员，询问了旅途中的情况、日本的风俗及日本信徒的情况，日本使团成员做了详细回答。在觐见罗马教皇之前，日本使团成员都穿着日本服装，之后开始穿意大利的服装。罗马教皇给日本使团的每位成员送了三套衣服。日本使团还会见了法兰西使团、西班牙大使及威尼斯的使节。罗马元老院议员、检察官、法官及贵族向日本使团表示祝贺。日本使团在罗马逗留期间，罗马教皇格列高利十三世不幸于天正十三年（1585年）三月十一日去世，享年八十四岁，西克斯图斯五世即位。日本使团也参加了新教皇的即位仪式。日本使团来自遥远的东方，对于欧洲人来说是稀客。日本使团不远万里来觐见教皇，受到了特殊的优待。

天正十三年五月六日，日本使团离开罗马，踏上归途。日本使团在米兰留下一封信之后，乘西班牙军舰到了西班牙，在马德里拜见西班牙国王腓力二世。天正十四年（1586年）二月二十四日，日本使团从里斯本出发，经非洲好望角，于天正十五年（1587年）四月十二日抵达果阿。天正十六年（1588年）二月，日本使团从果阿出发，于天正十八年（1590年）六月二十二日抵达长崎。日本使团于天正十年（1582年）正月二十八日出发，花费了八年五个月的时间回到日本。天正十九年（1591年）九月，丰臣秀吉派船来接使团成员到京都。使团成员拜见丰臣秀吉后，回到丰后国将教皇赠送的剑、帽子交给大村纯忠和有马晴信，而大友义镇已于天正十五年（1587年）去世。之后，伊东等在天草学习拉丁语。庆长十七年（1612年）十月二十一日，伊东病逝，享年四十三岁。中浦于宽永十年（1633年）九月十九日被处死，时年六十六岁。千千石清左卫门、原不知所终，或许改信其他宗教了。日本使团千辛万苦出使欧洲，目睹了欧洲的文化，回到日本后形势已经发生了巨大变化。在天正十五年，日本已经开始禁止信仰和传播天主教，信徒数量急剧减少。因此，日本使团成员尽管学了很多欧洲的宗教知识，但没有机会在日本传播。排外思想在日本甚嚣尘上，日本使团成员反而招来了杀身之祸。

二、禁止天主教的信仰与传播

起初，传教士来到日本传播天主教困难重重。尽管如此，传教士知难而上，不懈努力，终于看到了一缕光明。传教士和日本人经常接触，学习日语，了解日本的宗教和习惯，传教活动也开始取得成功。信仰天主教的日本人越来越多，势不可当。传教士们对日本人说天主教是从天竺新传来的佛教的一个流派。传教士还使用佛教术语讲解天主教教义，而且在佛教寺院中传播天主教，在须弥坛上摆放基督像，有的传教士也和僧侣一样剃发。绝大多数日本人都信仰佛教，日本佛教徒信仰天主教就像信仰佛教的一个新宗派一样，没有抵触。因此，信仰天主教的人越来越多。随着天主教的盛行，天主教教徒开始和佛教徒抗衡，破坏寺庙，烧毁佛像，甚至与佛教徒反目。加之，传教士和葡萄牙商人越来越傲慢无礼，贪婪地压榨贫苦群众。日本上至领主下至庶民都开始信仰天主教。传教士认为徒步行走会降低自己的品位，出入乘着华丽的轿子，与皇族往来，却对皇族毫不尊重。一个葡萄牙传教士在路上遇见阁老出行，不仅不下轿行礼，也不鞠躬。传教士的这些行为是当时的日本官吏最难忍受的，最终触怒了丰臣秀吉。丰臣秀吉不得不发布天主教禁令。

天正十五年，丰臣秀吉征讨九州取胜后，来到博多处理九州的军务。这时，丰臣秀吉发现天主教教徒傲慢、暴戾，损毁佛像，破坏神社设施。天主教教徒把长崎当作自己的领地一样发号施令。丰臣秀吉深感长此以往，天主教必成心腹大患。天正十五年（1587年）六月十九日，丰臣秀吉发布天主教禁令，大致内容如下：

第一，天主教是邪教，日本是神国，不得传播。

第二，邪教的教徒损毁佛像，破坏神社，史无前例，各地官员应根据国法严加惩处。

第三，天主教传教士蛊惑人心，危害颇多，限二十日内打点行装回国。

第四，对外贸易照常进行，但要在规定的时期内进行。

被勒令回国的传教士抱怨说无船回国，丰臣秀吉又将传教士回国的日期延长了六个月，传教士们分批次回国了。当时在日本的传教士达三百余人，日本各地都有教会学校，传播天主教的寺院有二百五十个，天主教教徒达三十万人之多。当时，葡萄牙人、西班牙人在世界各地强迫人信教，不听从命令者就进行胁迫，而且在传教的同时扩张、占领领土。所以丰臣秀吉发出天主教禁令也是理所当然的。高山友房被丰臣秀吉没收了领地，很多天主教教徒被杀。天主教禁令越来越严厉，不遵从禁令者，就会被杀戮。天正十八年（1590年），被杀戮的天主教教徒达到二万零五百七十人。尽管如此，仍有很多人信仰天主教。有地位、有身份的领主为了避免遭到非议，表面上不再信仰天主教了，但实际上还在偷偷地信教。不仅如此，传教活动仍在偷偷进行。天正十九年（1591年），日本天主教教徒依然有一万二千余人。

庆长元年（1596年）发生了一件事情，更让丰臣秀吉坚定了禁止天主教的决心。当时，一艘西班牙船漂到土佐，增田长盛奉丰臣秀吉的命令来检查这条船，船长指着世界地图告诉增田长盛西班牙在哪里。增田长盛对西班牙版图之大表示震惊。于是，增田长盛问船长西班牙是如何获得这么大的版图的。船长回答说西班牙先派出传教士，让该地的人信奉天主教，然后将其土地吞并，作为西班牙的殖民地。听闻此言，增田长盛大惊。他原封不动地将这些话告诉了丰臣秀吉。之后，丰臣秀吉加大了对天主教教徒和传教活动的处罚力度，二十六名天主教教徒被捕后在长崎被处死,其中包括原田喜右卫门和一起从菲律宾来的巴福奇思塔。此后,天主教被严禁在日本传播。不过,不久丰臣秀吉就去世了,而且日本统治者还要忙于平定动乱,天主教禁令虎头蛇尾,没有得到彻底贯彻。